高等继续教育财经专业精品教材系列

财智睿读

财务分析
Financial Valuation（第二版）

张 涛 宋 涛 主编

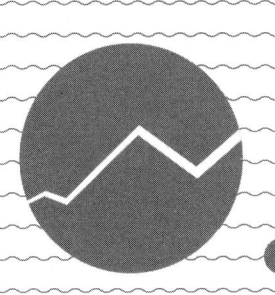

中国财经出版传媒集团

经济科学出版社
Economic Science Press

图书在版编目（CIP）数据

财务分析/张涛，宋涛主编. —2 版. —北京：经济科学出版社，2021.5（2023.7 重印）
高等继续教育财经专业精品教材系列
ISBN 978－7－5218－2536－7

Ⅰ.①财…　Ⅱ.①张…②宋…　Ⅲ.①会计分析－成人高等教育－教材　Ⅳ.①F231.2

中国版本图书馆 CIP 数据核字（2021）第 083217 号

责任编辑：于　源
责任校对：刘　昕
版式设计：齐　杰
责任印制：范　艳

财 务 分 析

（第二版）

张　涛　宋　涛　主编

经济科学出版社出版、发行　新华书店经销
社址：北京市海淀区阜成路甲 28 号　邮编：100142
总编部电话：010－88191217　发行部电话：010－88191522
网址：www.esp.com.cn
电子邮箱：esp@esp.com.cn
天猫网店：经济科学出版社旗舰店
网址：http://jjkxcbs.tmall.com
北京季蜂印刷有限公司印装
787×1092　16 开　18.75 印张　330000 字
2021 年 7 月第 2 版　2023 年 7 月第 3 次印刷
印数：13001—18000 册
ISBN 978－7－5218－2536－7　定价：42.00 元
（图书出现印装问题，本社负责调换。电话：010－88191510）
（版权所有　侵权必究　打击盗版　举报热线：010－88191661
QQ：2242791300　营销中心电话：010－88191537
电子邮箱：dbts@esp.com.cn）

前 言

党的十八大以来,以习近平同志为核心的党中央坚定不移地实施科教兴国战略和人才强国战略,党的十九大明确提出要"办好继续教育",为落实这一要求,推动高等继续教育提质增效、内涵式发展,同时也为了适应互联网技术快速发展带来的教育领域教学模式和学习方式的新变化,山东财经大学在原有成人高等教育财经专业精品教材系列的基础上,重新组织编写制作了新的高等继续教育财经专业精品教材系列。

该系列教材的编写制作,在内容上紧扣财经类专业课程设置和教学大纲,科学、系统地涵盖了专业教学的基本内容,适用于经济、管理学科,尤其是经济学、会计学、金融学和工商管理等专业高等继续教育的教学,对指导和帮助学生获取专业基础知识和基本技能具有较强的针对性;在形式上,注重突破传统纸媒局限,将课程内容中的重点、难点等用微课的形式加以呈现,实现教师授课"一扫即现",知识点讲解深入浅出,满足学生在学习传统网络课程的基础上利用互联网进行移动学习、远程学习、在线学习等信息化学习需求,为学生提供更直观、更便捷的学习方式。

另外,这套教材的作者都是多年从事一线教学的教师,经验丰富,了解学生的学习特点和需求,在篇章安排及体例设计方面融合了国内外相应领域优秀教材的编写方法,每章开头提示"本章要点",结束进行"本章小结",前后呼应,并根据章节重点内容设计相应的练习题,对知识点加以巩固,符合学生学习的认知规律。该系列教材在使用范围和地域上,具有广泛的适应性。

《财务分析》是高等继续教育财经专业精品系列教材之一，以中国公司制企业为对象，以国内外财务理论为指导，以我国《企业会计准则》《企业财务通则》为依据，从理论与实践结合的视角，围绕企业财务报告所揭示的财务运营状况、运营效率、运营质量及运营绩效等进行全面剖析，科学、客观地对企业整体财务状况与经营成果进行价值判断，以满足不同信息使用者对财务分析的需求。

本教材特色如下：

1. 优化结构体系，充实教材内容。本版教材以经济环境和市场效率作为切入点，以中国资本市场和企业战略管理为视角，以上市公司为分析主体，遵循财务基本要素内在逻辑关系，由宏观到微观、由专题到综合进行分析评价。

2. 突出实践应用，强化因素分析。财务分析的目的不是如何"做报表"，而是如何"看报表"。为此，本书写作时更加注重分析与应用，重视中国市场经济特征，从资本市场和企业竞争角度对企业经营活动全过程进行分析与评价。

3. 语言简洁生动，突出"本土"特色。本书采用简洁明了、通俗易懂的语言进行描述。同时，为体现中国"本土化"特色，本书选用了中国上市公司作为案例分析样本以使读者"身临其境"，从而加深读者对教材知识点的理解和应用。

4. 创新写作形式，丰富教材资源。本版教材在形式上进行了更新，在边页空白处增加了"名词术语"，引入了"二维码"，增加了知识点视频；更新了"案例链接"；充实了"知识延伸"，保留了诸如"想一想""做一做""试一试"等形式的小思考。这使得教材更加贴近现实，有助于教材使用者通过阅读与思考，增强运用基础理论对财务活动进行职业判断和专业评价的能力。

本版教材的修订由山东省教学名师、国家级一流本科专业建设点（财务管理）负责人、国家级一流本科课程《财务管理》负责人、山东省省级教学团队《财务管理》团队负责人、山东财经大学张涛教授和宋涛副教授负责。

本教材在成书过程中，借鉴和参阅了国内外有关财务分析领域的最新研究成果，并在许多方面做了有益的探索和尝试。在此，特向那些未曾谋面的国内外学者表示衷心的感谢。尽管我们用心去做，但限于作者的水平，加上财务分析理论与实践日新月异的变化，书中难免存在缺点和不足，敬请读者批评指正，以便再版时修改、完善。

张涛

2020年10月写于泉城济南

目 录

第1章 经济环境与财务分析 ………………………… 1
1.1 市场环境与经济特征 ………………………… 1
1.2 信息质量与信息需求 ………………………… 5
主要名词和术语 ………………………………………… 12
本章小结 ………………………………………………… 12

第2章 财务分析基础 ………………………………… 13
2.1 会计信息 ………………………………………… 13
2.2 非会计信息 ……………………………………… 25
主要名词和术语 ………………………………………… 37
本章小结 ………………………………………………… 37

第3章 财务分析原理 ………………………………… 39
3.1 财务分析目的 …………………………………… 39
3.2 财务分析方法 …………………………………… 44
主要名词和术语 ………………………………………… 50
本章小结 ………………………………………………… 50

第4章 资产结构与资本结构分析 …………………… 51
4.1 资产结构分析 …………………………………… 51
4.2 资本结构分析 …………………………………… 84
4.3 资产结构与资本结构对称性分析 …………… 104
主要名词和术语 ………………………………………… 107
本章小结 ………………………………………………… 107

第 5 章　偿债能力与周转效率分析 ……………………………………… 109
5.1　偿债能力分析 ……………………………………………………… 109
5.2　周转效率分析 ……………………………………………………… 126
主要名词和术语 ………………………………………………………… 135
本章小结 ………………………………………………………………… 136

第 6 章　利润质量与盈利能力分析 ……………………………………… 137
6.1　利润质量内涵与特征 ……………………………………………… 137
6.2　利润质量分析 ……………………………………………………… 145
6.3　盈利能力分析 ……………………………………………………… 167
主要名词和术语 ………………………………………………………… 185
本章小结 ………………………………………………………………… 185

第 7 章　现金流量分析 …………………………………………………… 187
7.1　现金流量表分析内容 ……………………………………………… 187
7.2　现金流量表整体分析 ……………………………………………… 194
7.3　现金流量表项目分析 ……………………………………………… 207
主要名词和术语 ………………………………………………………… 217
本章小结 ………………………………………………………………… 217

第 8 章　成本费用分析 …………………………………………………… 218
8.1　成本费用内涵 ……………………………………………………… 218
8.2　标准成本分析 ……………………………………………………… 224
8.3　期间费用分析 ……………………………………………………… 236
主要名词和术语 ………………………………………………………… 246
本章小结 ………………………………………………………………… 246

第 9 章　可持续增长分析 ………………………………………………… 248
9.1　可持续增长基本模型 ……………………………………………… 248
9.2　可持续增长管理 …………………………………………………… 253
9.3　可持续增长能力分析 ……………………………………………… 263
主要名词和术语 ………………………………………………………… 270
本章小结 ………………………………………………………………… 270

第 10 章　财务综合分析 ·············· 272
　10.1　杜邦分析法 ··················· 272
　10.2　系数分析法 ··················· 280
　10.3　图示分析法 ··················· 283
　10.4　功效系数分析法 ··············· 287
　主要名词和术语 ··················· 289
　本章小结 ························· 289

参考文献 ························· 290

第 1 章 经济环境与财务分析

> **学习目的与要求**
>
> 学习本章后，您应该做到：
> 1. 了解市场经济特征对企业的影响；
> 2. 掌握会计信息质量的基本特征；
> 3. 理解不同利益相关者对会计信息的需求。
>
> **重点和难点**
>
> 市场经济特征对企业财务活动的影响；有效市场种类与特征；会计信息质量特征；不同利益相关者对会计信息的需求。

1.1 市场环境与经济特征

1.1.1 市场经济特征

21世纪以来的世界经济社会和市场环境发生了巨大变化，经济全球化特征鲜明，市场信息化程度不断提高，数字经济发展迅速，资本的国际流动更加频繁。这一切给企业未来持续发展提出严峻的挑战，同时也带来无限商机。如何应对新的经济环境，如何根据瞬息万变的市场作出科学决策，是每个企业都需要考虑的现实问题，也是提高企业核心竞争力的重要手段之一。

自2008年国际金融危机爆发以来，各大经济体纷纷采取了积极的财政政策和宽松的货币政策，以刺激本国经济的复苏。整体来看，全球经济复苏步伐逐渐加快，中国、美国、欧元区、日本等经济体对拉动全球经济复苏起到了重要作用。当前全球经济形势的特征主要有以下几个方面。

1. 全球经济进入加速增长的"新阶段"

当前世界经济处于后危机时代的转型调整期，全球经济运行的突出特征表现为复苏步伐逐渐加快，动能不断增强，未来一段时期，全球经济的增速有望超过 1980 年至 2017 年的均值。根据国际货币基金组织（IMF）的数据，1980 年至 2017 年，全球经济的平均增速是 3.52%。根据 IMF 于 2018 年 4 月发布的《世界经济展望》报告与经济增速预测：2018 年至 2023 年，全球经济年均增速将达到 3.8%，较 1980 年至 2017 年的均值高 0.28 个百分点。

从 2018 年起，世界经济持续温和增长，主要经济体增长态势、通胀水平和货币政策分化明显，美国经济表现超出市场预期。美联储持续加息，新兴经济体资本流出加剧，金融市场持续震荡。保护主义和单边主义抬头，美国、墨西哥和加拿大达成新的高标准贸易协定，WTO 改革箭在弦上，国际经济规则酝酿深刻调整。

延伸阅读：
国际货币基金组织

2. 主要经济体实施宽松货币政策，金融市场避险情绪升高

全球金融危机爆发之后，为了应对危机，世界主要经济体的货币政策迅速趋同，各国中央银行相继采取了或扩张或极度扩张的货币政策，通过实施各种非常规政策工具应对危机和衰退。危机后，美联储率先开始加息进程。自 2015 年 12 月至 2018 年 6 月 14 日，美联储共加息七次。欧洲中央银行和日本中央银行通过连续降息实行货币政策扩张，而且分别于 2014 年和 2016 年在量化宽松货币政策（QE）基础上，相继推出了"负利率"政策。通胀率和通胀预期的上升将使欧洲央行逐步减小资产购买规模，并取消负利率政策。日本的通胀率和通胀预期仍然很低，为实现通胀目标，超低利率的货币政策仍将持续，但购债规模已经有所萎缩。

在全球经济下行压力普遍加大的背景下，投资者对未来收益的预期整体上呈现日益悲观的态势，导致全球股票市场避险情绪日趋强烈，市场风险偏好发生显著变化。2019 年年末，美国标普 500、英国富时 100 等重要股指出现显著跌幅，美国标普 500 指数、Cboe 发展中国家波动率指数的波动率则出现大幅度上升，这说明全球投资者对未来实体经济走势缺乏信心，不愿意将资本投入股票市场。

债市收益率持续走低。作为主要避险工具的美欧国债收益率走低，负利率群体扩大，说明投资者在酝酿避险情绪和悲观预期。美国

30年国债收益率一度跌至1.907%，创历史新低。德国整条收益率曲线都落入负利率区间，为历史首次。全球负收益率债券总量接近17万亿美元。同时，英美等经济体的国债收益率"倒挂"愈演愈烈。这说明全球投资者对未来英美乃至全球经济衰退的担忧上升到新的高度。

新兴市场国家货币贬值明显。2014年起，俄罗斯、印度、巴西、南非等新兴市场国家货币兑美元汇率均贬值4%以上。这说明投资者对这些国家的经济前景信心不足。与此同时，全球发生降息潮，2019年以来，已经有30个国家的央行降息，美联储在2019年已降息了3次。

3. 全球经济治理分歧加剧，经贸纷争此起彼伏

经济治理理念分歧明显扩大。二战以来，虽然发达经济体和新兴经济体之间在具体的经贸规则领域同样存在矛盾，但各方对于推进全球贸易投资自由化、充分发挥市场在资源配置中的作用以做大全球经济"蛋糕"的全球经济治理理念是基本认同的，这为20世纪末以来全球化的深入发展创造了良好的条件。然而，近期发达经济体和新兴经济体在全球经济治理的一些原则性理念上的分歧持续加大。美国等少数发达经济体认为给予大多数发展中国家差别待遇违反了所谓的"公平"原则，包括在气候变化中反对"共同而有差别"的承担责任原则，在WTO改革中反对给予大多数新兴经济体优惠待遇，并明确提出应运用所谓"对等"原则要求其他国家经贸规则向美国看齐等。

经贸冲突不断升级。当前，各国在经贸规则理念上的差异已经体现为直接的经贸冲突，2018年以来，在"自由而公平贸易""对等原则"等理念的指导下，美国主动挑起各类经贸争端，迄今已经挑起了对中国、欧盟、印度等主要经济体的贸易摩擦，且冲突均呈现持续波动升级的态势，并正在向其他经济体蔓延。

4. 全球贸易复苏但摩擦威胁增大，"逆全球化"思潮不断升温

国际货币基金组织（IMF）数据显示，自2008年金融危机以来，全球贸易量年均增长率大大低于金融危机以前的水平，同时也低于全球经济增速。2017年，国际贸易出现复苏势头，全年增长率为4.7%。全球贸易复苏的原因，一方面在于发达国家经济修复带动的外需扩张，另一方面在于大宗商品价格的回升。然而，新冠疫情暴发使全球贸易受到严重冲击，严重阻碍了经济全球化进程，破坏了全球产业链和多国经济的稳定，深刻改变了全球政治与经济秩序。

近年来，"逆全球化"势头有所加剧。在欧债危机中，欧盟内的右翼甚至极右翼政党成为本国政治生活中的重要力量；英国脱欧使得欧洲一体化遭遇严重挫折；在美国，特朗普退出《跨太平洋伙伴关系协定》(TPP)、《巴黎协定》、联合国教科文组织、伊朗核问题全面协议、联合国人权理事会等。这些事件凸显了美欧社会中"逆全球化"思潮的不断高涨。"逆全球化"思潮凸显了少数资本主义国家主导的经济全球化所包含的深刻矛盾，暴露了西方国家社会矛盾不断加剧的现实以及西方民主政治的弊端。"逆全球化"思潮愈演愈烈将会对全球经济造成重大影响，减少全球贸易，形成投资壁垒，阻碍人文交流，甚至造成社会动荡。

延伸阅读：
新旧动能转换

5. 全球新旧动能转换加快，数字经济重塑商业模式

近年来，创新战略已经成为世界各国的共同需求，各国纷纷提出将智能制造作为国家未来发展的重要方向，如德国工业4.0、美国互联网制造、日本智能制造等，俄罗斯、印度等也提出了自己的智能制造战略，全球性新旧动能转换表现突出。同时，以信息技术为代表的新一轮科技和产业革命正在萌发，技术拓展了经济与金融的边界。云计算、大数据、人工智能、物联网、区块链等技术集群崛起，在商业活动和金融创新领域中渗透并日益深入，正在快速改变着企业的业务经营与商业模式，不断拓展商业、金融、财务、财资活动的边界。

数字化变革正在颠覆和重塑很多行业，也考验着管理者的见识与智慧。工业时代，企业以IT技术为核心实现数字化，促使数据进行流动并实现在线化。互联网时代，数据的流动与共享，推动着商业流程跨越企业边界，编织了全新的生态网络与价值网络。物联网时代，从技术创新来看，所有的智能终端都将植入智能芯片，智能计算、认知计算、网络计算、边缘计算、量子计算将大行其道。

进入智能时代，数据将主导市场竞争。数据正成为企业数字化发展过程中的新资本形式，新一代人工智能技术尤其依赖数据的数量与质量。"数据"将成为未来的新生产资料，数据资源获取和应用能力将成为企业核心竞争力。同时，这也将变革企业的生产方式、管理行为和商业模式。

做一做：查阅资料，分析评价新经济环境变化是如何影响企业财务信息的，并与同学们共同讨论。

1.2 信息质量与信息需求

1.2.1 会计信息质量特征

会计信息质量特征是企业所提供的会计信息,对于会计信息使用者决策有用的一些性质或特征,是评价会计信息质量的依据和标准。

美国财务会计准则委员会(FASB)于1980年5月发布财务会计概念声明书第二号,名为"会计信息质量特性"(Qualitative Characteristics of Accounting Information),其中指出会计信息应具备的若干特性、要求及条件等。图1-1显示了会计信息应具备的特性、先后次序及其相互间的关系。

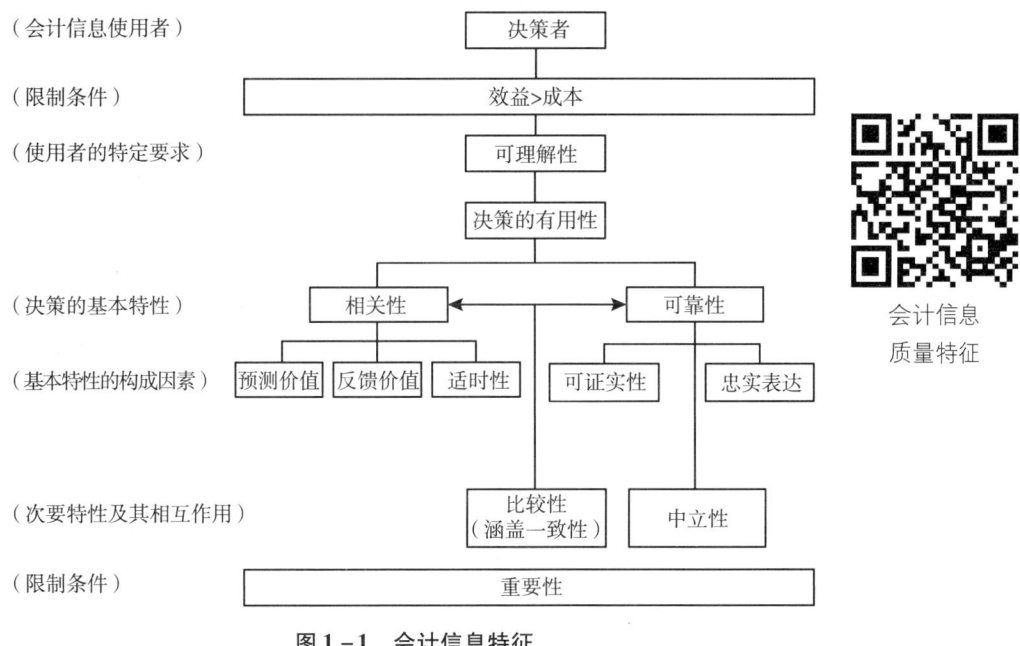

图1-1 会计信息特征

1. 信息使用者的特定要求

可理解性(understandability)指会计信息必须能让使用者易于了解其意义及重要性。

2. 决策信息的基本特性

为使会计信息在决策上具备有用性（usefulness），信息本身必须具有两项特性，即相关性、可靠性。缺少其中任何一项，会计信息必将失去其有用性。

（1）相关性（relevance）：会计信息可从以下三方面协助使用者做出决策。第一，根据过去、现在及未来有关事件的结果达成某种认识；第二，确认以前做出的正确预测；第三，改正以前不正确的预测。

会计信息要具备相关性，必须符合下列三项特性：

适时性（timeliness）：会计信息必须于使用者作出决策之前已备存待用，以免由于缺乏适时的信息，导致错误的决策。

预测价值（predictive value）：可协助使用者根据过去或现在既有的事实，更准确地预测未来的结果。

反馈价值（feedback value）：一项具有反馈价值的会计信息，能协助使用者更坚定地确认以前某项正确的预测，或改正以前某项不正确的预测。

（2）可靠性（reliability）：合理地确认没有错误及偏差，并能忠实地表达事实的真相。

因此，会计信息要具备可靠性，必须符合下列三项特性：

可证实性（verifiability）：指经过核查以确定会计信息能公正地表达事实的真相，并且能确认所选用的会计衡量方法没有错误或偏差。

忠实表达（representational faithfulness）：指描述必须与事实真相相符或一致，故常被称为正确表达（validity）。

中立性（neutrality）：指会计原则的建立与执行必须使所产生的会计信息避免任何偏差，绝不受其他特定因素的影响。有关会计信息必须尽可能忠实地表达，在会计信息的传达或发布上没有丝毫想象色彩，也不受任何特定意向的干扰。

3. 决策信息的次要特性

比较性涵盖一致性，属于会计信息的次要特性，所以它们与相关性和可靠性两项主要会计特性彼此作用才能提高整体会计信息的有用性。

比较性（comparability）：它能让使用者辨别两套会计信息的异同及其相互间的关系，可提高会计信息的有用性。比较性包括同一企业不同期间或不同企业相同会计信息的比较，因此，比较性必须配合一致性的特性才能发挥其作用。

一致性（consistency）：每一会计期间所采用的会计政策或会计

相关性：
会计信息与信息使用者所要解决的问题相关联，即与使用者进行的决策有关，并具有影响决策的能力。

可靠性：
会计信息必须是客观和可验证的。而可靠性取决于真实性、可核性和中立性。

处理程序与方法必须前后一致，并且不可轻易变更，才能相互比较。

一致性如若执行过度，必将阻碍会计的进步。因此，凡会计政策、会计处理程序与方法，如确实有改变的必要时，仍然可以进行改变，并应将改变后的影响在财务报告内揭示出来。

4. 决策信息的限制条件

（1）效益大于成本。会计信息的提供成本如果增加，必将增强会计信息的有用性，使信息使用者获得更多好处；然而成本不得无限制地增加，必须要有一定的限制条件，即使用信息的效益必须大于其提供的成本。

会计信息的提供成本不仅包括提供会计信息的直接成本，而且还包括信息披露后对企业或股东的负面冲击所产生的间接成本。例如，对于企业讼案的揭示或说明，可能使该企业获得胜诉的机会受到很大影响。此外，使用者搜集或研究会计信息的时间与费用也是成本，需要考虑在内。

使用会计信息的效益通常很难或无法客观地加以衡量，对于其提供成本的衡量也是如此。对于会计信息的提供成本与使用会计信息的效益，目前仍缺乏客观的衡量标准。

（2）重要性。所有各项会计信息均受到重要性特性的限制。所谓重要性，指由于受客观环境的限制，会计报表中存在的一项错误或漏报的会计信息，可能会影响有理性的报表使用者进行决策。因此，对于那些次要的会计事项，在不影响会计信息真实性的情况下，则可适当简化会计核算手续，采用简化的会计处理方法，合并反映。

1.2.2　信息需求者

一般而言，会计信息需求者包括股东、债权人、投资者、管理者、证券分析师、企业员工、社会公众和政府机构等。他们都需要财务信息，以便于进行投资、信贷决策、经营管理，或者解释依据这些财务信息而制订的合同、协议等。

1. 股东及其他投资者

股东和其他投资者是财务报告最主要的使用者，他们既包括个人股东，也包括像法人股东、保险公司、基金公司等拥有大量资金的机构投资者。股东及其他投资者往往最关注投资回报的问题，而投资报酬的高低与根据财务信息制定的决策优劣有关。

以投资为重点的决策的关键是如何选择投资组合，而投资组合的选择又与投资者对风险、报酬、股利、资产流动性等的偏好相关。满

> 股东：对股份公司（有限责任公司）债务负有限或无限责任，并凭持有股票享受股息和红利的个人或单位。

足于这种选择的信息差别很大。例如，要发现被高估或低估的证券资产可采用基本分析和技术分析两种方法。基本分析方法主要检验相关企业、行业和整个经济运行的信息，主要用于预测企业未来现金流量时间、数量及风险大小。而技术分析方法是以研究证券价格、证券交易量和其他相关变量的趋势来发现被高估或低估的证券，通常不考虑财务报表信息。

> **知识拓展**
>
> **股东与经营者利益冲突**
>
> 在以经营管理为重点的决策中，股东等投资者关注的是：(1) 影响经营管理的控制因素及其他因素；(2) 管理者是否谨慎、缜密地使用和处置公司的资源；(3) 管理者是否按照股东的意愿开展经营管理，以实现企业价值最大化。股东与经营者之间的利益冲突和潜在矛盾，不可避免地导致了以下两个问题：(1) 管理者和公司（股东）签订的合同或协议是否能协调好双方的利益（例如以股票期权作为合同的补偿条款，或根据净资产收益率而不是销售收益率来决定分享的股利）；(2) 管理者是否向股东提供相关信息来说明他们如何管理企业的资源（例如管理者向股东提供中期和年度财务报表）。

2. 债权人及其他资金提供者

> 债权人：银行等金融机构借贷人和供应商。他们或者给予了公司贷款，或者为公司提供了存货物资和设备。

在企业与资金提供者不断发展的关系中，财务报告可以起到重要作用。从企业与它的借入资本提供者——银行的关系分析，在批准贷款的初期，财务报告通常是一个重要决策依据。换言之，金融机构是以财务报告为依据来决定是否向企业提供贷款的。实际上，许多银行在决定贷款数量、利息率和抵押品时，都要遵循标准的评估程序，这些程序规定了流动性、财务杠杆、获利能力等评估因素。如果银行批准了一项商业贷款，贷款契约上的条款规定了财务报告信息披露等要素，此情况下，财务报告则在双方借贷关系中起关键作用。许多银行的贷款包括保证条款，这些保证条款中包含许多财务报告信息。如果企业违反保证条款，银行可以更改现有的贷款协议。

在某些情况下，贷款合同中利息和本金的偿还以财务报告数据为条件。例如，有的合同规定本金等额偿还、利息按税前净收益比率偿还，而且还附有限制股利支付的条款。这样一来，债权人不仅需要财务报表中的信息，还要监督企业计算税前利润的会计方法，以维护资金提供者的自身利益。

3. 经营管理者

管理者对于财务报告信息的需求源于管理者与投资者、债权人的契约中关于财务报告数据变动的条款。例如：公司激励契约中的部分条款规定主要管理人员的报酬以投资报酬率、销售利润率为基础，这项报酬计划的当事人依据公司和当事人完成既定目标的程度获得一定比例的基本薪酬。只有公司在当年有盈利而且完成规定的投资报酬率、销售利润率的目标后，管理者才能得到绩效薪酬。可见，公司的报酬计划与财务报告有明显的联系。

企业与其他法人实体签订的交易合同，可能包括以财务报告数据为基础的契约条款。例如在一个合伙企业的协议中，一个企业可能同意作为合伙企业的经营伙伴，去承担在成本加成基础上的经营费用，同时以事先协商的比率分享合伙企业利润。在这种情况下，合伙企业双方的管理者都必然关心合伙企业的利润和经营费用，他们自然成为财务报告信息的需求者。

管理者还在许多筹资、投资和经营决策中应用财务报告信息。资产负债率、产权比率、已获利息倍数等财务指标在决定举借多少长期债务时非常重要。在管理决策中，其他企业的财务报告也同样有用。例如，当决定企业再投资方向时，其他企业的财务报告可以反映目前哪些行业可获得较高的边际利润。

4. 企业员工与客户

企业员工对于财务报告的需求是由若干不同动机组成的，员工对于企业的持续盈利具有既得利益，财务报告正是企业目前和将来潜在的盈利能力和偿债能力信息的一个重要来源。员工可以利用财务报告了解企业利润实现情况、股利政策制定情况，监督其绩效工资方案的实施等。

企业与客户的关系是保证企业持续经营与发展的前提和基础，特别是与企业有稳定长期关系的大客户，他们更加关注对企业财务信息的分析与使用。这种经济利益关系更多的是以合同等法律形式来表现的。当企业破产的可能性增大时，这种利益关系也随之增强。企业的财务报告是客户和资金提供者推断企业生存能力的根据之一。

5. 政府及监管机构

政府及监管机构根据各自不同的职责需要对企业提供的财务报告信息进行管理和监督。例如税务部门对税收的管理，税收是一个国家重要的财政资金来源，所有税收（如所得税、营业税和增值税）的计算与征收都是以财务报告为基础的。再如国有资本收益交纳与管理。国家财政部门作为国有资本收益的监管者,为了保证国家利益,在监管国有资本收益缴纳时,需要对企业提供的财务报告进行分析,运用相关财务信息来保证资本收益能够全额上缴国库。其他的政府监管部门同样也离不开对财务信息的使用。

做一做:利用业余时间,走访一家或几家公司,了解有哪些信息使用者需要运用公司财务信息进行决策。

1.2.3 专业分析师

许多投资者发现,选择和管理投资不是他们的长处,因此他们会求助于专业财务分析师。在各个领域,专家都是指那些能使用专业技术完成任务的人。实际上,专家把自己看成好的技术使用者,专业与否可以通过成功解决实际问题的能力进行判断。专家经常会问:什么是好的技术?什么是差的技术?专业分析师与其他生产者一样,将产品或服务出售给他的客户,即投资者。作为竞争者,专业分析师会不断地问:我怎样才能提高技术,从而获取竞争优势?估值好的产品是什么样的?分析公司信息最好的办法是什么?怎样能最有效地进行财务报表分析?什么方法能增加顾客的价值?等等。

由于投资的类型繁多,因此服务投资者的专业分析师也有许多种。每一个专业分析师都需要把分析与顾客需求挂钩。

1. 对公司投资:外部分析师

许多专业分析师从公司外部观察公司的内部状况,我们称他们为外部分析师。证券分析师、投资顾问和股票经纪人建议顾客买卖公司证券;投资银行家建议顾客收购和出售企业;会计师和评估师从税收和不动产的角度评估公司的价值。在涉及价值评估的诉讼中,他们中的任何一位都可作为专家证人。

外部分析师主要分成两类。一类是信用分析师(credit analysts),例如债券评级机构的分析师或者银行信贷人员,他们通过评估风险,从而评估公司债务的价值。不过,分析师行业中的主角是股票分析师(equity analysts)。股票分析师撰写股票研究报告,然后将其卖给用户。股票分析师主要关注如何才能写出一份可信的、有说服力的股票研究报告,让用户有信心进行投资。然而许多研究报告经不起这种检验,一般只是给出买入、卖出或继续持有的建议。这些研究报告只提供图表、数字和一堆空话,但是对这些建议是如何得到的,以及是否经过证明,经常讲不清楚。

2. 公司内投资：内部分析师

在公司里，职业经理把公司筹集的资金投资于经营性资产。经营性投资始于一个想法或战略。这些战略可能包括开发新的产品、开辟新的市场、采用新的生产技术和进入一个全新的行业。这些战略可能要求收购其他公司，或与其他公司合并，或者加入联盟。为了评估他们的战略，职业经理像外部投资者一样，也需要分析他们的想法可能创造的价值。这类价值评估被称为战略分析（strategy analysis）。

职业经理们可能有好的直觉，确信他们的想法是好主意。但他们可能会过分自信，完全相信自己的想法。像外部的直觉投资者一样，他们需要对自己的直觉进行分析，他们与股东之间的委托关系要求他们重视股东的价值。他们必须评估自己的想法：这个战略可以增加价值吗？内部人对价值分析的看法与外部人是相同的。外部投资者必须使自己相信按照市场价格购买股票是合理的，为了做出决策，需要进行分析。内部投资者同样必须使自己相信采用某一个想法或战略是正确的，在进行决策时，也需要分析新增的价值是否能超过成本。

估值分析不仅有助于对"是否进行投资"做出决策，而且有助于投资计划的制订和投资活动的实施。战略设想有时是模糊的，将设想转化为严谨的分析会迫使设计者考虑具体的问题，从而使战略设想具体化，并最终把模糊的设想转化成具体的价值数量；同时，还可以迫使计划制订者考虑不同的实施途径或实施方案。战略在制定过程中经常要对各种数值进行修改，最终产生一个最好的计划。一个好的战略是好的设想与好的分析结合的结果。运用价值分析进行投资和管理就称为基于价值的管理（value-based management）。

首席财务官（CFO）的基本任务之一就是协调各种分析以用于管理，他的责任就是做出最好的价值分析。他和公司的投资分析师评估各种战略，特别是对收购其他公司、进行企业分拆、营运结构重组和开发新产品等进行评估。经理们有时抱怨只关注数字会抑制创新，但经理人员必须按数字管理。首席财务官的责任就是创造一种分析方法，这种分析方法不仅能避免批评，而且能促进创新，并对创新的设想进行检验，以确保能够发现增加企业价值的好的设想。

内部分析师和外部分析师有一点不同：内部分析师拥有更多的信息。外部分析师只能得到公司对外公布的财务报表以及补充信息，但他们一般得不到关键的内部信息。本书讲述的财务报表分析，更多的是从外部分析师的角度进行的。

主要名词和术语

资本市场　　　　　市场效率　　　　　会计信息质量
信息需求者　　　　股东　　　　　　　债权人

本 章 小 结

本章是全书的引领，描述了市场环境和经济特征，比较了会计信息质量特征，阐述了信息使用者对财务信息的要求。主要内容包括：

1. 会计信息质量特征主要包括可理解性、相关性、可靠性、主要性、一致性等。

2. 财务信息需求者包括股东、债权人、投资者、管理者、证券分析师、企业员工、社会公众和政府机构等。他们都需要财务信息，以便于进行投资、信贷决策和经营管理等。

第 2 章 财务分析基础

学习目的与要求

学习本章后，您应该做到：
1. 理解并掌握资产负债表、利润表、现金流量表和所有者权益变动表的列报内容和列报方式；
2. 理解并掌握财务报表附注披露的内容；
3. 熟悉并区分审计报告的类型与审计报告的内容；
4. 了解财务分析的政策信息、市场信息和行业信息。

重点和难点

财务报表主表列报项目；财务报表附注披露内容与事项；不同类型审计报告的信息质量。

2.1 会计信息

2.1.1 财务报告

财务报告是企业对外提供的反映企业某一特定日期财务状况和某一特定时期经营成果、现金流量等会计信息的书面文件。提供财务报告的目的在于为报告使用者提供财务信息，为他们进行财务分析、经济决策提供充分的依据。

财务报告包括财务报表和其他应在财务报告中披露的相关信息和

资料。其中，财务报表由报表本身及其附注两部分构成，附注是财务报表的有机组成部分，而报表应当至少包括资产负债表、利润表、现金流量表、所有者权益（或股东权益，下同）变动表等报表。

1. 资产负债表

（1）资产负债表的内涵。资产负债表主要提供有关企业财务状况方面的信息，即某一特定日期关于企业资产、负债、所有者权益及其相互关系的相关信息。

资产负债表的作用包括：

①可以提供某一日期资产的总额及其结构，表明企业拥有或控制的资源及其分布情况，使用者可以一目了然地从资产负债表上了解企业在某一特定日期所拥有的资产总量及其结构。

②可以提供某一日期的负债总额及其结构，表明企业未来需要用多少资产或劳务清偿债务以及清偿时间。

③可以反映所有者所拥有的权益，据以判断资本保值、增值的情况以及对负债的保障程度。

此外，资产负债表还可以提供进行财务分析的基本资料，如将流动资产与流动负债进行比较，计算流动比率，可以表明企业的变现能力、偿债能力和资金周转能力，从而有助于报表使用者做出经济决策。

（2）资产负债表的列报内容。资产负债表列报，最根本的目标就是应如实反映企业在资产负债表中所拥有的资产、所承担的负债以及所有者所拥有的权益。因此，资产负债表应当按照资产、负债和所有者权益三大类别分类列报。

资产和负债应当按照流动性依次分为流动资产和非流动资产、流动负债和非流动负债列示。流动性通常按资产的变现或耗用时间长短或者负债的偿还时间长短来确定。按照财务报表列报准则的规定，应先列报流动性强的资产或负债，再列报流动性弱的资产或负债。

资产负债表中的资产类至少应当列示流动资产和非流动资产的合计项目；负债类至少应当列示流动负债、非流动负债以及负债的合计项目；所有者权益类应当列示所有者权益的合计项目。

资产负债表遵循了"资产 = 负债 + 所有者权益"这一会计恒等式，把企业在特定时日所拥有的经济资源和与之相对应的企业所承担的债务及偿债以后属于所有者的权益充分反映出来。因此，资产负债表应当分别列示资产总计项目和负债与所有者权益之和的总计项目，并且这二者的金额应当相等。

（3）资产负债表的列报格式。根据我国企业会计准则的规定，资产负债表采用账户式的格式，即左侧列报资产方，一般按资产的流

财务报告分析框架

资产负债表：反映企业在某一特定日期的财务状况的会计报表。

动性大小排列；右侧列报负债方和所有者权益方，一般按要求清偿时间的先后顺序排列。账户式资产负债表中的资产各项目的合计等于负债和所有者权益各项目的合计，即资产负债表左方和右方平衡。因此，通过账户式资产负债表，可以反映资产、负债、所有者权益之间的内在关系，即"资产＝负债＋所有者权益"。

根据财务报表列报准则的规定，企业需要提供比较资产负债表，以便报表使用者通过比较不同时点资产负债表的数据，掌握企业财务状况的变动情况及发展趋势。所以，资产负债表还就各项目再分为"年初余额"和"期末余额"两栏分别填列。

青岛啤酒股份有限公司（以下简称青岛啤酒）2018年资产负债表（合并）如表2－1所示。

表2－1 资产负债表

编制单位：青岛啤酒股份有限公司　　2018年12月31日　　金额单位：万元

资产	期末余额	年初余额	负债和股东权益	期末余额	年初余额
流动资产：			流动负债：		
货币资金	1 253 574	980 549	短期借款	29 616	28 253
交易性金融资产	120 254	13 012	应付票据	32 608	28 947
应收票据	5 380	4 222	应付账款	224 635	208 373
应收账款	11 071	14 140	合同负债	523 754	117 763
预付款项	17 356	11 639	应付职工薪酬	117 546	103 263
其他应收款	29 778	34 840	应交税费	69 113	40 084
存货	265 122	239 291	其他应付款	211 351	518 487
其他流动资产	73 494	109 606	一年内到期的非流动负债	42	42
			其他流动负债	23	11
流动资产合计	1 776 029	1 407 299	流动负债合计	1 208 688	1 045 223
非流动资产：			非流动负债：		
长期股权投资	37 049	37 590	长期借款	63	105
其他非流动金融资产	60	60	长期应付款	22 232	12 314
投资性房地产	2 793	2 726	递延收益	234 375	190 411
固定资产	1 032 669	1 099 377	长期应付职工薪酬	52 656	49 901
在建工程	37 989	20 014	递延所得税负债	20 518	22 067
无形资产	259 969	277 622	非流动负债合计	329 844	274 798

续表

资产	期末余额	年初余额	负债和股东权益	期末余额	年初余额
商誉	130 710	130 710	负债合计	1 538 532	1 320 021
长期待摊费用	3 311	3 604	所有者权益（或股东权益）		
递延所得税资产	120 704	113 589	实收资本（或股本）	135 098	135 098
其他非流动资产	6 244	4 880	资本公积	344 419	344 418
非流动资产合计	1 631 498	1 690 172	其他综合收益	-4 470	-904
			盈余公积	140 070	140 070
			一般风险准备	19 951	15 550
			未分配利润	1 161 978	1 080 290
			归属于母公司股东权益合计	1 797 046	1 714 522
			少数股东权益	71 949	62 928
			所有者权益（或股东权益）合计	1 868 995	1 777 450
资产总计	3 407 527	3 097 471	负债和所有者权益（或股东权益）总计	3 407 527	3 097 471

2. 利润表

（1）利润表的内涵。利润表的列报必须充分反映企业经营业绩的主要来源和构成，有助于使用者判断净利润的质量及其风险，有助于使用者预测净利润的持续性，从而做出正确的决策。

> 利润表：
> 反映企业在一定会计期间的经营成果的会计报表。

利润表的作用包括：

①可以反映企业一定会计期间收入的实现情况，如实现的营业收入有多少、实现的投资收益有多少、实现的营业外收入有多少等等。

②可以反映一定会计期间的费用耗费情况，如耗费的营业成本有多少、税金及附加有多少及销售费用、管理费用、财务费用各有多少、营业外支出有多少等等。

③可以反映企业生产经营活动的成果，即净利润的实现情况，据以判断资本保值、增值等情况。

此外，将利润表中的信息与资产负债表中的信息相结合，可以提供进行财务分析的基本资料，如将销售成本与存货平均余额进行比较，计算出存货周转率。

（2）利润表的列报内容。利润表主要反映以下几方面的内容：营业收入、营业利润、利润总额、净利润、其他综合收益、综合收益总额和每股收益。综合收益是指企业在某一期间除与所有者以其所有者身份进行的交易之外的其他交易或事项所引起的所有者权益变动。综合收益总额项目反映净利润和其他综合收益扣除所得税影响后的净额相加后的合计金额。其他综合收益是指企业根据其他会计准则规定未在当期损益中确认的各项利得和损失。

根据财务报表列报准则的规定,对于费用的列报,企业应当采用"功能法"列报,即按照费用在企业所发挥的功能进行分类列报,通常分为从事经营业务发生的成本、管理费用、销售费用和财务费用等,并且将营业成本与其他费用分开披露。对企业而言,其活动通常可以划分为生产、销售、管理、融资等,每一种活动发生的费用所发挥的功能并不相同,因此,按照费用功能法将其分开列报,有助于使用者了解费用发生的活动领域。由于关于费用性质的信息有助于预测企业未来现金流量,企业可以在附注中披露费用按照性质分类的利润表补充资料。费用按照性质分类是指将费用按其性质分为耗用的原材料、职工薪酬费用、折旧费、摊销费等,而不是按照费用在企业所发挥的不同功能分类。

(3)利润表的列报格式。财务报表列报准则规定,利润表采用多步式的格式,即通过对当期的收入、费用、支出项目按性质加以归类,按利润形成的主要环节列示一些中间性利润指标,便于使用者理解企业经营成果的不同来源。

根据财务报表列报准则的规定,企业需要提供比较利润表,以使报表使用者通过比较不同期间利润的实现情况,判断企业经营成果的未来发展趋势。所以,利润表还按各项目再分为"本期金额"和"上期金额"两栏分别填列。

青岛啤酒2018年度利润表(合并)如表2-2所示。

延伸阅读:
单步式利润表与多步式利润表

表2-2　　　　　　　　　　利润表

编制单位:青岛啤酒股份有限公司　　2018年　　　　　　　　　单位:万元

项目	本年金额	上年金额
一、营业收入	2 657 526	2 627 705
减:营业成本	1 655 577	1 562 213
税金及附加	232 654	232 503
销售费用	486 883	576 894
管理费用	138 638	122 557

续表

项目	本年金额	上年金额
研发费用	1 976	1 869
财务费用	-49 712	-37 002
其中：利息费用	1 371	1 054
利息收入	-53 668	-41 516
资产减值损失	14 703	1 072
信用减值损失	-131	
加：其他收益	52 317	42 715
投资收益（损失以"-"号填列）	2 052	5 799
其中：对联营企业和合营企业的投资收益	1 662	2 046
以摊余成本计量的金融资产终止确认收益（损失以"-"号填列）		
净敞口套期收益（损失以"-"号填列）		
公允价值变动收益（损失以"-"号填列）	5 417	12
信用减值损失（损失以"-"号填列）		
资产减值损失（损失以"-"号填列）		
资产处置收益（损失以"-"号填列）	1 034	-4 628
二、营业利润（亏损以"-"号填列）	237 756	211 496
加：营业外收入	1 592	2 288
减：营业外支出	1 372	3 303
其中：非流动资产处置损失		
三、利润总额（亏损总额以"-"号填列）	237 977	210 482
减：所得税费用	81 876	72 256
四、净利润（净亏损以"-"号填列）	156 101	138 226
（一）持续经营净利润（净亏损以"-"号填列）	156 101	138 226
（二）终止经营净利润（净亏损以"-"号填列）		
归属于母公司所有者的净利润	142 220	126 302
少数股东损益	13 881	11 924
五、其他综合收益的税后净额	-2 955	4 111
归属母公司所有者的其他综合收益的税后净额		
（一）不能重分类进损益的其他综合收益		

续表

项目	本年金额	上年金额
1. 重新计量设定受益计划变动额	-2 252	2 367
2. 权益法下不能转损益的其他综合收益		
3. 其他权益工具投资公允价值变动		
4. 企业自身信用风险公允价值变动		
5. 其他		
（二）将重分类进损益的其他综合收益		
1. 权益法下可转损益的其他综合收益	-1	14
2. 其他债权投资公允价值变动		
3. 可供出售金融资产公允价值变动损益		611
4. 金融资产重分类计入其他综合收益的金额		
5. 其他债权投资信用减值准备		
6. 现金流量套期储备		
7. 外币财务报表折算差额	-702	1 120
8. 其他		
归属于少数股东的其他综合收益的税后净额		
六、综合收益总额	153 146	142 337
归属于母公司所有者的综合收益总额	139 265	130 413
归属于少数股东的综合收益总额	13 881	11 924
七、每股收益：（金额单位：元）		
（一）基本每股收益	1.053	0.935
（二）稀释每股收益	1.053	0.935

3. 现金流量表

（1）现金流量表的内涵。编制现金流量表的主要目的是为财务报表使用者提供企业一定会计期间内现金和现金等价物流入和流出的信息，以便于财务报表使用者了解和评价企业获取现金和现金等价物的能力，并据以预测企业未来现金流量。

现金流量表的作用主要体现在以下几个方面：

①有助于评价企业支付能力、偿债能力和周转能力。

②有助于预测企业未来现金流量。

③有助于分析企业收益质量及影响现金净流量的因素，掌握企业

现金流量表：反映企业一定会计期间现金和现金等价物流入和流出的报表。

经营活动、投资活动和筹资活动的现金流量,可以从现金流量的角度了解净利润的质量,为分析和判断企业的财务前景提供信息。

(2)现金流量表的编制基础。现金流量表以现金及现金等价物为基础编制,划分为经营活动、投资活动和筹资活动,按照收付实现制原则编制,将权责发生制下的盈利信息调整为收付实现制下的现金流量信息。

现金是指企业库存现金以及可以随时用于支付的存款。不能随时用于支付的存款不属于现金。现金主要包括库存现金、银行存款和其他货币资金。

现金等价物是指企业持有的期限短、流动性强、易于转换为已知金额现金、价值变动风险很小的投资。现金等价物虽然不是现金,但其支付能力与现金的差别不大,可视为现金。现金等价物通常包括3个月内到期的短期债券投资。权益性投资变现的金额通常不确定,因而不属于现金等价物。

(3)现金流量表的分类及列示。根据企业业务活动的性质和现金流量的来源,现金流量表准则将企业一定期间产生的现金流量分为三类:经营活动现金流量、投资活动现金流量和筹资活动现金流量。

经营活动是指企业投资活动和筹资活动以外的所有交易和事项。各类企业由于行业特点不同,对经营活动的认定存在一定差异。对于工商企业而言,经营活动主要包括销售商品、提供劳务、购买商品、接受劳务、支付职工薪酬、支付税费等。

投资活动是指企业长期资产的购建和不包括在现金等价物范围的投资及其处置活动。长期资产是指固定资产、无形资产、在建工程、其他资产等持有期限在一年或一个营业周期以上的资产。这里所讲的投资活动,既包括实物资产投资,也包括金融资产投资。这里之所以将"包括在现金等价物范围内的投资"排除在投资活动之外,是因为已经将包括在现金等价物范围的投资视同现金。不同企业由于行业特点不同,对投资活动的认定也存在差异。

筹资活动是指导致企业资本及债务规模和构成发生变化的活动。资本既包括实收资本(股本),也包括资本溢价(股本溢价);债务指对外举债,包括向银行借款、发行债券以及偿还债务等。通常情况下,应付账款、应付票据等属于经营活动,不属于筹资活动。

对于企业日常活动之外特殊的、不经常发生的特殊项目,如自然灾害损失、保险赔款、捐赠等,应当归并到相关类别中,并单独反映。比如,对于自然灾害损失和保险赔款,如果能够确指属于流动资产损失,应当列入经营活动产生的现金流量;属于固定资产损失的项目，应当列入投资活动产生的现金流量。如果不能确指，则可以列入经营活动产生的现金流量。捐赠收入和支出，可以列入经营活动。如果特殊项目的现金流量金额不大，则可以列入现金流量类别下的"其他"项目，不单列项目。

通常情况下，现金流量应当分别按照现金流入和现金流出总额列报，从而全面揭示企业现金流量的方向、规模和结构。

青岛啤酒2018年度现金流量表（合并）如表2-3所示。

表2-3　　　　　　　　　现金流量表

编制单位：青岛啤酒股份有限公司　　2018年　　　　　　　　单位：万元

一、经营活动产生的现金流量：	本年金额	上年金额
销售商品、提供劳务收到的现金	3 188 060	2 961 914
收到的税费返还	2 976	2 817
收到其他与经营活动有关的现金	166 502	88 596
经营活动现金流入小计	3 357 538	3 053 327
购买商品、接受劳务支付的现金	1 576 980	1 453 306
支付给职工以及为职工支付的现金	461 651	432 658
支付的各项税费	501 613	528 340
支付其他与经营活动有关的现金	418 093	407 804
经营活动现金流出小计	2 958 337	2 822 108
经营活动产生的现金流量净额	399 201	231 219
二、投资活动产生的现金流量：		
收回投资收到的现金	154 980	194 091
取得投资收益收到的现金	5 481	6 173
处置固定资产、无形资产和其他长期资产收回的现金净额	5 856	852
处置子公司及其他营业单位收到的现金净额		
收到其他与投资活动有关的现金	44 491	41 127
投资活动现金流入小计	210 808	242 243
购建固定无形资产、无形资产和其他长期资产支付的现金	76 180	88 819
投资支付的现金	197 480	201 090
取得子公司及其他营业单位支付的现金净额		3 119

续表

支付其他与投资活动有关的现金	18 823	8 447
投资活动现金流出小计	292 483	301 475
投资活动产生的现金流量净额	-81 675	-59 232
三、筹资活动产生的现金流量：		
吸收投资收到的现金		240
其中：子公司吸收少数股东投资收到的现金		240
取得借款收到的现金	27 459	32 929
发行债券收到的现金		
收到其他与筹资活动有关的现金		
筹资活动现金流入小计	27 459	33 169
偿还债务支付的现金	27 501	32 968
分配股利、利润或偿付利息支付的现金	63 918	53 473
其中：子公司支付给少数股东的股利、利润	4 861	5 713
支付其他与筹资活动有关的现金	113	45
筹资活动现金流出小计	91 532	86 486
筹资活动产生的现金流量净额	-64 073	-53 317
四、汇率变动对现金及现金等价物的影响	1 685	-1 426
五、现金及现金等价物净增加额	255 138	117 244
加：年初现金及现金等价物余额	910 191	792 947
六、期末现金及现金等价物余额	1 165 329	910 191

4. 所有者权益变动表

（1）所有者权益变动表的内涵。所有者权益变动表应当全面反映一定时期所有者权益变动的情况，不仅包括所有者权益总量的增减变动，还包括所有者权益增减变动的重要结构性信息，有助于报表使用者理解所有者权益增减变动的根源。

（2）所有者权益变动表的列报内容。综合收益和与所有者的资本交易导致的所有者权益的变动，应当分别列示。与所有者的资本交易是指企业与所有者以其所有者身份进行的、导致企业所有者权益变动的交易。

所有者权益变动表至少应当单独列示反映下列信息的项目：①综合收益总额，在合并所有者权益变动表中还应单独列示归属于母公司所有者的综合收益总额和归属于少数股东的综合收益总额；②会计政

所有者权益变动表：
反映构成所有者权益的各组成部分当期增减变动情况的报表。

策变更和前期差错更正的累积影响金额；③所有者投入资本和向所有者分配利润等；④按照规定提取的盈余公积；⑤所有者权益各组成部分的期初和期末余额及其调节情况。

（3）所有者权益变动表的列报格式。为了清楚地表明构成所有者权益的各组成部分当期的增减变动情况，所有者权益变动表应当以矩阵的形式列示。一方面，列示导致所有者权益变动的交易或事项，按所有者权益变动的来源对一定时期所有者权益变动情况进行全面反映；另一方面，按照所有者权益各组成部分（包括实收资本、资本公积、其他综合收益、盈余公积、未分配利润、库存股等）及其总额列示相关交易或事项对所有者权益的影响。

根据财务报表列报准则的规定，企业需要提供比较所有者权益变动表，因此，所有者权益变动表还就各项目再分为"本年金额"和"上年金额"两栏分别填列。

5. 财务报表附注

（1）附注披露的基本要求。财务报表中的数字是经过分类与汇总后的结果，是对企业发生的经济业务的高度简化和浓缩的数字，如若没有形成这些数字所使用的会计政策、理解这些数字所必需的披露，财务报表就不可能充分发挥效用。因此，附注与报表具有同等的重要性，是财务报表的重要组成部分。报表使用者了解企业的财务状况、经营成果和现金流量，应当全面阅读附注。

财务报表附注披露的基本要求主要包括：

①附注披露的信息应是定量、定性信息的结合，从而能从量和质两个角度对企业经济事项完整地进行反映，也才能满足信息使用者的决策需求。

②附注应当按照一定的结构进行系统合理的排列和分类，有顺序地披露信息。由于附注的内容繁多，因此更应按逻辑顺序排列，分类披露，条理清晰，具有一定的组织结构，以便于使用者理解和掌握，也更好地实现财务报表的可比性。

③附注相关信息应当与资产负债表、利润表、现金流量表、所有者权益变动表等报表中列示的项目相互参照，以有助于使用者联系相关联的信息，并由此从整体上更好地理解财务报表。

（2）附注披露的内容。附注应当按照下列顺序至少披露：

①企业的基本情况。包括企业注册地、组织形式和总部地址；企业的业务性质和主要经营活动；母公司以及集团最终母公司的名称；财务报告的批准报出者和财务报告批准报出日，或者以签字人及其签字日期为准；营业期限有限的企业还应当披露有关其营业期

> 财务报表附注：对资产负债表、利润表、现金流量表和所有者权益变动表等报表中列示项目的文字描述或明细资料，以及对未能在这些报表中列示项目的说明等。

限的信息。

②财务报表的编制基础。

③遵循企业会计准则的声明。企业应当声明编制的财务报表符合企业会计准则的要求，真实、完整地反映了企业的财务状况、经营成果和现金流量等有关信息。

④重要会计政策和会计估计。重要会计政策的说明，包括财务报表项目的计量基础和在运用会计政策过程中所做的重要判断等。重要会计估计的说明，包括可能导致下一个会计期间内资产、负债账面价值重大调整的会计估计的确定依据等。企业应当披露采用的重要会计政策和会计估计，并结合企业的具体实际披露其重要会计政策的确定依据和财务报表项目的计量基础，及其会计估计所采用的关键假设和不确定因素。

⑤会计政策和会计估计变更以及差错更正的说明。企业应当按照《企业会计准则第28号——会计政策、会计估计变更和差错更正》及其应用指南的规定，披露会计政策和会计估计变更以及差错更正的有关情况。

⑥报表重要项目的说明。企业应当按照资产负债表、利润表、现金流量表、所有者权益变动表及其项目列示的顺序，对报表重要项目的说明采用文字和数字描述相结合的方式进行披露。报表重要项目的明细金额合计，应当与报表项目金额相衔接。企业应当在附注中披露费用按照性质分类的利润表补充资料，将费用分为耗用的原材料、职工薪酬费用、折旧费用、摊销费用等。

⑦或有和承诺事项、资产负债表日后非调整事项、关联方关系及其交易等需要说明的事项。

⑧有助于财务报表使用者评价企业管理资本的目标、政策及程序的信息。

2.1.2 其他管理信息

除了定期对企业外部公开报送的财务报告信息以外，会计系统还编制一些仅用于内部管理使用的会计信息，例如，企业成本计算数据和流程、内部管理报表、企业预算、企业投融资决策信息以及企业内部业绩评价方法和结果等，这些信息作为企业的商业秘密一般并不对外披露，国家相关部门也不强制企业对外报送。虽然这些信息对于财务分析十分有用，但鉴于外部利益人不能公开取得，所以只能用于企业的内部分析。

会计政策：
企业在会计核算时所遵循的具体原则以及企业所采用的具体会计处理方法。

会计估计：
对结果不确定的交易或事项以可利用的信息为基础所作出的判断。

或有事项：
过去的交易或者事项形成的，其结果须由某些未来事件的发生或不发生才能决定的不确定事项。

2.2 非会计信息

在财务分析中，除了会计信息外，非会计信息在分析中也占有重要地位。这些非会计信息的来源不仅包括企业内部的非会计部门，而且还包括企业外部的相关单位或者部门。

2.2.1 审计报告

审计报告是指注册会计师根据审计准则的规定，在执行审计工作的基础上，对财务报表发表审计意见的书面文件。注册会计师应当在审计报告中清楚地表达对财务报表的意见，并对出具的审计报告负责。审计报告具有鉴证、保护和证明作用。

审计报告应当采用书面形式。

注册会计师根据审计结果形成不同的审计意见，分别出具标准审计报告和非标准审计报告。

1. 标准审计报告

标准审计报告是指按照《中国注册会计师审计准则第 1501 号——对财务报表形成审计意见和出具审计报告》要求出具的无保留意见审计报告。

审计报告要素

如果认为财务报表在所有重大方面按照适用的财务报告编制基础的规定编制并实现公允反映，注册会计师应当发表无保留意见。

无保留意见审计报告应当包括下列要素：

（1）标题；
（2）收件人；
（3）审计意见；
（4）形成审计意见的基础；
（5）管理层对财务报表的责任；
（6）注册会计师对财务报表审计的责任；
（7）按照相关法律法规的要求报告的事项（如适用）；
（8）注册会计师的签名和盖章；
（9）会计师事务所的名称、地址和盖章；
（10）报告日期。

如果对财务报表发表无保留意见，除非法律法规另有规定，审计意见应当使用"我们认为,后附的财务报表在所有重大方面按照[适用的财务报告编制基础(如企业会计准则等)]的规定编制,公允反映了[……]"的措辞。

案例链接

无保留意见审计报告

审计报告①

普华永道中天审字 [2019] 第 10023 号

青岛啤酒股份有限公司全体股东:

一、审计意见

(一)我们审计的内容

我们审计了青岛啤酒股份有限公司(以下简称"青岛啤酒")的财务报表,包括2018年12月31日的合并及公司资产负债表,2018年度的合并及公司利润表、合并及公司现金流量表、合并及公司股东权益变动表以及财务报表附注。

(二)我们的意见

我们认为,后附的财务报表在所有重大方面按照企业会计准则的规定编制,公允反映了青岛啤酒2018年12月31日的合并及公司财务状况以及2018年度的合并及公司经营成果和现金流量。

二、形成审计意见的基础

我们按照中国注册会计师审计准则的规定执行了审计工作。审计报告的"注册会计师对财务报表审计的责任"部分进一步阐述了我们在这些准则下的责任。我们相信,我们获取的审计证据是充分、适当的,为发表审计意见提供了基础。

按照中国注册会计师职业道德守则,我们独立于青岛啤酒,并履行了职业道德方面的其他责任。

三、关键审计事项

关键审计事项是我们根据职业判断,认为对本期财务报表审计最为重要的事项。这些事项的应对以对财务报表整体进行审计并形成审计意见为背景,我们不对这些事项单独发表意见。

我们在审计中识别出的关键审计事项汇总如下:

(内容略)

---

① 资料来源:青岛啤酒股份有限公司2018年年度报告。

四、其他信息

青岛啤酒管理层对其他信息负责。其他信息包括青岛啤酒2018年年度报告中涵盖的信息,但不包括财务报表和我们的审计报告。

我们对财务报表发表的审计意见不涵盖其他信息,我们也不对其他信息发表任何形式的鉴证结论。

结合我们对财务报表的审计,我们的责任是阅读其他信息,在此过程中,考虑其他信息是否与财务报表或我们在审计过程中了解到的情况存在重大不一致或者似乎存在重大错报。基于我们已经执行的工作,如果我们确定其他信息存在重大错报,我们应当报告该事实。在这方面,我们无任何事项需要报告。

五、管理层和审计委员会对财务报表的责任

青岛啤酒管理层负责按照企业会计准则的规定编制财务报表,使其实现公允反映,并设计、执行和维护必要的内部控制,以使财务报表不存在由于舞弊或错误导致的重大错报。

在编制财务报表时,管理层负责评估青岛啤酒的持续经营能力,披露与持续经营相关的事项(如适用),并运用持续经营假设,除非管理层计划清算青岛啤酒、终止运营或别无其他现实的选择。

审计委员会负责监督青岛啤酒的财务报告过程。

六、注册会计师对财务报表审计的责任

我们的目标是对财务报表整体是否不存在由于舞弊或错误导致的重大错报获取合理保证,并出具包含审计意见的审计报告。合理保证是高水平的保证,但并不能保证按照审计准则执行的审计总能发现某一重大错报(如存在)。错报可能由于舞弊或错误导致,如果合理预期错报单独或汇总起来可能影响财务报表使用者依据财务报表做出的经济决策,则通常认为错报是重大的。

在按照审计准则执行审计工作的过程中,我们运用职业判断,并保持职业怀疑。同时,我们也执行以下工作:

(一)识别和评估由于舞弊或错误导致的财务报表重大错报风险;设计和实施审计程序以应对这些风险,并获取充分、适当的审计证据以作为发表审计意见的基础。由于舞弊可能涉及串通、伪造、故意遗漏、虚假陈述或凌驾于内部控制之上,未能发现由于舞弊导致的重大错报的风险高于未能发现由于错误导致的重大错报的风险。

(二)了解与审计相关的内部控制,以设计恰当的审计程序。

(三)评价管理层选用会计政策的恰当性和做出会计估计及相关披露的合理性。

（四）对管理层使用持续经营假设的恰当性得出结论。同时，根据获取的审计证据，就可能导致对青岛啤酒持续经营能力产生重大疑虑的事项或情况是否存在重大不确定性得出结论。如果我们得出结论认为存在重大不确定性，审计准则要求我们在审计报告中提请报表使用者注意财务报表中的相关披露；如果披露不充分，我们应当发表非无保留意见。我们的结论基于截至审计报告日可获得的信息。然而，未来的事项或情况可能导致青岛啤酒不能持续经营。

（五）评价财务报表的总体列报、结构和内容（包括披露），并评价财务报表是否公允反映相关交易和事项。

（六）就青岛啤酒中实体或业务活动的财务信息获取充分、适当的审计证据，以对合并财务报表发表审计意见。我们负责指导、监督和执行集团审计，并对审计意见承担全部责任。

我们与审计委员会就计划的审计范围、时间安排和重大审计发现等事项进行沟通，包括沟通我们在审计中识别出的值得关注的内部控制缺陷。

我们还就已遵守与独立性相关的职业道德要求向审计委员会提供声明，并与审计委员会沟通可能被合理认为影响我们独立性的所有关系和其他事项，以及相关的防范措施（如适用）。

从与审计委员会沟通过的事项中，我们确定哪些事项对本期财务报表审计最为重要，因而构成关键审计事项。我们在审计报告中描述这些事项，除非法律法规禁止公开披露这些事项，或在极少数情形下，如果合理预期在审计报告中沟通某事项造成的负面后果超过在公众利益方面产生的益处，我们确定不应在审计报告中沟通该事项。

普华永道中天会计师事务所	注册会计师：贾娜
（特殊普通合伙）	注册会计师：张栋
中国·上海市	2019年3月28日

2. 非标准审计报告

（1）带强调事项段的无保留意见的审计报告。强调事项段是指审计报告中含有的一个段落，该段落提及已在财务报表中恰当列报的事项，且根据注册会计师的职业判断，该事项对财务报表使用者理解财务报表至关重要。

如果认为有必要提醒财务报表使用者关注已在财务报表中列报，且根据职业判断认为对财务报表使用者理解财务报表至关重要的事项，按照《中国注册会计师审计准则第1502号——在审计报告中发表非无保留意见》的规定，该事项不会导致注册会计师发表非无保留意见时，注册会计师应当在审计报告中增加强调事项段。

强调事项仅用于提醒财务报表使用者关注，审计意见并不会因该强调事项而改变。

案例链接

带强调事项段的无保留意见审计报告

审计报告①

中兴华审字 [2019] 第030154号

山东天业恒基股份有限公司全体股东：

一、审计意见

我们审计了山东天业恒基股份有限公司（以下简称"天业股份公司"）财务报表，包括2018年12月31日的合并及母公司资产负债表，2018年度的合并及母公司利润表、合并及母公司现金流量表、合并及母公司股东权益变动表以及相关财务报表附注。

我们认为，后附的财务报表在所有重大方面按照企业会计准则的规定编制，公允反映了天业股份公司2018年12月31日合并及母公司的财务状况以及2018年度合并及母公司的经营成果和现金流量。

二、形成审计意见的基础

我们按照中国注册会计师审计准则的规定执行了审计工作。审计报告的"注册会计师对财务报表审计的责任"部分进一步阐述了我们在这些准则下的责任。按照中国注册会计师职业道德守则，我们独立于天业股份公司，并履行了职业道德方面的其他责任。我们相信，我们获取的审计证据是充分、适当的，为发表审计意见提供了基础。

三、强调事项

如财务报表附注十五.4所述，天业股份公司于2018年5月2日接到中国证券监督管理委员会调查通知书（编号：鲁证调查字 [2018] 7号），因天业股份公司涉嫌违反证券法律法规，根据《中华人民共和国证券法》的有关规定，决定对天业股份公司进行立案

---

① 山东天业恒基股份有限公司2018年年度报告。

调查，截至审计报告日，中国证券监督管理委员会尚未出具最终结论。注册会计师提醒财务报表使用者对上述事项予以关注。

（以下内容略）

（2）非无保留意见的审计报告。当存在下列情形之一时，注册会计师应当按照《中国注册会计师审计准则第1502号——在审计报告中发表非无保留意见》的规定，在审计报告中发表非无保留意见：①根据获取的审计证据，得出财务报表整体存在重大错报的结论；②无法获取充分、适当的审计证据，不能得出财务报表整体不存在重大错报的结论。

非无保留意见是指对财务报表发表的保留意见、否定意见或无法表示意见。

如果对财务报表发表非无保留意见，除在审计报告中包含《中国注册会计师审计准则第1501号——对财务报表形成审计意见和出具审计报告》规定的审计报告要素外，注册会计师还应当：①将《中国注册会计师审计准则第1501号——对财务报表形成审计意见和出具审计报告》第二十八条中规定的"形成审计意见的基础"这一标题修改为恰当的标题，如"形成保留意见的基础""形成否定意见的基础"或"形成无法表示意见的基础"；②在该部分对导致发表非无保留意见的事项进行描述。

①保留意见的审计报告。当存在下列情形之一时，注册会计师应当发表保留意见：在获取充分、适当的审计证据后，注册会计师认为错报单独或汇总起来对财务报表影响重大，但不具有广泛性；注册会计师无法获取充分、适当的审计证据以作为形成审计意见的基础，但认为未发现的错报（如存在）对财务报表可能产生的影响重大，但不具有广泛性。

当由于财务报表存在重大错报而发表保留意见时，注册会计师应当在审计意见部分说明：注册会计师认为，除形成保留意见的基础部分所述事项产生的影响外，后附的财务报表在所有重大方面按照适用的财务报告编制基础的规定编制，公允反映了[……]；当由于无法获取充分、适当的审计证据而导致发表保留意见时，注册会计师应当在审计意见部分使用"除……可能产生的影响外"等措辞。

案例链接

保留意见的审计报告

审计报告①

信会师报字 [2019] 第 ZB11040 号

乐视网信息技术（北京）股份有限公司全体股东：

一、保留意见

我们审计了乐视网信息技术（北京）股份有限公司（以下简称"乐视网"或"公司"）财务报表，包括2018年12月31日的合并及母公司资产负债表，2018年度的合并及母公司利润表、合并及母公司现金流量表、合并及母公司所有者权益变动表以及财务报表附注。

我们认为，除"形成保留意见的基础"部分所述事项产生的影响外，后附的财务报表在所有重大方面按照企业会计准则的规定编制，公允反映了乐视网2018年12月31日的合并及母公司财务状况以及2018年度的合并及母公司经营成果和现金流量。

二、形成保留意见的基础

1. 无形资产摊销及减值

由于在2017年年度财务报表审计时，我们对乐视网应收款项、无形资产、应付账款等相关报表项目未能获取充分适当的审计证据，导致我们对该年度财务报表出具了无法表示意见的审计报告。上述无法表示意见所涉及事项影响除无形资产外在本年已基本消除，我们对乐视网2018年末相关无形资产的账面价值可以确认，但仍无法对2018年初无形资产的价值进行认定，从而影响2018年无形资产的摊销额及减值计提额，该事项对本年度数据和可比期间数据可能存在重大影响，但并不广泛。

2. 对持续经营的评价

如第十一节财务报告四财务报表的编制基础2持续经营所述，截至2018年末乐视网大量债务出现逾期，导致公司存在偿债压力，乐视网目前仍未与主要债权人就债务展期、偿还方案等达成和解；乐视网2018年末归属母公司净资产为 -30.26 亿元，2018年度归属母公司净利润为 -40.96 亿元。这种情况表明存在可能导致对乐视网持续经营能力产生重大疑虑的重大不确定性。财务报表没有对乐视网如何消除对持续经营的重大疑虑做出充分披露。

---

① 乐视网信息技术（北京）股份有限公司2018年年度报告。

我们按照中国注册会计师审计准则的规定执行了审计工作。审计报告的"注册会计师对财务报表审计的责任"部分进一步阐述了我们在这些准则下的责任。按照中国注册会计师职业道德守则,我们独立于乐视网,并履行了职业道德方面的其他责任。我们相信,我们获取的审计证据是充分、适当的,为发表保留意见提供了基础。

(以下内容略)

②否定意见的审计报告。在获取充分、适当的审计证据后,如果认为错报单独或汇总起来对财务报表的影响重大且具有广泛性,注册会计师应当发表否定意见。

当发表否定意见时,注册会计师应当在审计意见部分说明:注册会计师认为,由于形成否定意见的基础部分所述事项的重要性,后附的财务报表没有在所有重大方面按照适用的财务报告编制基础的规定编制,未能公允反映［……］。

案 例 链 接

否定意见的审计报告

审计报告①

苏公 W［2019］ A1156 号

江西大华新材料股份有限公司全体股东:

一、否定意见

我们审计了江西大华新材料股份有限公司(以下简称大华新材公司)财务报表,包括2018年12月31日合并及母公司资产负债表,2018年度的合并及母公司利润表、合并及母公司现金流量表和合并及母公司所有者权益变动表,以及相关财务报表附注。

我们认为,由于"二、形成否定意见的基础"段所述事项的重要性,后附的大华新材公司财务报表没有在所有重大方面按照企业会计准则的规定编制,未能公允反映大华新材公司2018年12月31日的合并财务状况以及2018年度的合并经营成果和合并现金流量。

二、形成否定意见的基础

如财务报表附注二、财务报表的编制基础所述,大华新材公司财务报表以持续经营假设为基础编制。2019年4月9日大华新材公司

---

① 江西大华新材料股份有限公司2018年年度报告。

收到江西省宜春市中级人民法院出具的民事裁定书（[2019] 赣09破申1号），法院裁定受理大华新材公司被申请破产清算，大华新材公司已不具备持续经营能力，因此我们认为大华新材公司按照持续经营假设编制的2018年的年度财务报表不恰当。

（以下内容略）

③无法表示意见的审计报告。如果无法获取充分、适当的审计证据以作为形成审计意见的基础，但认为未发现的错报（如存在）对财务报表可能产生的影响重大且具有广泛性，注册会计师应当发表无法表示意见。

当由于无法获取充分、适当的审计证据而发表无法表示意见时，注册会计师应当：说明注册会计师不对后附的财务报表发表审计意见；说明由于形成无法表示意见的基础部分所述事项的重要性，注册会计师无法获取充分、适当的审计证据以作为对财务报表发表审计意见的基础；修改《中国注册会计师审计准则第1501号——对财务报表形成审计意见和出具审计报告》第二十五条第（二）项中规定的财务报表已经审计的说明，改为注册会计师接受委托审计财务报表。

案 例 链 接

无法表示意见的审计报告

审计报告[①]

亚会A审字 [2019] 0073号

雏鹰农牧集团股份有限公司全体股东：

一、无法表示意见

我们审计了后附的雏鹰农牧集团股份有限公司（以下简称"雏鹰农牧"或者"公司"）财务报表，包括2018年12月31日的合并及母公司资产负债表，2018年度的合并及母公司利润表、合并及母公司所有者权益变动表、合并及母公司现金流量表以及财务报表附注。

我们不对后附的雏鹰农牧财务报表发表审计意见。由于"形成无法表示意见的基础"部分所述事项的重要性，我们无法获取充分、适当的审计证据以作为对财务报表发表审计意见的基础。

[①] 雏鹰农牧集团股份有限公司2018年年度报告。

二、形成无法表示意见的基础

1. 雏鹰农牧因资金短缺，无法偿付到期债务而涉及较多的司法诉讼，导致部分银行账户、资产被司法冻结，雏鹰农牧的生产经营受到不利影响，持续经营存在不确定性。截至审计报告日止，雏鹰农牧未能就与改善持续经营能力相关的应对计划提供充分、适当的证据。我们无法获取充分、适当的审计证据以对雏鹰农牧在持续经营假设的基础上编制财务报表是否合理发表意见。

2. 雏鹰农牧债权投资、财务资助等款项存在未能按合同约定时间收回的减值迹象，公司管理层无法合理估计账面资产的可收回金额，对上述资产均参考一般信用风险组合应收款项的坏账准备计提方法，按账龄计提了减值准备。雏鹰农牧管理层无法做出合理估计和判断的情况下，我们无法实施满意的审计程序以获取充分、适当的审计证据以判断上述资产减值准备计提的合理性。

3. 雏鹰农牧未完整提供未纳入合并范围的被投资单位审计报告和财务报表。根据已提供被投资单位的审计报告和财务报表，部分股权投资存在减值迹象。截至审计报告日，雏鹰农牧未提供与上述股权投资相关的公允价值、预计未来现金流量等减值测试资料，我们无法实施满意的审计程序以获取充分、适当的审计证据以判断雏鹰农牧股权投资减值准备的合理性。

4. 雏鹰农牧与部分管理层未识别为关联方的单位之间存在大额资金往来。在审计中我们无法实施满意的审计程序，获取充分适当的审计证据以消除我们对管理层关联方关系识别的疑虑。我们无法判断雏鹰农牧关联方关系和关联交易披露的完整性和准确性。

5. 受到行业特殊性和疫情的影响，我们无法充分实施对雏鹰农牧生物资产、固定资产和在建工程中的猪舍及相关配套设备等资产的监盘工作，对其部分资产的数量、状况无法获取充分、适当的审计证据，我们无法判断财务报表相关项目列报的准确性。

6. 子公司汕头市东江畜牧有限公司（以下简称"东江畜牧"）未能完整提供2018年的年度财务资料。我们无法获取充分、适当的审计证据以判断东江畜牧财务报表列报是否正确，进而无法判断东江畜牧对雏鹰农牧财务报表的影响。

7. 雏鹰农牧因债务逾期发生多项诉讼、仲裁，涉诉案件仍在审理或执行中，雏鹰农牧无法合理预计相关诉讼事项对公司财务报表的影响。我们无法获取与上述未决诉讼事项相关的充分、适当的审计证据，无法判断涉诉事项对雏鹰农牧财务报表产生的影响。

8. 雏鹰农牧于2019年3月18日收到中国证券监督管理委员会

《调查通知书》（豫调查字［2019］01）。因公司涉嫌违法违规，根据《中华人民共和国证券法》的有关规定，中国证券监督管理委员会决定对雏鹰农牧立案调查。截至本报告出具日，调查正在进行中，由于该立案调查尚未有最终结论，我们无法判断立案调查结果对雏鹰农牧财务报表的影响程度。

（以下内容略）

案 例 链 接

219份非标审计意见"告白"财报
部分"体检异常"暗藏违规逻辑

笔者根据数据统计发现，在公布2018年年报的3 600余家企业中，被出具非标准审计意见的共有219份，这也应该达到了近年来的新峰值。其中，审计意见为"无法表达意见"的有39份，被出具"保留意见"的有81份，"带强调事项段的无保留意见"共计仅99份。而2017年非标意见合计仅123份，2016年则合计仅99份。另有统计显示，在2012年至2015年，被出具非标审计意见的年报分别有88份、81份、85份、99份。此外，近年来"无法表达意见"的审计意见的增幅最为明显——已经从2012年的3份增长到2018年的39份。

笔者之所以关注上市公司被出具的非标审计意见的数量和增长态势，是因为对于A股市场继续提升上市公司质量而言，审计意见的前瞻性和指引性越来越强。笔者统计发现，2018年219家"被非标"的上市公司中，共有150家年报披露归母净利润为负值，占比为68%。

此外，笔者注意到，多家上市公司近年来经历了"标准无保留审计意见—轻度非标意见（保留意见或带强调事项段的无保留意见）—重度非标意见（无法表示意见）"的过程。也就是说，在相当多情况下，审计工作其实已经在"体检"中提前发现异常，并向市场释放信号。

笔者的一位投资圈的朋友也曾透露，其对于投资标的的判断，很大程度上依赖于对企业财务报表的深度分析，"如果精心掩饰，现场调研也可能眼见为虚，而财务报表倒是可能存在发现问题的突破口"。事实上，上市公司被出具非标意见的原因可能各不相同，但其背后往往都是相似的逻辑——部分上市公司涉嫌违规或"不当行为"。

以最近颇受关注的一起ST公司被立案调查事件为例。该公司上周末公告称，日前接到属地证监局下发的《行政监管措施决定书》，要求公司董事会召开专题会议对预付账款、应收账款、其他应收款、诉讼、担保等事项进行审议，说明相关交易是否具备商业实质、是否构成关联交易及关联方资金占用等；公司年报审计机构亦对预付账款、应收账款的真实性和可回收性、对应收账款及其他应收款计提坏账准备的合理性及对未决诉讼的预计负债金额准确性等事项存疑，出具了无法表示意见的审计报告。该案例可以说比较典型，将可能触发非标审计意见的多种情况"集于一身"。

笔者统计发现，"未来持续经营能力存有不确定性""诉讼情况不明""关联方违规资金占用""子公司失控""内控失效""资金往来真实性存疑""被监管部门立案调查"等是重度非标——"无法表示意见"的审计结论的共性原因，其中大部分行为涉嫌违规；而"无法获取足够的审计证据"等原因则促使中介机构对审计意见有所保留，而不能确保审计机构得到足够证据也可能是上市公司的一种"失职"或"不当行为"。

事实上，近年来，非标审计意见的"杀伤力"正在逐步增强。对于上市公司来说，被出具非标意见最大的危机在于可能触发退市条款。2018年7月17日，烯碳退结束了最后一个交易日，正式摘牌，该公司成为沪深两市第一只因会计师事务所出具"非标"意见而被强制退市的个股。

此外，笔者需要说明的是，仅非标审计意见显著增加这一个维度并不能断言上市公司整体质量的下滑，虽然它确实有一定的警示作用。事实上，数据上升的背后也包含强监管措施显效、大数据科技水平提升以及审计机构勤勉履职等原因。对于A股市场而言，因为上述原因带来的上市公司财务报表质量"小范围阵痛"应该是令人欣慰的。

5月11日，中国证监会主席易会满出席中国上市公司协会2019年年会暨第二届理事会第七次会议时也曾表示，"保荐承销、审计评估、法律服务等中介机构要归位尽责，切实发挥好资本市场'看门人'作用，严格履行核查验证、专业把关等法定职责，督促上市公司规范运作、真实披露"。

（资料来源：证券日报，http://views.ce.cn/view/ent/201905/21/t20190521_32135689.shtml，2019年5月21日。）

试一试：查找几家上市公司年度审计报告书进行对比分析，你是如何理解不同类型审计报告内涵的？它对财务信息质量会带来什么影响？

2.2.2 其他信息

1. 政策信息

政策信息主要有产业政策、价格政策、信贷政策、分配政策、税收政策、会计政策、金融政策等。从企业的行业性质、组织形式等角度分析企业财务对政策法规的敏感程度，全面揭示经济政策变化及法律制度的调整对企业财务状况、经营成果和现金流量的影响。

2. 市场信息

市场信息主要包括资本市场、劳动力市场、技术市场、土地市场等要素市场以及商品市场的信息。这其中的任何信息都可能与企业经营及财务息息相关。因此，在进行企业财务分析时，必须关注商品供求与价格变化对企业产品或服务量与收入的影响，劳动力供求与价格对企业人工费用的影响，技术市场供求及价格对企业无形资产规模、结构的影响，资本市场资金供求渠道及价格对企业投资、融资的影响，以便从市场环境的变化中分析企业财务变化的成因及其变化趋势。

3. 行业信息

行业信息主要指企业所处行业的相关企业、产品、技术、规模、效益等方面的情况。因此，在进行财务分析时，着重关注行业平均水平、先进水平及其行业发展前景的信息，以客观评价企业当前的经营状况，合理预测、把握企业财务状况、经营业绩与现金流量的发展趋势，为决策提供可靠的信息依据。

主要名词和术语

会计信息	资产负债表	利润表
现金流量表	所有者权益变动表	财务报表附注
审计报告	标准审计报告	非标准审计报告
政策信息	市场信息	行业信息

本 章 小 结

本章介绍了财务报告的构成；具体描述了资产负债表、利润表、现金流量表和所有者权益变动表的概念、作用、列报内容和列报方式以及报表附注披露的内容；最后介绍了财务分析的非会计信息，包括审计报告、政策信息、市场信息和行业信息等。本章主要内容包括：

1. 财务报告包括财务报表和其他应在财务报告中披露的相关信

息和资料。其中，财务报表由报表本身及其附注两部分构成，而报表至少应当包括资产负债表、利润表、现金流量表和所有者权益（或股东权益）变动表等报表。

2. 资产负债表是反映企业在某一特定日期的财务状况的会计报表。资产负债表应当按照资产、负债和所有者权益三大类别分类列报。

3. 利润表是反映企业在一定会计期间的经营成果的会计报表。企业应当采用多步式列报利润表。

4. 现金流量表是反映企业一定会计期间现金和现金等价物流入和流出的报表。

5. 所有者权益变动表是反映构成所有者权益的各组成部分当期的增减变动情况的报表。所有者权益变动表在一定程度上体现了企业综合收益。

6. 附注是对在资产负债表、利润表、现金流量表和所有者权益变动表等报表中列示项目的文字描述或明细资料，以及对未能在这些报表中列示项目的说明等。

7. 审计报告是指注册会计师根据《中国注册会计师审计准则》的规定，在实施审计工作的基础上对被审计单位财务报表发表审计意见的书面文件。审计报告具有鉴证、保护和证明作用。注册会计师根据审计结果形成不同的审计意见，分别出具标准审计报告和非标准审计报告。

8. 标准审计报告是指按照《中国注册会计师审计准则第1501号——对财务报表形成审计意见和出具审计报告》要求出具的无保留意见审计报告。

9. 非标准审计报告主要包括：（1）带强调事项段的无保留意见的审计报告；（2）非无保留意见的审计报告。

10. 政策信息主要有产业政策、价格政策、信贷政策、分配政策、税收政策、会计政策、金融政策等。

11. 市场信息主要包括资本市场、劳动力市场、技术市场、土地市场等要素市场以及商品市场的信息。

12. 行业信息主要指企业所处行业的相关企业、产品、技术、规模、效益等方面的情况。

第 3 章
财务分析原理

学习目的与要求

学习本章后，您应该做到：
1. 了解财务分析目的；
2. 熟悉财务分析的基本程序；
3. 掌握财务分析原理与方法；
4. 熟悉财务分析标准。

重点和难点

财务分析不同目的；比较分析法；因素分析法；财务分析标准。

3.1 财务分析目的

3.1.1 财务分析内涵与演变

1. 财务分析内涵

一个企业的财务报告浩如烟海，内容丰富且专业性强，如何读懂财务报告，如何分析枯燥的数据，并且能够运用相关信息进行决策，这是每一个信息使用者非常关注的问题，利用财务分析就可以帮助信息使用者实现这一目的。

财务分析不仅是对企业一定时期财务运行状况和经营成果的总

> 财务分析：以企业财务报告等资料为基础和起点，采用一系列专门的方法，对企业的财务状况和经营成果进行分析、研究与评价。

结，而且还可以分析、评价企业的过去和现在，并预测企业未来的财务状况，为企业进行财务预测和财务决策提供科学依据。

财务分析最基本的功能是将大量的报表数据转换成对特定决策有用的信息，减少决策的不确定性。

2. 财务分析的演变

延伸阅读：
财务报表分析的萌生

财务分析的基础是财务报告，财务报表则是财务报告的核心。因此，研究财务分析的产生与发展必然以财务报表分析的产生与发展为起点。财务报表分析是一门新兴的技术，最早起源于19世纪末20世纪初的美国。它最早是被银行界用于对借款人信用进行调查和分析，并借以判断客户的偿债能力，其主要途径是对财务报表进行解释。

随着世界区域性资本市场的发展，银行业不再是财务信息的主要使用者，一些非银行机构贷款人和股权投资者纷纷重视对财务信息的分析和使用。财务报表分析便从主要为贷款银行服务，拓展到了为投资者服务等领域。

延伸阅读：
财务报表分析领域

随着现代公司制企业的诞生及其发展，不仅传统意义上的信息使用者如债权人、投资者需要进行财务分析，公司经营者也逐步认识到财务分析的重要性，开始进行财务分析。经营者进行财务分析的目的，一方面是为了改善盈利能力和偿债能力，以取得投资者和债权人的支持；另一方面是为了加强财务控制，为财务决策提供信息。债权人和投资者侧重于结果分析，经营者侧重于原因分析。财务分析的技术和方法也随之不断地出现。

随着资本市场形成、发展和完善，企业融资方式的多元化、融资范围的扩大化，非银行的贷款人和股权投资者的不断增加，社会公众纷纷进入资本市场，不同的投资者要求的信息更为专业、更为广泛。财务分析开始从单纯的偿债分析走向对企业盈利能力、营运能力、融资结构、利润分配、成本费用等方面的分析。

延伸阅读：
财务报表分析形成

20世纪中后期，全球经济一体化、国际化趋势逐渐增强，统一的财务报告编制规则也逐步形成并在各国推行，使对财务报告进行分析成为经济生活的重要内容。无论是企业内部经营管理者、股东、企业债权人（包括银行）、国家职能部门，还是企业的外部潜在投资者及其他利益相关者，都需要通过财务分析获得有效的信息。与此需求相反的是，企业财务报告的内容及格式都趋向于全面化和标准化，其直接影响就是分析财务报告需要更为专业的知识和训练。

由于当今企业界的多变和复杂化，企业财务报告也变得更加复杂。全球竞争的加剧和跨国公司的出现，使得企业投资、筹资及风险管理等方面面临更大的压力。企业破产、重组、并购等频繁发生，这些变化给财务报告实务及财务分析带来了很大的挑战，也使财务分析得到了前所未有的发展。首先是财务分析的领域除了投资分析、筹资分析、经营分析等基本领域之外，在资本市场、企业重组、绩效评价、企业评估等领域的应用也越来越广泛。其次是财务分析的手段和方法也趋于完善和多样化。20 世纪 80 年代以后，随着计算机及其软件的迅速普及和成本的降低，信息网络分析技术得到广泛采用，数量分析方法也变得越来越普及。特别是进入 21 世纪后，数字经济已经渗透到社会经济的各个领域。大数据、云计算、物联网、区块链、人工智能无处不在，这些变化使得财务分析能够提供更多、更全面、更及时的信息资料，从而服务于更广泛的领域，更好地服务于经济生活。

财务报告概括地反映了一个企业的财务状况、经营成果和现金流量的信息，但并不是所有的企业利益相关者都能够通过企业对外公布的财务报告获得所需的信息。同时，对于非专业使用者而言，读懂并能将这些财务报告所反映的会计信息作为进行决策的依据是一个巨大的挑战。财务分析就是要通过使用一些专门的方法对财务报告进行整理和再加工，发现和发掘财务报告文字和数字背后所能揭示的大量有用的信息，为决策者服务。

如果说财务报告的产生过程是一种按某一既定的游戏规则对企业的生产经营活动进行综合的话，那么经过综合之后的企业财务状况、经营成果和现金流量的总体面貌就基本展示在使用者面前了。财务分析则是把这个总体面貌按照另外一种规则和方法进行分解和重新组合，使之适用于不同的利益主体，并提供不同侧面的决策信息的一个过程。财务报告所反映的是过去的事项，而财务分析的意义则不仅仅在于评价过去，更重要的是通过分析过去和现在，来预测未来，从而站得更高，看得更远。

3.1.2 财务分析目的

1. 基本目的

（1）评价企业的偿债能力与财务风险。通过对企业的财务报告等会计资料进行分析，可以了解企业资产的流动性、负债水平及偿还债务的能力，从而评价企业的财务状况和经营风险，为经营管理者、投资者和债权人提供财务信息。

（2）评价企业的资产周转质量与管理水平。企业的生产经营过程就是利用资产取得收益的过程，资产是企业生产经营活动的经济资源，资产管理水平的高低直接影响到企业的收益，它体现了企业的整体素质。进行财务分析可以了解到企业的保值和增值情况，分析资产管理状况、资金周转状况、现金流量情况等，为评价企业的经营管理水平提供依据。

（3）评价企业的盈利能力和利润质量。偿债能力和盈利能力是财务评价的两大基本指标。在偿债能力既定的情况下，企业应追求最大化的盈利。一个企业是否长期具有良好和持续的盈利能力是企业综合素质的基本表现。企业要生存和发展，必须获取较高的利润。只有这样，企业才能在竞争中立于不败之地。投资者、债权人和经营者都十分关心企业的盈利能力，企业较强的盈利能力有助于提高其偿债能力，进而有助于提高企业信誉。评价企业的盈利能力不能仅看其获取利润的绝对数，还应分析其相对数指标；不但要看企业目前的盈利水平，还要将其与过去相比较，并预测未来的盈利能力。

（4）评价企业未来的可持续发展与增长方式。无论是企业的经营管理者还是企业的投资者、债权人等利害关系人，他们都关心企业的未来发展是否有可持续性，企业的增长方式是否平衡、科学合理。通过财务分析可以判断出企业的未来发展趋势，预测企业的经营前景，从而为企业经营管理者和企业相关利益关系人进行经营决策和投资决策提供重要依据。

财务分析目的

2. 具体目的

企业的利益相关者都希望通过财务分析评价取得与决策相关的信息，但不同的利益主体进行财务分析的目的却不尽相同。

（1）投资者。企业投资者进行财务分析，最为关注的是投资回报的大小和风险承担的高低。企业的投资者对企业的财产具有所有权，同时也是终极风险的承担者。作为投资者，他们重点关心企业的投资回报率；作为公司的最终风险承担者，他们密切关注企业整体的财务状况。如果投资者的投资目的仅仅是单纯获利的话，则企业的盈利能力就是这类投资者进行财务报告分析的基本目标；如果投资的目的不仅是为了获利，而且包括扩大其企业经营规模、占领市场、避免财务风险等，那么投资者进行财务分析的目的就不仅仅是企业的盈利能力，还必然要分析企业的整体财务状况。

（2）债权人。一般而言，由于债务具有利息固定和到期偿还的特征，债权人不对企业承担终极风险，所以债权人更加关心的是企业的偿债能力强弱、资本结构的合理性。通过流动比率、速动比率等指标，短期债权人可以获得企业短期偿债能力的评价；长期债权人在分析企业短期债务偿还能力的基础上会更多地考虑企业的经营方针、发展方向、项目性质及潜在风险等综合盈利能力。

（3）经营者。企业经营者进行的财务分析比其他信息使用者的分析更加全面，他们要求对企业财务的各方面进行全方位的分析与评价，以便获得企业的整体财务状况、风险高低和经营成果等方面的信息，同时还需要对财务状况的成因进行剖析，以改进企业的经营管理，做出正确的经营和财务决策。

（4）政府。对企业负有监管职能的政府部门主要包括工商、税务、财政、银监、审计等，他们主要通过定期了解企业的财务信息，把握和判断企业是否依法经营、依法纳税，维护正常、公平的市场秩序，保证国家经济政策、法规和有关制度的有效执行。

（5）企业员工。企业员工不但关心企业目前的经营状况和盈利能力，而且关心企业未来的发展前景。通过财务分析，企业员工可以了解个人绩效薪酬（工资、奖金）状况、企业的福利保障程度、员工持股计划的执行和分配状况等。

（6）会计师事务所等中介机构。注册会计师通过财务分析可以确定审计的重点、审计的范围、审计的方法等，以保证客观、公允地发表审计意见。财务分析师则需要通过财务分析为各类报告使用者提供各种专业咨询或者决策建议。

延伸阅读：
会计师事务所

（7）其他利益相关者。企业的其他利益相关者可能包括业务相关单位如供货商、顾客等，他们更关心的是企业的信用状况。通过财务报告分析，业务单位可以判断企业的商业信用和支付能力，并据此判断是否继续与企业保持业务往来关系。

试一试：与同学们一起利用周末走访一家企业，了解企业是如何进行财务分析的，其分析目的与我们讲述的一样吗？

3.1.3 财务分析程序

1. 确定分析目的

企业财务活动存在于企业经济活动之中，不同的信息使用者进行财务分析时，其分析重点是不一样的。在进行财务分析时，必须首先明确分析的目的是什么，也就是说，信息使用者通过分析需要实现怎样的目标。例如：是对企业进行全面分析还是专题分析？是为了融资或投资决策而进行分析？是为了更好地制定经营规划分析还是为了制定合理的利润分配政策进行分析？等等。只有明确了分析的目的，才能确定分析所需要的财务信息。

2. 制订分析计划

在明确分析目的后，接着就要制订科学合理的财务分析计划。财务分析计划一般包括分析的具体目标、分析要求、组织分工、进度安排、资料获取、评价标准、评价方法、评价报告等。

3. 资料收集整理

保证企业财务分析客观、准确的条件之一，就是要全面收集与分析对象相关的、符合分析目的要求的资料。财务分析的范围决定了所需收集资料的多少。全面分析需要收集与企业相关的各方面的资料，包括财务会计资料，也包括非财务会计资料。专题分析一般只收集与专题有密切关系的资料。

此外，在正式进行财务分析前，还需要对收集的资料进行必要的加工、整理、分类，以保证财务分析工作的开展。

4. 财务分析与评价

财务分析的主要目的在于评价企业财务报告所反映的财务状况与经营成果的真实性，从而为相关信息使用者提供有用的决策信息。财务分析的步骤可包括：（1）阅读财务报告；（2）比较会计报表；（3）解释会计报表；（4）评价财务报表。进行财务分析时，由于财务分析的目的不同，因此，应该合理选择分析方法，并且定量分析要与定性分析结合，以便对企业财务状况和经营成果进行恰当、合理的分析和评价。

5. 撰写财务分析报告

财务报告撰写是财务分析的最后环节，也是对企业财务分析过程与结果的全面总结。财务分析报告应该根据不同分析要求和目的撰写，一般包括如下内容：分析对象、分析目的、分析的程序与要求、过程分析与评价、原因剖析、改进建设与对策等。一个完备、合格的财务分析报告，可以作为利益相关者进行决策的依据，同时也可为今后的财务分析提供参考。

3.2　财务分析方法

> 比较分析法：将同一个经济指标在不同时期的执行结果进行对比，揭示差异和矛盾的一种分析方法。

3.2.1　财务分析方法

1. 比较分析法

比较分析法是一种最常用的分析方法，它可以用实际与计划进行对比，也可以用当期与上期进行对比，还可以用同行业不同企业之间进行对比。经济指标的对比必须注意指标之间的可比性，计算口径、计算基础、计算的时间等都应尽可能保持一致。比较分析法是财务分析最基本的方法，其他任何方法都是建立在比较分析方法基础上的。没有比较就不可能进行更加深入的分析和判断，也就无法了解企业经济活动过程。

试一试：你能否将比较分析法用于分析本班学习中存在的问题？与同学们讨论。

财务分析方法

2. 比率分析法

比率分析法的形式主要包括：

（1）相关比率分析。相关比率是以两个相互联系但又不同的财务指标进行对比。利用相关比率指标分析，可以考察存在联系的经济业务活动安排是否科学合理，能否保证企业经济活动顺畅进行。例如产权比率是负债与所有者权益的比值，通过该指标可以了解企业资本结构情况及权益对负债的保障程度。

（2）构成比率分析。构成比率又称结构比率，是指用某项财务指标的某个部分数据与该项指标的总体数据进行对比，即通常所说的比重。通过构成比率分析，可以考察总体中某个部分的形成与安排是否合理，以便协调各项财务活动。例如对资产构成进行动态分析时，需要计算流动资产、固定资产、无形资产等各类资产占总资产的比重，通过分析可以揭示企业资产结构的变动及资产结构质量变化等原因。

（3）效率比率分析。效率比率是指某项财务指标所得与所费的比率，反映企业投入产出的关系。运用效率指标分析，可以进行得失比较，考察企业经营成果，评价企业经济效益。效率指标包括销售利润率、投资报酬率、成本费用利润率等，通过分析，可以从不同角度观察、分析企业的盈利能力及管理能力等。

比率分析法：将某些彼此之间存在一定关系的财务指标进行对照，计算有关比率，并据以确定经济活动变动程度的分析方法。

知识拓展

比率分析法的运用

运用比率分析法时，要注意：一是指标之间的相关性；二是指标对比口径的一致性；三是衡量标准的科学性。财务比率的计算是比较简单的，但对它加以说明和解释是相当复杂和困难的。分析的核心问题在于解释原因，并不断深化，寻找最直接的原因。财务分析是个研究过程，分析得越具体、越深入，则越有价值。如果仅仅是计算出来财务比率而不进行分析，那么什么问题也说明不了。

3. 因素分析法

因素分析法主要依据分析指标与其影响因素的关系，从数量上确定各因素对总体指标的影响程度。企业的经营活动是一个有机整体，每个指标的高低，都受到若干相关因素的影响。从数量上测定各因素的影响程度，可以帮助人们抓住主要矛盾，更有说服力地评价企业的财务状况。因素分析法按具体分析方式不同又分为：

（1）差额分析法。例如，固定资产净值增减变动的原因分析，可分解为原值变化和折旧变化两部分。

（2）指标分解法。例如，总资产净利率的分析，可分解为总资产周转率和销售净利率的乘积。

（3）连环替代法。依次用分析值替代标准值，测定各因素对财务指标的影响。例如，对影响成本降低的因素分析。

（4）定基替代法。分别用分析值替代标准值，测定各因素对财务指标的影响，例如，对标准成本的差异分析。

【例3–1】假定海达公司生产电子产品元件，2020年1月相关数据资料见表3–1。

表3–1　　　　　　海达公司电子产品元件资料

指标	单位	预算	实际	差异
产品产量	件	150	145	−5
单位耗用量	千克/件	60	62	2
材料单价	元/千克	8	8.5	0.5
材料总成本	元	72 000	76 415	4 415

根据分析原理，计算如下：

（1）确定分析对象：

76 415 − 72 000 = 4 415（元）

（2）建立分析模型：

150 × 60 × 8 = 72 000（元）

（3）顺次替换：

①产量变动：145 × 60 × 8 = 69 600（元）

公司因产量降低而影响成本：69 600 − 72 000 = −2 400（元）

②单位耗用量变动：145 × 62 × 8 = 71 920（元）

公司因材料耗用量增加而影响成本：71 920 − 69 600 = 2 320（元）

③材料单价变动：145 × 62 × 8.5 = 76 415（元）

因素分析法：利用指数体系分析或测定客观现象总体的总变动中各影响因素变动对其影响方向和程度的一种统计分析方法。

延伸阅读：
因素分析法的应用

公司因材料单价提高而影响成本：76 415 − 71 920 = 4 495（元）

（4）各因素变动对材料总成本的影响：

（−2 400）+ 2 320 + 4 495 = 4 415（元）

在运用连环替代法时，应该注意以下几个问题：

第一，确定影响分析指标的各因素之间的相关关系时，要注意各因素与分析指标之间必须存在必然的因果关系或内在联系。

第二，分析时，应该根据各因素之间的变动依存关系确定其替代顺序。一般而言，其替代顺序为：数量因素在前，质量因素在后；内部因素在前，外部因素在后；基础因素在前，从属因素在后。

第三，因素替代顺序确定后，不得随意改动，否则将会影响财务评价结果的准确性。

做一做：利用课余时间到企业进行调研，了解企业是如何运用因素分析法的，并与同学交流调研结果。

4. 趋势分析法

趋势分析法主要是将企业连续几个会计年度或几个时期的报表中同类经济性质的指标进行对比，通过计算相关指数，分析指标的变动情况和趋势对企业所产生的影响。

> 趋势分析法：通过分析有关指标的各期对基期的变化趋势，从中发现问题的一种分析方法。

指数的计算有两种方法，一是定基指数，二是环比指数。定基指数是指各个时期的指数都以某一固定时期为基期来计算。环比指数则是各个时期的指数以前一期为基期来计算。定基指数表明被分析的经济指标在一定时间内总的发展趋势；环比指数表明被分析的经济指标在一定时期内不同基础上的变动趋势。指数的计算公式为：

$$定基指数 = \frac{比较期数值}{基期数值} \times 100\%$$

$$环比指数 = \frac{比较期数值}{前一期数值} \times 100\%$$

3.2.2 财务分析标准

在进行财务分析时，必须正确选择财务分析的标准，特别是在采用比较分析法进行财务分析时，更要选择好比较分析的基础标准。作为评价本企业当期实际数据的参照标准，主要包括行业标准、历史标准和预算标准。

1. 行业标准

在进行财务分析的横向比较分析时通常使用行业标准。由于同行业的平均数只起一般性的指导作用，并不一定具有合理性。因此，通常情况下不如选取一组有代表性的企业求其平均数,作为同业标准,这样可能比整个行业的平均数会更好。近年来,企业更重视以竞争对手的数据作为分析基础。这是因为很多企业往往实行多种经营,没有明确的行业归属,同业对比无法进行。

2. 历史标准

在进行财务分析的趋势分析时通常使用本企业历史数据作为比较标准。但是,历史数据只代表过去,并不一定具有合理性。企业经营环境是变化的,今年比去年利润提高了,不一定说明企业已经达到了应该达到的水平,甚至不一定能说明企业管理水平有了改进。

3. 预算标准

在进行财务分析的差异分析时通常使用预算作为比较标准。在进行实际与预算差异分析时,必须注意有时实际与预算的差异是由于预算不合理造成的,而不是预算执行中出了什么问题。

总之,在进行财务分析时,对选定的财务分析标准本身要准确理解,并且要在限定意义上使用分析结论,避免简单化和绝对化。

想一想:除了以上三类标准外,还有其他分析标准吗?这些财务分析标准在实践中如何使用?

3.2.3　财务分析注意的问题

财务分析对于了解企业的财务状况和经营成绩,评价企业的偿债能力和经营能力,帮助制定经济决策,有着显著的作用。但由于种种因素的影响,财务分析也存在着一定的局限性。在分析中,应注意这些局限性的影响,以保证分析结果的正确性。

1. 资料来源的局限性

(1) 报表数据的时效性问题。财务报表中的数据,均是企业过去经济活动的结果和总结,用于预测未来发展趋势,只有参考价值,并非绝对合理。

(2) 报表数据的真实性问题。在企业形成其财务报表之前,信息提供者往往对信息使用者所关注的财务状况以及对信息的偏好进行仔细分析与研究,并尽力满足信息使用者对企业财务状况和经营成果信息的期望。其结果极有可能使信息使用者看到的报表信息与企业实际状况相距甚远,从而误导信息使用者的决策。

(3) 报表数据的可靠性问题。财务报表虽然是按照会计准则编制的,但不一定能准确地反映企业的客观实际。例如:报表数据未按通货膨胀进行调整;某些资产以成本计价,并不代表其现在真实价值；某些支出在记账时存在灵活性，既可以作为当期费用，也可以作为资本项目在以后年度摊销；某些资产以估计值入账，但未必正确；偶然事件可能歪曲本期的损益，不能反映盈利的正常水平。

（4）报表数据的可比性问题。根据会计准则的规定，不同的企业或同一个企业的不同时期都可以根据情况采用不同的会计政策和会计处理方法，使得报表上的数据在企业不同时期和不同企业之间的对比在很多时候失去意义。

（5）报表数据的完整性问题。由于报表本身的原因，其提供的数据是有限的。对报表使用者来说，可能有不少需要的信息在报表或附注中根本找不到。

2. 财务分析方法的局限性

对于比较分析法来说，在实际操作时，比较的双方必须具备可比性才有意义。另外，比较标准的选择也至关重要。对于财务比率的分析来说，比率分析是针对单个指标进行分析，综合程度较低，在某些情况下无法得出令人满意的结论；比率指标的计算一般都是建立在以历史数据为基础的财务报表之上的，这使比率指标提供的信息与决策之间的相关性大打折扣。对于因素分析法来说，在计算各因素对综合经济指标的影响额时，主观假定各因素的变化顺序而且规定每次只有一个因素发生变化，这些假定往往与事实不符。并且，无论何种分析法均是对过去经济事项的反映。随着环境的变化，这些比较标准也会发生变化。而在分析时，分析者往往只注重数据的比较，而忽略经营环境的变化，这样得出的分析结论也是不全面的。

3. 财务分析指标的局限性

（1）财务指标体系不严密。每一个财务指标只能反映企业财务状况或经营状况的某一方面，每一类指标都过分强调本身所反映的方面，导致整个指标体系不严密。

（2）财务指标所反映的情况具有相对性。在判断某个具体财务指标是好还是坏，或根据一系列指标形成对企业的综合判断时，必须注意财务指标本身所反映情况的相对性。因此，在利用财务指标进行分析时，必须掌握好对财务指标的"信任度"。

（3）财务指标的评价标准不统一。比如，对流动比率，人们一般认为指标值为 2 比较合理，对于速动比率则认为 1 比较合适，但许多成功企业的流动比率都低于 2，不同行业的速动比率也有很大差别，如采用大量现金销售的企业，几乎没有应收账款，速动比率大大低于 1 是很正常的。相反，一些应收账款较多的企业，速动比率可能要大于 1。因此，在不同企业之间用财务指标进行评价时没有一个统一标准，不便于不同行业间的对比。

（4）财务指标的计算口径不一致。比如，对反映企业营运能力的指标，分母的计算可用年末数，也可用平均数，而平均数的计算又有不同的方法，这些都会导致计算结果不一样，不利于评价比较。

想一想：你是如何理解上述局限性问题的？这些问题会影响财务分析结果的客观性吗？

主要名词和术语

比较分析法　　　　比率分析法　　　　因素分析法
趋势分析法　　　　行业标准　　　　　历史标准
预算标准

本 章 小 结

本章描述了财务分析的历史演变、财务分析的程序，全面介绍了财务分析方法和分析标准。具体内容包括：

1. 财务分析是指以企业财务报告等会计资料为基础和起点，采用一系列专门的方法，对企业的财务状况和经营成果进行分析、研究与评价。

2. 财务分析的基本目的包括（1）评价企业的偿债能力；（2）评价企业的资产管理水平；（3）评价企业的获利能力；（4）评价企业的发展趋势。具体分析目的因信息使用者而异。

3. 财务分析的基本程序包括（1）确定分析目的；（2）制订分析计划；（3）资料收集整理；（4）财务分析与评价；（5）撰写财务分析报告。

4. 财务分析的方法主要有比较分析法、比率分析法、因素分析法、趋势分析法等。

5. 财务分析的标准依据主要包括行业标准、历史标准和预算标准。

第 4 章 资产结构与资本结构分析

学习目的与要求

学习本章后,您应该做到:
1. 理解资产结构和资本结构的含义;
2. 了解资产结构分析和资本结构分析的作用;
3. 掌握主要资产项目和主要资本项目的经济意义;
4. 掌握资产结构分析原理与应用;
5. 掌握资本结构分析原理与应用;
6. 掌握资产结构和资本结构的对称性分析。

重点和难点

资产项目阅读与结构分析;资本项目阅读与结构分析;负债与所有者权益项目阅读与结构分析;资产结构与资本结构对称性分析评价。

4.1 资产结构分析

资产代表预期会给企业带来经济利益的资源,资源要最大限度地发挥其功能,就必须有一个合理的配置,而资源配置的合理与否,主要是通过资产负债表中各类资产占总资产的比重以及各类资产之间的比例关系即资产结构来反映的。

4.1.1 资产质量与结构特征

1. 资产的质量特征

质量较高的企业资产,应该能够满足企业短期与长期发展以及偿还债务的需要。从资产的功用来看,不同的资产有不同的功用,因而其质量特征也各不相同:

(1)企业的经营性流动资产(流动资产减去交易性金融资产)是企业短期内最具有活力的资产,也是企业近期经营业绩的主要来源、偿还短期债务的主要保障。因此,经营性流动资产的质量,主要从以下几个方面进行考察:

①高质量的经营性流动资产应该具有适当的周转率。其中,存货周转率与应收账款周转率应在行业平均水平以上。应该注意的是,存货周转率与应收账款周转率可能存在反向关系:在企业产品的可替换性较强、其信用政策对产品市场有较大影响的情况下,放宽信用政策可能会加速存货周转,但同时会导致应收账款的回收期变长;紧缩信用政策可能会抑制存货周转,但同时会导致应收账款的回收期变短。

②高质量的经营性流动资产应具有较强的偿还短期债务的能力。为此,企业应保持适当的流动比率及速动比率。

③其他应收款通常是经营性流动资产的主要不良资产区域,其规模将直接影响企业经营活动的成效,为此,该部分不应该存在金额过大或波动过于剧烈等异常现象。

(2)企业的对外投资体现了企业谋求对外扩张或者赚取非主营业务利润的努力。因此,高质量的短期投资,应该表现为短期投资的直接增值;高质量的长期投资,则应该表现为:

①投资的结构与方向体现或者增强企业的核心竞争力,并与企业的发展战略相符。

②投资收益的确认带来适量的现金流入量。

③外部投资环境有利于企业的整体发展。

(3)企业的固定资产和无形资产是企业长期发展的物质基础和技术水平保障,因此,固定资产和无形资产的质量评价,主要应取决于这两项资产所能够推动的企业经营活动的状况。高质量的固定资产和无形资产,应当表现为:

①其生产能力与存货的市场份额所需要的生产能力相匹配,能够将符合市场需要的产品推向市场并获得利润。

②周转速度适当,资产的闲置率不高。

2. 资产结构特征

（1）资产结构决定着企业的风险。企业面临的风险包括经营风险和财务风险。经营风险与资产结构相关，财务风险与资本结构相关。一般而言，流动资产能在一年内完成周转并实现其价值，而且短期内市场变动较小，因此，这类资产的经营风险相对较小。固定资产等长期资产则需要在较长时期内完成周转并实现其价值，在这一较长时期内，市场与实际可能产生较大程度的背离，所以，这类资产的经营风险相对较大。在不同经营风险下，企业会产生不同的销售收入、利润以及现金流，从而会影响企业的偿债能力，而偿债能力是衡量财务风险的重要指标。可见，资产结构决定着企业风险。

> 资产结构：
> 各种资产占企业总资产的比重。

（2）资产结构影响企业的收益。企业资产结构对收益的影响表现为以下三种情况：①直接形成企业收益的资产，包括存货、应收账款等结算资产和交易性金融资产等投资资产。结算资产包括了收益，其他资产的收益则需在市场销售中实现。②对企业一定时期的收益不产生影响的资产，主要是货币资产。货币资产是企业收益的结果，在静态情况下不会增值也不会减值，不会产生货币时间价值以外的收益。③抵扣企业一定时期收益的资产，包括固定资产、无形资产等。这些资产是企业实现收益的必要条件，从收益的计算过程看，这些资产的摊销或转移价值是收益的抵扣项目，这类资产占用越多，被抵扣的收益就越多，收益越小。

（3）资产结构影响企业的流动性。资产的流动性是指资产的变现速度，一般情况下，流动资产比非流动资产的流动性强，货币资产比非货币资产的流动性强，金融资产比实物资产的流动性强。因此，不同的资产结构对资产的流动性有着不同的影响。资产的流动性还取决于资产的质量，如存货的质量、应收账款的账龄。

（4）资产结构影响企业资产的弹性。企业资产弹性的大小可用资产中金融资产的比重来衡量，因为金融资产可以随时转换为其他资产，企业资产中金融资产所占比重越大，资产弹性越强。而流动资产中的其他实物资产与固定资产、无形资产等长期资产都具有一定的实物凝固性和时间凝固性，不能随时转换为其他资产，不易调整资产结构。因此，这类资产在企业资产中所占比重越大，资产弹性越弱。由于市场波动、季节性等原因，企业的资产结构需做一定的调整。保持资产结构的弹性是必要的，但是资产结构的弹性并非越大越好，资产结构的弹性大，会减少生产经营性资产，降低企业的获利能力。

> 资产弹性：
> 资产占用总量和结构能被随时调整的可能性。

想一想：你是如何理解资产的质量特征的？查阅资料或者走访一家企业，具体了解企业资产的质量特征，并与同学进行讨论。

流动资产项目阅读

4.1.2 资产项目阅读

1. 货币资金

资产负债表中列报的货币资金包括企业的库存现金、银行结算户存款、外埠存款、银行汇票存款、银行本票存款、信用证存款、信用卡存款和在途资金等。

对企业货币资金的分析,主要从以下方面进行:

(1) 分析企业对国家有关货币资金管理规定的遵守质量。在企业没有遵守国家现金管理制度而保留过多货币资金的条件下,可能会遭受失窃、白条抵库的损失;在企业违反国家结算政策的条件下,有可能受到有关部门的处罚;在企业对国家有关货币资金管理规定的遵守质量较差的条件下,其进一步融资将发生困难。

(2) 分析企业货币资金内部控制制度的完善程度以及实际执行质量。国家从宏观管理的角度出发,对有关货币资金收支有严格的管理规定,企业必须遵守国家有关的结算政策、现金管理制度,合理调度资金。从微观角度看,企业在货币资金收支过程中的内部控制制度的完善程度以及实际执行质量,直接关系到企业的货币资金运行质量。

货币资金: 企业生产经营过程中停留于货币形态的那部分资金,具有可立即作为支付手段并被普遍接受等特性。

> **知 识 拓 展**
>
> **货币资金收支分析**
>
> 在货币资金的收入方面,由于收款主要由销售引起,因此,与货币资金收入有关的内部控制制度主要应涉及销售过程和具体的收款过程两个方面。在具体环节中,企业应当尽可能地由具有不同授权的人员或部门来完成,以保证企业内部各部门或人员在收款业务全过程中的互相牵制态势。
>
> 在货币资金的支出方面,由于付款主要由采购引起,因此,与货币资金支出有关的内部控制制度主要应涉及采购过程和具体的付款过程两个方面。同收款过程的内部控制制度一样,在具体环节上,企业应当尽可能地由具有不同授权的人员或部门来完成,以保证企业内部各部门或人员在业务上的互相牵制态势。因为在付款过程中,不同的内部控制制度以及对内部控制制度的执行质量,直接决定了企业接受产品或劳务的质量,并最终决定了企业的采购成本。

（3）分析企业日常货币资金规模是否适当。为维持经营活动的正常运转，企业必须保有一定的货币资金余额。从财务管理的角度来看，过低的货币资金保有量将严重影响企业的正常经营活动，制约企业发展，并进而影响企业的商业信誉；而过高的货币资金保有量则在浪费投资机会的同时，还会增加企业的资本成本。因此，判断企业日常货币资金规模是否适当，就成了分析企业货币资金运用质量的一个重要方面。企业货币资金的适当规模，主要取决于企业的资产规模和业务收支规模、企业的行业特点、企业的筹资能力等。

案 例 链 接

账上17亿却欠奶农4 100万　科迪乳业要走康美药业老路？

2019年8月17日，科迪乳业发布公告称，因涉嫌违规违法，证监会决定对上市公司立案调查。半个月前，科迪乳业曾被爆出"拖欠奶农1.4亿账款"的消息，随后其董事长失联传闻、公司停产、诉讼缠身、大股东爆雷及占用资金等事件不断发酵。

上市公司针对奶农欠款一事回复称，目前科迪乳业应付奶款合计为1.13亿元，2个月内正常奶款为7 200万元，其余4 100万元为到期未付。2019年一季报显示，科迪乳业账上货币资金高达17.7亿元。账户上有巨额资金，却又无法支付4 100万元的奶农欠款，甚至还出现高达11.8亿元的短期借款，科迪乳业唱的又是哪一出啊？显然不合常理。

事实上，科迪乳业的这一幕操作并不陌生，今年以来已发生多起类似案例。其中，康得新2018年年报显示，其银行账户"躺着"153亿元的现金资产，但两只本息合计15.63亿元的债券到期后却出现违约。再如，辅仁药业2019年一季报显示，其账户上有18.16亿元货币资金，但却爽约6 272万元的现金分红。还有康美药业，一个"会计差错"，就能让300亿元货币资金"不翼而飞"。

按照四家上市公司的年报数据，在相应时间节点，其账户上都应该存有真实的巨额货币资金，但实际情况却并非如此，因此暴露出部分上市公司涉嫌"账实不符"的问题，这意味着上市公司披露的财报数据涉嫌虚假披露或财务造假问题。

近些年来，监管部门对上市公司信披工作越来越重视，"以信息披露为中心"的监管理念逐渐成形，并付诸监管实践。从近几年考核情况来看，上市公司总体的信息披露质量不断提高，但也有个别害群之马不断闪现。

上市公司信披质量的重要性不言而喻，但上市公司质量千差万别，公司治理也良莠不齐，对信披的重视程度也各不一样，因此，出现信息披露违法违规，甚至是财务造假行为的案例并不少见。另外，违法违规成本太低，一罚了之对违法违规行为难以形成有效的威慑，很多上市公司缺乏敬畏之心，导致一些上市公司的信息披露质量不高。

截至目前，康得新已启动强制退市程序，康美药业也遭到证监会的处罚，辅仁药业与科迪乳业均遭到证监会的立案调查。但这几起案例的出现值得反思，如何才能有效提升上市公司的信息披露质量？

康得新、康美药业、辅仁药业、科迪乳业等违法违规问题的曝光，无不体现出上市公司的"两面性"，辅仁药业如果不是因为分红出现"乌龙"，其存在的问题或许至今仍将投资者蒙在鼓里，而这也恰恰说明了提升信息披露质量的重要性。

（资料来源：新京报，https：//www.bjnews.com.cn/finance/2019/08/20/617071.html，2019年8月20日。）

2. 交易性金融资产

> 交易性金融资产：企业持有的以公允价值计量且其变动计入当期损益的金融资产。

交易性金融资产包括为交易目的所持有的股票投资、基金投资、可转换债券投资等和指定为以公允价值计量且其变动计入当期损益的金融资产。分类为以摊余成本计量的金融资产和以公允价值计量且其变动计入其他综合收益的金融资产之外的金融资产，企业应该将其分类为以公允价值计量且其变动计入当期损益的金融资产。交易性金融资产是企业进行的短期投资，是剩余资金的存放形式，其流动性仅次于货币资金。

对交易性金融资产的分析，主要从以下方面进行：

（1）交易性金融资产的流动性和获利性。企业进行交易性金融资产，其主要目的是利用暂时闲置的资金购入能够随时变现的有价证券，以期获得高于银行存款利率的收益。因此，交易性金融资产具有容易变现、持有时间较短、盈利与亏损难以把握等特点。在报表分析中，需随时把握交易性金融资产的变现能力和获利能力。

（2）交易性金融资产的规模。企业投资于交易性金融资产，只是利用暂时闲置的资金进行运作，若企业交易性金融资产规模过大，必然影响企业的正常生产经营，也有人为地将长期投资挂账之嫌。

（3）交易性金融资产的计量及披露。无论是初始计量还是后续计量，交易性金融资产均以公允价值计量。企业在持有交易性金融资产期间，其公允价值变动在利润表中以"公允价值变动损益"计入当期损益；出售交易性金融资产时，不仅要确认出售损益，还要将原记入"公允价值变动损益"的金额转入"投资收益"。

（4）交易性金融资产的投资质量。对交易性金融资产的投资质量进行评价，应结合利润表的相关项目和会计报表附注的揭示来考察。一是关注同期利润表中的"公允价值变动损益"及其在会计报表附注中对该项目的详细说明，看交易性金融资产投资产生的公允价值变动损益为正还是为负；二是关注同期利润表中的"投资收益"及其在会计报表附注中对该项目的详细说明，看因交易性金融资产投资而产生的投资损益为正还是为负，收益率是否高于同期银行存款利率。

案 例 链 接

华数传媒：上半年净利润 4.06 亿元　同比增长 28.23%

证券时报 e 公司讯，华数传媒 7 月 28 日晚间披露半年度业绩快报，公司 2019 年半年度实现营业总收入 16.50 亿元，同比增长 5.76%；净利润 4.06 亿元，同比增长 28.23%。公司营业利润、利润总额较上年分别同比增长 39.07%、38.76%，主要原因系公司持有贵广网络交易性金融资产的公允价值变动收益增加（1.21 亿元）。

（资料来源：证券时报，https://kuaixun.stcn.com/2019/0728/15280947.shtml，2019 年 7 月 28 日。）

3. 应收票据

应收票据包括商业承兑汇票和银行承兑汇票。应收票据因有明确的承兑人承兑，收到款项的可能性极大，尤其是银行承兑汇票，其信用程度更高，风险更小。商业汇票既可持有至到期通过银行办理收款手续，也可于到期日前通过转让或办理贴现进行短期融资。在这种情况下，期末资产负债表中的应收票据反映的是企业未到期收款也未向银行贴现的应收票据的面值。

如果已贴现商业承兑汇票到期时承兑人的银行账户存款余额不足以支付，银行即将已贴现的商业承兑汇票退回申请贴现的企业，同时从贴现企业的账户中将票款划回。如果申请贴现企业的银行账户余额不足，银行将作为逾期贷款处理。因此，对企业而言，票据贴现存在着潜在的债务，是企业的一项或有负债。对应收票据的分析主要是将其和会计报表附注结合起来，了解企业是否存在已贴现的商业承兑汇

> 应收票据：企业因销售商品、产品或提供劳务等在采用商业汇票结算方式下收到的商业汇票而形成的债权。

票，是否会因此而影响到企业将来的偿债情况。还要分析商业汇票结算的合理性和合法性。

案 例 链 接

山西汾酒财务疑云：应收票据近37亿 却不计提坏账准备

2018年，山西汾酒实现营业收入接近93.82亿元，同比增幅在47%以上；归属于上市公司股东的净利润约为14.67亿元，与2017年9.52亿元相比，增幅在54%左右。

然而，《五谷财经》注意到，截至2018年底，山西汾酒的应收票据余额约为36.95亿元，与期初余额22.38亿元相比，增幅在65%以上，远超同期收入和净利润增幅。

对此，山西汾酒方面在公告中指出，这主要系本期销售收入增加所致。

换个角度看一下，截至2018年底，山西汾酒的总资产约为118.29亿元；粗略计算一下，应收票据在总资产中的比例在31%以上。

数据显示，2015年末、2016年末、2017年末和2018年末，山西汾酒的应收票据余额分别约为12.27亿元、14.55亿元、21.88亿元和36.95亿元，在总资产中占比各在18%、20%、25%和31%左右，呈现明显扩大势头。

资料显示，应收票据指商业汇票，是公司持有的没有到期、没有兑现的票据，付款期一般在1~6个月，持有者提前兑付需要支出利息。

从分类看，主要包括"银行承兑汇票"和"商业承兑汇票"两种。从风险角度考量，显然是银行承兑汇票的风险极小，一般企业做信用背书的商票，存在着很大的不能兑付风险。

从流动性上来看，对于白酒企业来说，现金优于银行承兑汇票，银行承兑汇票优于商业承兑汇票，商业承兑汇票优于应收账款。

不过，2019年2月，澄星股份因为虚增应收票据一事而遭到证监会的处罚，因此，应收票据余额居高甚至节节攀升的上市公司，都让投资者捏着一把汗。

基于此，上交所在公告中要求山西汾酒，结合公司销售结算政策等因素，说明公司存有大额票据资产及本年应收票据大幅增加的原因。

尽管应收票据余额接近37亿元，且在总资产中占比超过三成，但是，截至2018年底，山西汾酒方面并未对此计提任何坏账准备。

所以，上交所在公告中要求山西汾酒，补充披露报告期期末商业承兑汇票是否类同应收账款计提坏账准备，若未计提，请说明原因、合理性及是否符合《企业会计准则》的规定。

根据 2018 年年报披露，山西汾酒已背书或贴现且在资产负债表日尚未到期的银行承兑票据期末终止确认金额 8.32 亿元。

对此，上交所在公告中明确要求山西汾酒补充披露，报告期内大额应收票据背书或贴现的具体情况，并结合应收票据的业务模式及是否具有追索权条款说明上述背书或贴现的应收票据是否满足终止确认条件，会计处理是否符合《企业会计准则》的规定，并请年审会计师发表意见。

另外，尽管收入和净利都在大幅增长之中，但是，2018 年，山西汾酒经营活动产生的现金流量净额却在同比下滑之中。

同时，截至 2018 年底，山西汾酒的货币资金约为 12.96 亿元，与期初余额约为 12.59 亿元相比，同比增幅不足 3%，远远低于同期收入、净利增幅。

为此，上交所在公告中要求山西汾酒说明，经营活动现金流变动与营业收入和净利润的变动不一致的原因，以及公司营业收入、净利润和经营活动现金净流量的变动趋势是否与行业相一致。

上述证券从业人士指出，应收票据相当于银行融资给了经销商，经销商拿着票据给了白酒企业，尽管现金没有进来，但白酒企业已将此确认为收入，结合山西汾酒的情况，说明很多经销商并没有支付现金给山西汾酒，而是通过上述准银行融资的方式进行了"结算"，这也就解释了为何山西汾酒 2018 年收入大幅增长，账面资金并未同步增长，而经营现金流却在下滑的秘密。

（资料来源：五谷财经，https：//www.163.com/dy/article/EFMKHACC05198DU3.html，2019 年 5 月 21 日。）

4. 应收账款

应收账款是企业的一项债权，主要由企业赊销所致，如果款项不能收回，将给企业带来不应有的损失。

对应收账款的分析主要从以下方面进行：

（1）企业的经营方式及所处的行业特点。企业的销售方式有预收款、赊销和现销，企业的经营方式和所处的行业直接影响到企业的销售方式和债权的规模。

（2）企业的信用政策。企业赊销商品相当于向购买方提供了商业信用。企业的信用政策对其商业债权规模有着直接的影响：放松信

应收账款：
企业因销售商品、产品或提供劳务等业务应向购货单位或接受劳务单位收取的款项。

用政策将会刺激销售，但会增加债权规模；紧缩信用政策虽然会使债权规模减小，但会制约销售。

（3）坏账损失风险。一般来说，企业应收账款规模越大，其发生坏账的可能性也越大。企业应当定期或至少于年度终了时对应收账款进行分析，并预计可能产生的坏账损失，据以计提坏账准备。要注意企业的坏账准备计提比例是否合理，有无通过多提、少提甚至不提坏账准备的方式调节各期利润。

（4）债务人的构成。在很多情况下，企业债权的质量，不仅与债权的账龄有关，更与债务人的构成有关。对债务人构成的分析，可从债务人的区域构成、债务人的所有权性质、债权人与债务人的关联状况及债务人的稳定程度等方面进行。

做一做：到企业进行调研，了解企业应收账款的实际管理情况，写一份调查报告，并与同学们进行讨论分析。

案 例 链 接

2018年上市公司应收账款规模分析

根据最新iFinD数据库显示，截至2018年4季度末，共有3 604家上市公司，2018年共实现营业收入45.39万亿元，比上年同期增长11.62%。2018年度上市公司共实现净利润总额为3.71万亿元，比上年同期下降0.39%。国内宏观经济环境复杂，国际贸易争端加剧，2018年，上市公司应收账款余额仍旧保持总量增长、增速放缓的趋势，增速为近年来新低。

1. 上市公司应收账款总规模持续增长

从图1可以看出，2010年至2018年，上市公司应收账款余额呈逐年增加的趋势。2018年全年上市公司应收账款余额的规模为4.86万亿元，为近年来应收账款存量最高点。

从上市公司应收账款余额的增长速度来看，2011年增长速度较快，达30.9%。近年来上市公司的应收账款余额增长速度趋缓，2016年末上市公司应收账款余额增长率为17.03%，2017年末应收账款余额比2016年底增长15.96%。2018年应收账款余额增长率为9.2%，其增长速度为近年来新低。

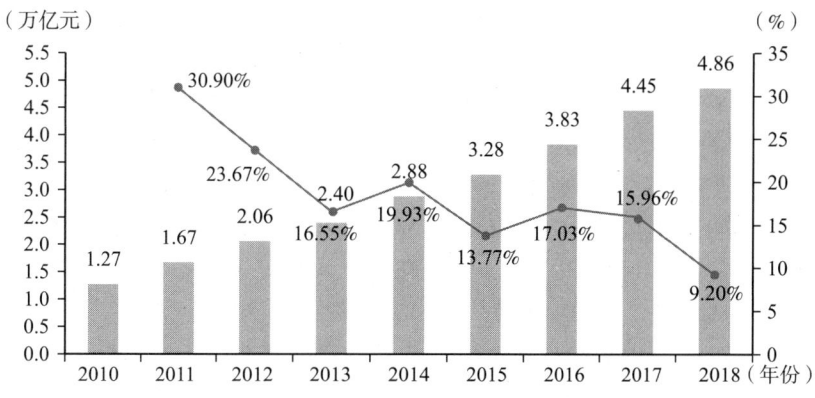

图1　2010～2018年上市公司应收账款规模和增长率

资料来源：同花顺iFinD，天逸金融研究院分析整理。

2. 上市公司应收账款行业分布

从2018年上市公司应收账款行业数据来看，建筑业和采矿业较2017年底有明显的减少。房地产业、信息传输、软件和信息技术服务业、批发和零售业、制造业的应收账款有较大的增长。

以批发和零售业的细分行业来看，2018年度批发业和零售业的应收账款余额较2017年底有大幅度的上升，分别为409.22亿元、247.72亿元。从信息传输、软件和信息技术服务业的细分行业看，电信、广播电视和卫星传输服务业2018年应收账款较2017年增加10.46亿元，互联网和相关服务、软件和信息技术服务业的应收账款余额较2017年度也有不同程度的上升，分别增加41.24亿元、252.39亿元。

从2018年上市公司应收账款的行业数据来看，制造业的上市公司应收账款余额达2.48万亿元，占2018年上市公司应收账款余额的50.98%；建筑业的应收账款余额达0.91万亿元，占2018年上市公司应收账款余额的18.72%。另外批发与零售业、信息传输、软件和信息技术服务业、采矿业、房地产业、电子、热力、燃气及水的生产和供应业等上市公司应收账款余额均在1 000亿元以上，均比2017年底都有一定幅度的增长。

3. 主要细分行业的上市公司应收账款趋势

从上市公司的细分行业来看，2018年上市公司的应收账款余额主要来自土木工程建筑业、计算机通信和其他电子设备制造业、电气机械和器材制造业、汽车制造业、批发业、专用设备制造业、医药制造等行业。其中土木工程建筑业的比例最高，达16.3%，共有64家上市公司。在土木工程建筑业中其应收账款主要来源于各类工程欠款、各类保证金、已完工未结算工程款、坏账准备等，受该行业的资金回笼周期长和国内外经济下行的压力影响,土木工程建筑行业的应收账款管理变得非常重要。

2018年计算机通信和其他电子设备制造业上市公司应收账款的比例也高达11.3%,共有345家上市公司。其中应收账款存量较大的有工业富联、中兴通讯、京东方A、海康威视、东旭光电等企业,2018年应收账款分别是861.17亿元、215.92亿元、198.8亿元、166.19亿元和143.53亿元,占当期期末各公司流动资产的比例分别为54.17%、21.19%、20.73%、32.93%和31.61%。

从2018年主要细分行业的上市公司应收账款增长率来看,教育、科技推广和应用服务业较2017年底均有较高的增长率,达566.93%和401.17%。教育、畜牧业、文教、工美、体育和娱乐业、农林牧渔服务业、卫生、新闻和出版业、家具制造业、农副食品加工业等行业2018年度应收账款出现较高幅度的增长率,基本在80%以上。

4. 上市公司应收账款管理现状

经济大环境的不景气,同时也表现在上市公司的经营业绩等指标上,持续增长的应收账款规模使得上市公司的流动性受到一定程度的挑战。特别是2018年底,众多上市公司年报预估亏损严重,作为上市公司的管理层更应该从企业本身的经营管理入手,做到开源节流,减少坏账损失。

而近年来商业保理行业发展迅速,特别是保理业务具有逆经济周期性特点,保理业务成为部分大型上市公司管理应收账款的一个重要途径。据不完全统计,A股上市公司有近100家先后公告拟成立或收购商业保理公司。目前看来,这些拟成立商业保理公司的上市公司多为制造业,这类企业应收账款规模大且上下游企业众多,并且具有较强的黏性,能够形成基于供应链金融的应收账款管理的基础。同时上市公司设立商业保理公司不仅仅用于其上下游应收账款、应付账款的管理,也希望新设立的保理公司对上市公司的管理、经营和发展提供正面的指引作用。

此外,也有不少上市公司通过开展应收账款资产证券化业务,缓解企业流动性资金压力,回笼资金,解决企业资金周转问题。特别是2017年底,上交所、深交所和机构间报价系统同时发布了企业应收账款ABS"挂牌条件确认指南"及"信息披露指南",明确了应收账款资产证券化的挂牌要求。目前以医药行业的一些公司为代表,发行了应收账款ABS;建筑装饰行业也有部分公司拟发行应收账款ABS。

针对目前高企的上市公司应收账款,需要引导金融机构发挥积极的作用,利用金融手段有效控制应收账款的规模,解决中小企业客户的资金回笼问题,因而未来上市公司的应收账款管理任重道远。

(资料来源:天逸金融研究院,http://www.vteamgroup.com.cn/view.php?aid=488,2019年6月25日。)

5. 预付款项

在会计上,预付款项按实际支付的金额入账。从资产的流动性来看,预付款项是一种特殊的流动资产,由于款项已经支付,除一些特殊情况外,在未来会计期间不会导致现金流入,即收回这种债权时,流入的不是货币资金,而是存货。因此,该项目的变现性极差。

判断预付款项的规模是否合适,应主要考虑采购特定存货的市场供求状况。一般而言,预付款项不构成企业流动资产的主要部分,若企业预付款项较高,则可能预示着企业有非法转移资金、非法向有关单位提供贷款或抽逃资金等不法行为。

> **预付款项**:企业按照购货合同的规定,预先支付给供货单位货款而形成的债权。

想一想:预付账款的性质与应收账款一样吗?请举例进行分析。

6. 其他应收款

其他应收款包括应收利息、应收股利、应收各种赔款和罚款、存出保证金、应收出租包装物的租金、预付给企业内部单位或个人的备用金、应向职工个人收取的各种垫付款项等。如果企业生产经营活动正常,其他应收款的数额不应该接近或大于应收账款,若其他应收款数额过大,属于不正常的现象,可能是产生了一些不明原因的占用。

> **其他应收款**:企业除应收票据、应收账款、预付款项以外的其他各种应收、暂付款项。

分析其他应收款时,要通过报表附注仔细分析它的构成、内容和发生时间,特别是其中金额较大、时间较长的款项,要警惕企业利用该项目粉饰利润以及转移营业收入偷逃税款等。在实际工作中,一些企业为了种种目的,常常把其他应收款作为企业调整成本费用和利润的手段,把一些本应计入当期费用的支出或本应计入其他项目的内容放在其他应收款中。因此,分析其他应收款时,如果发现企业的其他应收款余额过大,就应注意分析是否存在操纵利润的情况。如果其他应收款金额较大且相对稳定,也可能是由于存在关联方占用资金的情况。

案例链接

亨通光电33亿预付款与集团69亿其他应收款之谜

经历了高速发展之后,亨通光电身处行业前列。但曾因20亿元的巨额预付款引起外界关注。自2016年，公司预付款暴增。2016年至2018年，亨通光电预付款期末余额分别为5.39亿元、26.18亿元、33.36亿元。

亨通光电暴增的预付款主要流向凯乐科技。2016年至2018年，亨通光电对其预付款项期末余额分别为1.97亿元、19.9亿元、26.35亿元，亨通光电预付款项期末余额较期初余额分别增长了128.76%、385.72%和27.43%。截至2018年12月31日，亨通光电给凯乐科技的预付款进一步扩大。亨通集团及上市公司财报显示，集团层面预付给凯乐科技为37亿元，而上市公司亨通光电预付款占26.35亿元。

不仅亨通光电存在巨额的预付款，亨通集团也存在较大金额的其他应收款。

根据亨通集团年报显示，2016年至2018年，公司其他应收款期末报告数分别为78亿元、83亿元、69亿元。其中，2018年报告期末，亨通集团前五其他应收款期末余额为43.27亿元，其中需要重点关注的是上海汇至股权投资基金中心（有限合伙）、共青城亨通投资管理合伙人（有限合伙）、华润深国投信投有限公司、苏州同享投资管理有限公司，对应金额分别为12.52亿元、8.76亿元、5.16亿元及9.39亿元。

值得一提的是，共青城亨通投资管理合伙人（有限合伙）是上海汇至股权投资基金中心（有限合伙）的大股东，穿透最后背后实控人为崔巍（系亨通光电实控人崔根良之子）。这说明亨通集团通过其他应收款流向其背后共同股东的机构，两者金额2018年合计为21.29亿元。

同时需要指出的是，上海汇至股权投资基金中心（有限合伙）、共青城亨通投资管理合伙人（有限合伙）、苏州同享投资管理有限公司一直是亨通集团近几年前五大其他应收款的"常客"。

（资料来源：网易财经，https://www.163.com/money/article/EF0PAFL3002581PP.html，2019年5月12日。）

7. 存货

存货的构成在不同企业是有差别的。

> **知识拓展**
>
> **存货的构成**
>
> 在工业企业，存货包括库存、加工中和在途的各种原材料、燃料、周转材料、在产品、外购商品、自制半成品、库存商品以及发出商品等。而商品流通企业的存货则包括企业在途、在库、出租或加工中的各种商品，如在途商品、库存商品、加工商品、出租商品、发出商品以及材料物资、周转材料等，不包括企业受托代销的商品和特种储备物资。存货是企业的一项重要流动资产，所占比重较大，如果存货计算不当，会直接影响本期甚至下期的资产价值和收益。

存货：企业在生产经营过程中为销售或耗用而储备的各种物资。

对存货的分析，主要从以下方面进行：

（1）存货发出的计价。资产负债表中，存货的账面价值是以实际成本反映的。在日常核算中，由于同类存货的进价成本可能不同，在计算耗用成本或营业成本时，就要采用一定的计价方法进行核算。采用的存货发出计价方法不同，发出存货的金额就会不同，对期末存货成本和当期营业成本的确定必然会产生不同的影响。发出存货的计价方法作为一项会计政策，企业应结合自身的生产经营特点、存货实物流转特点合理确定，一经确定则不得随意变更。分析时要特别注意有无利用存货计价方法的变更来调节资产价值和利润的行为。

（2）存货跌价准备的计提。按照企业会计准则的规定，存货的期末计价采用成本与可变现净值孰低法，对于可变现净值低于成本的部分，应当计提存货跌价准备。为此，一方面要特别关注企业是否存在利用存货项目进行潜在亏损挂账问题。一些企业利用存货项目的种类繁杂、金额庞大、重置频繁、计价方法多样等客观因素，采用种种非法手段，将冷背呆滞的商品、积压产品、残品，甚至将假冒伪劣产品及违规行为长期隐蔽在存货项目中，其实质是企业的一种潜在亏损，因为这种存货根本没有流动性。另一方面要注意考察企业存货跌价准备计提对未来产生的财务影响，尤其是企业是否存在利用存货跌价准备的计提政策进行巨额冲销的行为。

存货跌价准备：在中期期末或年度终了，如由于存货遭受毁损、全部或部分陈旧过时或销售价格低于成本等原因，使存货成本不可以收回的部分，应按单个存货项目的成本高于其可变现净值的差额提取，并计入存货跌价损失。

（3）存货结构分析。存货结构是指材料、在产品、产成品占存货的比例。正常情况下存货结构应该保持相对的稳定。在分析时如果发现存货比重变化较大，则应进一步查明原因。

> **知识拓展**
>
> **存货计价方法**
>
> 根据《企业会计准则第1号——存货》的规定,企业发出存货,可以采用先进先出法、加权平均法、移动平均法、个别计价法等确定成本。

试一试:你能否找一些反映企业存在质量问题的实例,并分析导致企业发生潜在亏损的原因。

案例链接

"男人的衣柜"存货太多 海澜之家陷断舍离困境

以"男人的衣柜"自居的海澜之家,在业绩增速下滑以及高库存的持续压制之下,最终在可转债获批的背景下缓了一口气,不过还是难逃遭机构抛售的命运。

财报显示,截至2017年第三季度海澜之家存货接近89.96亿元,相较于年初的86.32亿元又有增加,在2017年上半年的公告中,海澜之家这一数字为86.75亿元。

而这一数据远远高于同行。一直喊着去库存的利郎,公司存货才3.23亿元;此外业界争议比较大的美邦,其存货数据到2017年9月底,才攀升至22.19亿元。截止到2017年9月底,七匹狼存货为10.81亿元,报喜鸟为8.09亿元。

有行业人士指出,对于服装企业来说,存货是重点考虑的指标,由于服装行业的特性,每年的时尚风潮可能都不一样,一旦形成大量存货对服装企业将是致命的。

业内分析称,虽然近两年海澜之家积极对外扩展,但高库存问题仍不能得到根本的解决,而且问题越发严重。

此外就是海澜之家的多元化正遭遇质疑。由于急于摆脱"男人衣柜"的形象,向"全家衣柜"转变,不但马不停蹄扩张女装、童装、家居、海外等更多方面的业务市场,而且还在女装品牌爱居兔、童装品牌爱居兔kids、商务职业装圣凯诺上均有涉猎。

资料显示,2017年8月14日,海澜之家宣布拟参股本土快时尚品牌UR,9月23日,旗下生活类家居品牌海澜优选生活馆开业,线上店铺随后上线。

今年 2 月初，腾讯斥资近 25 亿元入股海澜之家，并获得 5.31%股权。紧接着，海澜之家又进入美团点评，成为唯一一家能够负责外卖的服装品牌。

但海澜之家与美团的合作并不顺利。资料显示，在开卖当天就遭遇众多的投诉。2 月 26 日，美团点评回应称，与海澜之家的合作细节还在沟通，目前处在试运营和测试阶段。

"如果持续的高库存一直存在的话，这也必将拖累海澜之家的未来发展。"有观察人士对记者分析说，如果给予公司与其净利润增速相匹配的估值，即给予 12 倍 PE，那么公司的合理股价为 9.96 元。3 月 22 日，海澜之家股价收于 11.68 元。显然，与这个价格相比目前的股价还是显得偏高。

（资料来源：华夏时报，https：//baijiahao.baidu.com/s?id=1595726040680680524&wfr=spider&for=pc，2018 年 3 月 24 日。）

8. 债权投资

债权投资是以摊余成本计量的金融资产。当金融资产同时满足"企业管理该金融资产的业务模式是以收取合同现金流量为目标"和"该金融资产的合同条款规定，在特定日期产生的现金流量，仅为对本金和以未偿付本金金额为基础的利息的支付"两个条件时，应当分类为摊余成本计量的金融资产。债权投资的目的主要是定期收取利息、到期收回本金，并力图获得长期稳定的收益。

对债权投资的分析，主要从以下方面进行：

（1）债权投资的项目构成及债务人。对债权投资而言，虽然投资者按照约定，将定期收取利息、到期收回本金，但是债务人能否定期支付利息、到期偿还本金，取决于债务人在需要偿还的时点是否有足够的现金。因此，有必要对债权投资的投资项目或投资对象的具体构成进行分析，并在此基础上对债务人的偿债能力做进一步判断。

（2）债权投资的收益。对债权投资收益的分析，首先应当根据当时的金融市场情况判断投资的回报水平，即投资收益率的高低。一般来说，债权投资的收益率应高于同期银行存款利率。另外，债权投资的投资收益是按照权责发生制原则确定的，并不与现金流入量相对应，即无论投资企业是否收到利息，都要按应收利息计算出当期的投资收益。在大多情况下，投资收益的确认都先于利息的收取，由此会导致投资收益与现金流入的不一致。

(3) 债权投资的减值。当债权投资发生减值时，应当将其账面价值减计至预计未来现金流量的现值。计提债权投资减值准备不仅会导致债权投资账面价值减少，而且会影响当期的利润。因此，一些企业可能出于某种不良动机，通过少提或多提减值准备来达到虚增或虚减债权投资账面价值和利润的目的。对此要特别警惕企业是否存在利用债权投资减值准备的计提和转回人为操纵利润的情形。

9. 其他债权投资

其他债权投资是以公允价值计量且其变动计入其他综合收益的金融资产。当金融资产同时满足"企业管理该金融资产的业务模式既以收取合同现金流量为目标又以出售该金融资产为目标"和"该金融资产的合同条款规定，在特定日期产生的现金流量，仅为对本金和以未偿付本金金额为基础的利息的支付"两个条件时，应当分类为以公允价值计量且其变动计入其他综合收益的金融资产。

根据企业会计准则的规定，其他债权投资应当以公允价值进行后续计量，公允价值变动产生的利得或损失，除减值损失或利得和汇兑损益之外，均应当计入其他综合收益，直至该金融资产终止确认或被重分类。不难看出，其他债权投资的公允价值变动损益是首先确认为其他综合收益，待其真正实现时再在利润表中确认。对此要特别注意企业的会计处理是否正确，尤其是是否存在为了粉饰业绩将其他综合收益的公允价值变动损益直接确认为损益并记入利润表的行为。

10. 长期股权投资

企业进行长期股权投资的目的多种多样，有的是为了建立和维持与被投资企业之间稳定的业务关系，有的是为了保持对被投资企业的控制权，有的是为了增强企业多元化经营的能力，创造新的利润源泉。不过，大多数企业进行长期股权投资的目的都是为了增加企业的利润，作为对企业自身经营活动的补充。由于长期股权投资期限长、金额大，对企业的财务状况影响较大。对于企业而言，进行长期股权投资意味着企业的一部分资金，特别是现金投出后在很长时间内将无法收回。如果企业资金不是十分充裕，或者企业缺乏足够的筹集和调度资金的能力，那么长期股权投资将会使企业长期处于资金紧张状态，甚至陷入困境。当然，风险和收益是对等的，长期股权投资的收益有时也会很高，甚至在企业自身经营不善时，长期股权投资的投资收益会成为企业收益与现金流量的重要源泉。

对长期股权投资的分析，主要从以下方面进行：

（1）长期股权投资的质量。长期股权投资的质量分析应从以下两个方面进行：一是对长期股权投资的构成进行分析，主要涉及企业

公允价值：熟悉市场情况的买卖双方在公平交易的条件下和自愿的情况下所确定的价格，或无关联的双方在公平交易的条件下，一项资产可以被买卖或者一项负债可以被清偿的成交价格。

长期资产项目阅读

长期股权投资：投资方对被投资单位实施控制、重大影响的权益性投资，以及对其合营企业的权益性投资。

长期股权投资的方向、投资规模、持股比例等，以此可以判断企业进行股权投资的目的。在了解企业长期投资构成的基础上，信息使用者可以进一步通过对企业投资对象的经营状况以及效益性的分析来判断企业投资的质量。二是对利润表中股权投资收益与现金流量表中因股权投资收益而收到的现金之间的差异进行分析。在股权投资收益占企业投资收益的比重较大的情况下，企业有可能披露其利润表投资收益中股权投资收益的规模。但是，利润表投资收益中股权投资收益的确定，是按照权责发生制的要求分别采用成本法和权益法来确定的，并不一定对应企业相应的现金流入。股权投资收益产生的现金流入将在现金流量表中以分得股利或利润所收到的现金的项目出现。在被持股企业没有分红、分红规模小于可供分配的利润或无力支付现金股利的情况下，利润表中股权投资收益就有可能大于现金流量表中分得股利或利润所收到的现金的数额。当然，仅仅凭此项分析，尚不足以做出被持股企业状况不良、企业投资质量较差的结论。

> **长期股权投资成本法：**
> 长期股权投资以初始投资成本计价，一般不调整其账面价值。只有在收到清算性股利和追加或收回投资时应当调整长期股权投资的成本。

（2）长期股权投资的后续计量方法。长期股权投资在持有期间，根据投资企业对被投资单位的影响程度，分别采用成本法及权益法进行核算。企业持有的对子公司投资采用成本法核算，对合营企业和联营企业的投资采用权益法核算。

两者的不同在于，在成本法下，当被投资单位宣告分派现金股利或利润时，投资企业按应享有的部分确认为当期投资收益；而在权益法下，因被投资单位实现净损益产生的所有者权益的变动，投资企业按照持股比例计算应享有的份额，增加或减少长期股权投资的账面价值，同时确认为当期投资损益，当被投资单位宣告分派利润或现金股利时，投资企业按持股比例计算应分得的部分，一般应冲减长期股权投资的账面价值。

> **长期股权投资权益法：**
> 投资以初始投资成本计量后，在投资持有期间根据投资企业享有被投资单位所有者权益份额的变动对投资的账面价值进行调整的方法。

（3）长期股权投资的减值准备。长期股权投资在按照规定进行核算确定其账面价值的基础上，如果存在减值迹象的，应当按规定计提减值准备。对长期股权投资减值准备的分析，主要是准确判断长期股权投资减值准备计提是否合理。长期股权投资的减值准备在提取以后，不允许转回。

做一做： 利用网络等渠道，查阅相关资料对上市公司对外投资进行分析，重点分析对外股权投资的质量，写一份分析报告并与同学进行讨论。

11. 投资性房地产

投资性房地产是指为赚取租金或资本增值，或两者兼有而持有的房地产，主要包括已出租的土地使用权、持有并准备增值后转让的土地使用权和已出租的建筑物。企业持有这类房地产的目的不是自用，而是用于投资。

企业可以采用成本模式对投资性房地产进行后续计量，也可以采用公允价值模式对投资性房地产进行后续计量。在成本模式下，应当按照固定资产或无形资产的有关规定对投资性房地产进行后续计量，计提折旧或摊销；存在减值迹象的，还应当按照资产减值的有关规定进行处理。采用公允价值模式进行后续计量的，不对投资性房地产计提折旧或进行摊销，而是以资产负债表日投资性房地产的公允价值为基础调整其账面价值，公允价值与原账面价值之间的差额计入当期损益。企业对投资性房地产的计量模式一经确定，不得随意变更：以成本模式转为公允价值模式的，应当作为会计政策变更处理，已采用公允价值模式计量的投资性房地产，不得从公允价值模式转为成本模式。

投资性房地产的分析主要注意两点：一是企业对投资性房地产的分类是否恰当，即企业是否将投资性房地产与固定资产、无形资产的界限做了正确的区分；二是企业投资性房地产后续计量模式的选择和变更是否合理、采用公允价值模式进行后续计量的投资性房地产是否满足准则规定的条件、企业是否存在利用后续计量模式的变更提升企业业绩的情况。

案 例 链 接

为发可转债调整会计政策　重庆建工财务数据"打架"引问询

重庆建工于2018年7月7日首次发布可转债预案，并同时发布"对2015年度已披露财务报表进行追溯调整的公告"。两者时间过于巧合，难免让人产生此举动是否为了达到发行标准而对部分财务数据进行技术调整的疑惑。

虽然此前，重庆建工于2017年12月7日发布了《关于公司投资性房地产会计政策变更的公告》，将投资性房地产的计量方法由成本计量模式变更为公允价值计量模式，并对2017年9月30日、2016年12月31日、2016年1月1日的资产负债表及2017年1月份至9月份、2016年的年度利润表进行了追溯调整，但记者查阅资料发现，相关准则从2007年就开始在上市公司中施行，不过重庆建工直到准备发行可转债的前一年年底才更改这一政策。

同时根据公告，重庆建工于2019年4月22日收到的证监会反馈意见，4天后，重庆建工公布了2018年年报，但在年报中却未主动说明因调整会计政策导致 2018 年年报中 2017 年、2016 年相关数据更改一事。

重庆建工对与发行可转债同日公告的变更会计政策追溯调整财务报表的解释为，根据《企业会计准则第 3 号——投资性房地产》《企业会计准则第 28 号——会计政策、会计估计变更和差错更正》等相关规定，公司于 2017 年 10 月 1 日将投资性房地产的计量方法由成本计量模式变更为公允价值计量模式，能更加客观地反映公司所持有的投资性房地产的真实价值，增强公司财务信息的准确性，因此对公司 2016 年 12 月 31 日及 2016 年 1 月 1 日的会计报表进行了追溯调整。

同时，重庆建工于 2016 年 11 月 28 日对应收款项坏账准备政策变更，并对 2015 年财务报表进行追溯调整。公司对此表示，变更应收款项坏账准备计提政策中分类更能体现公司会计政策的谨慎、稳健。

值得注意的是，投资性房地产的计量方法变更后，公司将不对投资性房地产计提折旧或进行摊销，并以资产负债表日投资性房地产的公允价值为基础调整其账面价值。有会计师对记者说道，该会计政策变更的影响是，因为投资性房地产按照公允价值计量，公允价值的变动直接体现在利润表的"公允价值变动收益"当中，因此会直接影响当期利润，成本模式可以转成公允价值模式，但公允价值模式不能转成成本模式，所以一般会很谨慎。

公允价值由市场决定，而重庆建工主营收入绝大部分的来源地重庆市，其房地产价格近年来一直处于上涨趋势，因此重庆建工这样的调整大概率会增加利润以及减少营业成本等。

根据反馈意见回复中的数据，追溯调整后重庆建工 2016 年度投资性房地产增加了 2.77 亿元，加权平均净资产增加了 2.2 亿元，归属于母公司所有者权益增加了 2.32 亿元。

记者查阅数据，每年均有上市公司变更投资性房地产的计量方式，总比例仍然偏少，比如，上交所曾追问 P2P，变更投资性房地产的计量方式是否意在账面扭亏。

记者在 Choice 金融终端公告大全中搜索"投资性房地产"关键字发现，2018 年来，总计只有卓翼科技、珠海中富、桂冠电力、银河生物、雪人股份、凯撒文化、希努尔、步步高、泰达股份、中南建设等十来家公司变更了投资性房地产的计量方式。

（资料来源：证券日报，http：//epaper.zqrb.cn/html/2019-05/27/content_461797.htm? div=-1，2019 年 5 月 27 日。）

固定资产：
使用期限较长、单位价值较高，并在使用过程中保持其实物形态基本不变的资产项目。

12. 固定资产

企业在对固定资产进行确认时，应按照固定资产的含义和确认条件，考虑企业的具体情形加以判断。企业的固定资产占用资金数额大，资金周转时间长，是资产管理的重点。

对固定资产的分析，主要从以下方面进行：

（1）固定资产的规模。企业固定资产的多少通常代表企业生产经营规模的大小和生产能力的高低，而只有具备一定生产规模的企业才能在激烈的市场竞争中得以生存和发展，也才能创造更大的效益。固定资产的规模与企业所处的行业性质直接相关。一般情况下，制造企业的固定资产比重要大于商业企业和服务业企业。但不管怎样，各行业企业的固定资产占总资产的比重应达到行业要求的标准，才能减少经营风险，保证企业稳定发展。

（2）固定资产的结构。固定资产的结构是指各类固定资产的价值在固定资产总额中所占比重。通过对固定资产结构的分析，可以了解固定资产分布和利用的合理性，可以为企业合理配置固定资产、挖掘固定资产利用潜力提供依据。固定资产结构分析可从以下三个方面进行：一是分析生产用固定资产与非生产用固定资产之间比例的变化情况；二是考察未使用和不需用固定资产比例的变化情况，查明企业在处置闲置固定资产方面的工作是否有效率；三是分析生产用固定资产内部结构是否合理。必须结合企业的生产技术特点，才能对固定资产的配置做出切合实际的评价。

（3）固定资产的折旧。固定资产的磨损价值是以折旧的形式逐渐转移到产品成本和有关费用中去的，因此，折旧额的大小直接影响企业的盈利水平。对固定资产折旧进行分析，应注意不同折旧方法的影响，还应分析影响折旧的因素，尤其是预计残值和预计使用年限是否合理，是否存在变更残值和使用年限的情况，其变更原因是否合理，企业是否通过改变残值和使用年限调节利润。

（4）固定资产的减值。为了真实反映固定资产的价值，避免虚计资产、虚盈实亏，企业应于期末或者至少年末，对固定资产逐项进行检查，根据客观性原则和谨慎性原则的要求，合理预计可能发生的损失，将可回收金额低于其账面价值的差额作为固定资产减值准备，并确认为固定资产减值损失计入当期损益，且企业以前年度计提的固定资产减值损失在以后期间不得转回。进行固定资产减值分析主要是分析减值的计提是否合理、会计处理是否符合准则的规定。

13. 在建工程

在建工程反映企业期末各项未完成的工程的实际支出和尚未使用

延伸阅读：
折旧影响因素

的工程物资的实际成本。在建工程反映的是一种沉淀和闲置资金,未完工的工程越多,资产的使用效率就越低,因此,企业应加强工程建设的管理,加快工程资金的周转速度。分析时要结合工期分析其占用的合理性,并关注是否存在工程竣工但未及时结转的情况。

在建工程: 企业资产的新建、改建、扩建,或技术改造、设备更新和大修理工程等尚未完工的工程支出。

14. 无形资产

无形资产主要包括专利权、商标权、土地使用权、著作权、非专利技术等。其特点表现为:一是由企业所控制;二是能为企业带来经济利益;三是无实物形态。

无形资产: 企业拥有或者控制的没有实物形态的可辨认非货币性资产。

在分析无形资产时,要注意以下问题:

(1) 无形资产的规模和构成。无形资产是商品经济高度发达的产物,看似无形,却如同一双看不见的手,给企业的生存和发展以巨大影响。伴随着科技进步特别是知识经济时代的到来,无形资产对企业生产经营活动的影响越来越大。企业控制的无形资产越多,可持续发展的能力和竞争能力就越强,因此,企业应重视对无形资产的培育。另外,还要注意考察无形资产的类别比重,借以判断无形资产的质量。具体来说,专利权、商标权、著作权、土地使用权、特许权等无形资产价值质量较高,且其价值易于鉴定;而一旦企业的无形资产以非专利技术等不受法律保护的项目为主,则容易产生资产"泡沫"。

(2) 研究与开发支出确认的正确性。企业会计准则要求区分研究阶段支出与开发阶段支出,研究阶段的支出做费用化处理,开发阶段的支出如果符合条件,可以确认为无形资产,即资本化处理,不符合条件的仍旧费用化。分析时应注意企业是否将一些本不符合资本化条件的开发支出资本化,从而达到虚增利润和资产的目的。

(3) 无形资产的摊销。企业应当正确分析判断无形资产的使用寿命,对于无法预见无形资产为企业带来经济利益期限的,应当视为使用寿命不确定的无形资产,企业对该类无形资产不进行摊销,而是在年底进行减值测试;对于使用寿命有限的无形资产则应当考虑与该项无形资产有关的经济利益的预期实现方式,采用适当的摊销方法,将其应摊销金额在使用寿命期内系统合理地摊销。分析时应详细审核无形资产的摊销是否符合会计准则的有关规定,尤其是无形资产使用寿命的确定是否合理,有无将本能确定使用寿命的无形资产作为使用寿命不确定的无形资产不予摊销;摊销方法的确定是否考虑了经济利益的预期实现方式;摊销方法和摊销年限有无变更、变更是否合理等。

(4) 无形资产的减值。无形资产是一种技术性含量很高的特殊资源,其价值确认存在着高风险,因此,无形资产发生减值也是一种正常现象。分析时一方面要注意无形资产是否计提了减值准备以及计提的合理性，因为如果企业应该计提无形资产减值准备而没有计提或者少提，不仅会导致无形资产账面价值的虚增，而且会虚增当期的利润。一些企业往往通过少提或不提无形资产减值准备，来达到虚增无形资产账面价值和利润的目的。另一方面也要注意，无形资产减值准备一经确认，在以后期间不得转回。

案例链接

碧水源无形资产摊销过低　警惕未来业绩炸雷

国内环保和水处理龙头碧水源披露2018年半年报，公司营业收入38.5亿元，同比增长33.1%，归母净利润3.7亿元，同比下降了31.6%。半年报公告后，多家券商发布研报表示，碧水源释放的业绩明显低于此前市场的预期。

除了低于预期的业绩，作为环保和PPP领域龙头企业，在当前经济形势和融资环境下，公司的资产负债数据，特别是资产和负债的质量，是市场关注的重中之重。

新浪财经在查阅公司半年报和之前历年的财报后发现，部分资产的会计处理存在隐藏"业绩雷"的可能，尤其值得投资者警惕。

2018年半年度财务报表显示，在公司资产项中，无形资产占比最大，目前该科目账面价值为230.28亿元，具体包括土地使用权、专利权、非专利技术和特许经营权四项，其中，特许经营权的账面价值最大，该项2018年6月末余额为218.3亿元，在无形资产中的占比高达95%。

所谓特许经营权，是政府以法律的形式授权投资企业在一定期限内对公共服务的基础设施进行建设、运营和管理维护的一种特许经营的权利，同时允许投资企业向用户收取一定费用或者给予投资企业一定数额的补偿，用于投资企业收回成本并获取投资收益。

新浪财经注意到，以特许经营权为主的无形资产，伴随2015年前后PPP模式在全国大范围的推广和普及，乘着PPP的东风，出现了几何级数的增长。根据Wind数据的统计，碧水源无形资产余额在4年左右的时间内，涨幅达到百倍。

资料显示，政府授权碧水源运营相关环保项目一般为期8~30年。然而，无论是8年期还是30年期，随着剩余经营时间的变短，特许经营权对应的无形资产价值也将相应减少，因而需要根据实际情况，逐期对该无形资产进行摊销和减值等会计处理。

那么，碧水源是如何对巨量的无形资产进行计提的呢？

新浪财经发现，公司在2018年上半年仅摊销1.32亿元，占全部无形资产账面价值不到6‰，而无形资产的减值准备更是为0。即使考虑到其中一部分资产尚在建设、未进入特许经营期无须摊销，这样的极低比例也十分异常。

2018年上半年，碧水源的无形资产摊销比例异常偏低，那么在此之前，相关科目又是如何进行会计处理的呢？

Wind数据显示，在2015年前后公司无形资产出现巨量上涨后，对无形资产的摊销也开始增加，2014年至2016年分别为1 000多万元、2 000多万元和4 000多万元，2017年摊销速度加快，达到1.5亿元。

尽管如此，我们依然能清楚地看到，相对于无形资产的绝对值和增幅，摊销额和摊销比例一直处于极低的水平。

这些看上去反常的会计处理，不得不让人怀疑是不是为了当期利润，而有意为之。

不尽合理的会计处理，很可能导致在未来出现因摊销加快或减值增加，进而影响公司净利润，甚至出现亏损而爆发业绩"炸雷"。

埋下的还不仅是利润和业绩的隐患。

对于碧水源来说，由于无形资产已经成为其净资产，甚至是总资产最重要的组成部分，未来一旦出现加速摊销或减值，公司目前接近60%的负债率将会迅速抬高，财务指标的恶化无论是对日常经营、偿债压力或是融资难度，都将直接产生不利影响，这对于碧水源等环保类企业而言，打击无疑是巨大的。

2018年上半年，碧水源新签订单EPC类145亿元、BOT类165亿元，订单金额并未出现放缓，源源不断的新增血液使得公司在无形资产摊销的比例上一直可以维持在较低水平。不过，随着业务体量的大幅增加和宏观形势的剧烈变化，这样的状态还能维持多久，市场将拭目以待。

(资料来源：新浪财经，http：//finance.sina.com.cn/stock/observe/2018-08-09/doc-ihhnunsq2077933.shtml，2018年8月9日。)

15. 商誉

按我国现行会计准则的规定，商誉只有在企业合并过程中才有可能产生并确认。在企业合并时，购买方对合并成本大于合并中取得的被购买方可辨认净资产公允价值份额的差额，应当确认为商誉。对商誉的分析，主要从两个方面进行。

商誉：
企业在同等条件下，能获得高于正常投资报酬率所形成的价值。

（1）商誉产生的合理性。商誉只有可能产生于企业合并过程，在一些并购中，由于并购方过于乐观，可能出价过高，从而产生高商誉。而未来的整合效果一旦达不到预期，商誉减值准备的计提将会影响未来的盈利水平。所以，要结合企业的合并分析并购决策的合理性。

（2）商誉减值准备计提的合理性。企业合并所形成的商誉，至少应当在每年年度终了进行减值测试。对已发生减值的商誉要计提减值准备。因为减值测试和减值准备的计提带有主观成分，分析时应重点分析商誉减值准备计提的合理性，企业是否存在通过少提或不提商誉减值准备虚增当期盈利，或过度计提商誉减值准备"洗大澡"的现象。

案 例 链 接

天神娱乐跌落悬崖：商誉暴雷巨亏　股神也无力回天了

2019年3月6日，天神娱乐回复深交所问询函，认为2018年亏损75亿元，不存在利用商誉减值"洗大澡"的情形。此前的2月28日，天神娱乐发布2018年业绩快报：公司实现归属于上市公司股东的净利润为-75.22亿元。由此，该公司成为A股上市公司中2018年度亏损最多的公司。

公告显示，公司因计提各项资产减值准备63.98亿元、确认预计负债15.47亿元，成为2018年巨亏的重要原因。其中，对商誉计提减值准备48.14亿元、长期股权投资减值14.29亿元。

而同期，天神娱乐的总市值仅53亿元，年度亏损额已远超公司市值。天神娱乐也因此被戏称为"亏损王"。

在天神娱乐2018年三季报中，最早对其2018年全年业绩作出了预测。根据三季报公告显示，预计2018年归属于上市公司股东的净利润为0~5.10亿元之间，相比上年同期下滑50%~100%。同时还提到，公司存在商誉大额减值并导致业绩亏损的风险。由于三季报公告时，尚无法确定商誉是否减值，故预告的业绩未考虑商誉减值的影响。

随后，在2019年1月31日，天神娱乐发布业绩修正公告，预计公司2018年全年亏损73亿元~78亿元，亏损主要来自商誉减值、长期股权投资及可供出售金融资产减值等；剔除上述减值因素，公司实现的净利润为3.77亿元，与三季报时的预测结果相符。

紧接着，深交所发来关注函，对天神娱乐巨亏一事进行关注，并提出一系列问题。其中问到——公司是否利用商誉进行利润调节，进行业绩"洗大澡"的情形。关注函要求，公司在2019年2月14日之前进行回复。

一个月后的2019年2月27日晚上，天神娱乐发布了业绩快报，2018年巨亏75.22亿元，并对其巨亏的具体原因进行了逐一详述。

随后的2019年3月5日，天神娱乐才对深交所关注函进行了长达56页的回复，其聘请的中审众环会计师事务所也发表了相关意见。回复中指出，天神娱乐不存在业绩"洗大澡"行为。

从预告盈利0~5亿元到巨亏75亿元，商誉、股权投资纷纷计提减值准备。这不是"洗大澡"，又算什么？

天神娱乐，全称大连天神娱乐股份有限公司，主营游戏研发与发行、移动互联网平台服务及影视娱乐等业务。于2014年借壳科冕木业，而登陆深交所挂牌上市。

上市之后，天神娱乐快速扩张，资产规模、净利润均大幅增长。

2014年末，天神娱乐总资产仅为7.44亿元，3年后的2017年末，便增长到144亿元，增长了近20倍。净资产也从6.63亿元增长到95.47亿元，增长13倍。净利润则从1.91亿元增长到7.41亿元。

资产规模、盈利能力的巨大增长，来自天神娱乐近乎疯狂的并购重组。

2015年，并购爱普信息、妙趣横生、雷尚科技和Avazu Inc.，分别形成商誉4.93亿元、5.04亿元、7.83亿元和18.85亿元。

2016年，并购一花科技，形成商誉9.02亿元。

2017年，并购幻想悦游、合润传媒、嘉兴乐玩和星空智胜，分别形成商誉29.28亿元、5.20亿元、4.36亿元和629.94万元。

3年时间，天神娱乐并购了9家公司，主要集中在游戏领域，累计形成的商誉超过80亿元。

截至2017年末，天神娱乐账面商誉原值65.72亿元（Avazu Inc.股权转让，故其并购商誉一并减少）；其中，对妙趣横生的并购商誉计提了减值准备0.31亿元。商誉净值为65.41亿元。

而同期，天神娱乐总资产144.00亿元、净资产95.47亿元。商誉占净资产比重高达68.51%。

仅一年之后的2018年，天神娱乐便对商誉计提了48.14亿元的减值准备，占商誉原值的73.25%。

相应地，公司总资产也将从144亿元降至82.11亿元，净资产从95.47亿元降至16.49亿元。

用3年时间来并购，用1年时间来减值；资产和业绩规模在快速上升之后又回到了并购之前。

这不是"洗大澡",又是什么?

可怕的是,在本轮"洗大澡"之后,天神娱乐还拥有商誉17.27亿元,而此时的天神娱乐净资产仅为16.49亿元。

商誉余额>净资产金额,意味着,若商誉进一步减值,天神娱乐的资产将面临"一无所有"。

(资料来源:新浪财经,http://finance.sina.com.cn/stock/s/2019-03-07/doc-ihsxncvh0697218.shtml,2019年3月7日。)

16. 长期待摊费用

长期待摊费用是指企业已经支出,但摊销期在一年以上(不含一年)的各项费用,包括租入固定资产的改良支出、固定资产的大修理费等。

长期待摊费用分析,主要从以下方面进行:

(1) 长期待摊费用的结构。长期待摊费用从其性质上看是已经支付,需要在以后会计年度内摊销的费用。它既不能变为现金,又不能用来偿债,是企业的一项不良资产。长期待摊费用不能为企业直接使用,在企业持续经营期间只会削减企业的净收益,对企业经营无良好作用。因此,其数额及占资产总额比重不宜过大。

(2) 长期待摊费用是否存在失真现象。在实际中,一些企业根据自身需要将长期待摊费用科目当作利润的调节器,如在不能完成利润目标或者相差很远的情况下,企业将一些影响利润但不属于长期待摊费用核算范围的费用,转入该科目待摊;而在利润完成情况良好且超目标时,企业也会出于"以丰养歉"考虑,或为了减少税收,将大量长期待摊费用提前予以摊销,以达到降低和隐匿利润的目的。因此,财务分析人员还应从以下几个方面对长期待摊费用进行分析:分析长期待摊费用是否有为零的情况;分析长期待摊费用与利润的增长趋势是否相适应;分析无形资产与长期待摊费用有无混用的情况;分析长期待摊费用是否存在已经不能使以后会计期间受益的情形;分析长期待摊费用中是否存在开办费未摊销的情形。

试一试:你能举出一些利用长期待摊费用进行利润调节的实例吗?与同学一起讨论这些例子对企业财务的影响。

17. 递延所得税资产

递延所得税资产是指企业按照《中华人民共和国企业所得税法》的规定,当期和以前期间已缴纳的企业所得税税额大于按照会计准则规定应缴纳的企业所得税税额,这一差异在未来期间会计处理时,转回会减少未来期间按照会计准则处理确定的应纳税所得额和应缴所得税，这对于企业来说是一项递延资产，称为递延所得税资产。从会计处理的角度说，递延所得税资产是对于可抵扣暂时性差异，以未来期间很可能取得用来抵扣可抵扣暂时性差异的应纳税所得额为限确认的一项资产。企业应当将当期和以前期间已支付的所得税超过应支付的部分确认为资产。存在可抵扣暂时性差异的，应当按照所得税会计准则规定确认递延所得税资产。

4.1.3 资产结构分析

1. 资产类别结构分析

资产类别结构是指对构成资产的各大类别资产与总资产的比例，以及各大类别资产之间的比例关系的分析。企业可以将资产类别结构数值与历史数据进行比较，分析其变动趋势、变动的原因及变动的合理性；也可以与同行业数据进行比较，分析其合理性。

资产类别结构分析主要通过以下指标进行：

（1）流动资产比率。流动资产比率是指流动资产占总资产的比重。其计算公式如下：

$$流动资产比率 = 流动资产合计 \div 资产总计$$

流动资产代表企业短期可运用的资金，相对而言，具有变现时间短、周转速度快的特点。从流动性分析的角度看，流动资产比率越高，说明企业流动资产在总资产中所占的比重越大，资产的流动性和变现能力越强，企业的偿债能力越强，企业承担风险的能力也就越强；但从获利能力的角度看，过高的流动资产比率并非一定是好事。企业为了增加收益，必须加速流动资产周转，而流动资产周转的加速，一方面取决于销售的扩大，另一方面则取决于流动资产占用的降低。而流动资产占用的增加会导致其周转速度减慢，此时既会增加流动资产的占用成本，也会降低其周转价值或收益，从而降低其收益能力。可见，确定适宜的流动资产比率实质上就是资产的流动性和获利性的权衡问题。

对流动资产比率合理性的分析，一方面应考虑企业的经营性质、经营状况及其他经营特征，另一方面应与同行业的平均水平或行业先进水平进行比较，还可以进行趋势分析。进行趋势分析时，如果能结合销售的变动状况，了解流动资产比率的增长是否超过销售的增长，就能更好地说明流动资产比率的变动情况。

（2）非流动资产比率。非流动资产比率是指非流动资产占总资产的比重。其计算公式如下：

$$非流动资产比率 = 非流动资产合计 \div 资产总计$$

非流动资产代表企业长期可使用的资产，需经过多次周转方能得到价值补偿，而且均属于抵扣一定时期企业收益的资产，资产的弹性较差，所以，过高的非流动资产比率将导致一系列问题：一是产生巨额固定费用，增加亏损的风险；二是降低资产周转速度，增加营运资金不足的风险；三是降低资产弹性，削弱企业的相机调整能力。显然，无论是从企业的资金运用，还是从资本结构的安全和稳定，或是从资产风险的规避角度分析，非流动资产比率都不应过高。

（3）固定资产比率。固定资产比率是指固定资产占总资产的比重。其计算公式如下：

$$固定资产比率 = 固定资产 \div 资产总计$$

固定资产是企业经营所必不可少的物质条件。固定资产的数量和质量说明企业的经济实力及生产力发展水平，也同时反映企业的生产规模。为了满足日益增长的社会需要，企业必须增加必要的固定资产投资，不断更新固定资产，以便用先进的技术装备为企业提高劳动生产率和扩大生产销售创造条件。

固定资产比率过低，企业的生产经营规模会受到限制，会对企业劳动生产率的提高和生产成本的降低产生不良影响；而适当提高固定资产比率，寻求规模经济，有利于企业总成本的降低，从而提高总资产的获利能力。但由于固定资产的流动性和变现能力较差，过高的固定资产比重必然会影响企业的支付能力，从而加大企业的经营风险和财务风险。所以，企业应合理使用固定资产，提高固定资产使用的经济效果，在不增加投资的情况下提高生产能力，用现有的固定资产生产更多更好的产品，节约资金消耗，降低产品成本。

（4）长期股权投资比率。长期股权投资比率是指长期股权投资占资产总计的比例。其计算公式如下：

$$长期股权投资比率 = 长期股权投资 \div 资产总计$$

企业的长期股权投资说明企业寻求多元化发展战略，或是在目前产业或产品利润率较低的情况下寻求新的产业或产品。分析长期股权投资比率时需要注意：是否符合企业长期发展战略；股权投资是否会影响企业当前的主业经营；企业自身实力是否会因此而下降或产业趋于分散；企业是否能获得预期收益。

（5）无形资产比率。无形资产比率是指无形资产占总资产的比重。其计算公式如下：

$$无形资产比率 = 无形资产 \div 资产总计$$

随着科技的进步和经济的发展，尤其是知识经济时代的到来，硬资源在企业生存和发展中的作用和相对价值在不断下降，而包括无形资产在内的软资源的作用和相对价值在不断上升。与这一规律和趋势相适应，企业必须善于培育和合理配置无形资源。借助无形资产比重指标，可以观察企业知识化和高新技术化的程度，也可以分析企业可持续发展的潜力以及综合竞争能力的强弱。

（6）流动资产与固定资产比率。流动资产与固定资产比率是指流动资产与固定资产之间的比例关系。其计算公式如下：

$$流动资产与固定资产比率 = 流动资产合计 \div 固定资产$$

流动资产与固定资产各自在企业生产经营中发挥重要作用，但过高或过低的比例都不是好的资产结构，均对企业经营有害无利。能否恰当安排流动资产与固定资产的比例，是能否使企业总资产发挥最佳经济效应的关键。对此，应分析影响流动资产与固定资产比率的因素：

①经营性质。一般来说，更多地凭借手工操作进行运转的企业，所需固定资产较少；反之，则需较多的固定资产。因此，生产企业比流通企业需要更多的固定资产；以机器为主要加工手段的生产企业比以手工为主要加工手段的企业对固定资产的需要量更大。另外，企业经营周期的长短也对其存在影响：如果企业的经营周期较长，说明企业占用存货、应收账款的时间较长，占用数量较大，因此占用的流动资产也就越多，反之则相反。

②经营规模。随着企业经营规模的扩大，资产结构中流动资产的比重会相对下降，固定资产比重会相对提高。形成这一现象的原因有：第一，规模大的企业的资金基础雄厚，筹资能力强，承担风险的能力较强；第二，企业规模扩大实现了规模经营，固定资产得以充分利用，成本降低，资金耗费也相对较低，从而降低流动资产的比重；第三，规模大的企业一般设备先进，自动化水平高，这必然会提高固定资产在整个资产结构中的比重。

③风险偏好。一般来说，企业流动资产与固定资产的比率越高，企业承担风险的能力就越强，生产经营也越灵活，因为流动资产变现能力强，可以迅速转化为现金，而固定资产单位价值大、循环时间长，固定资产比重偏大势必会增加企业的经营风险。但是，持有过多的流动资产会使企业丧失投资于高收益项目的机会，降低企业的盈利能力。这样，即使面对相同的内外环境，具有不同风险和收益偏好的企业所选择的固定资产和流动资产的合理比例也会大不相同，所以，很难从量上明确什么样的流动资产与固定资产比率为合理比例，而应

该针对企业的具体情况而定。

2. 全部资产项目结构分析

全部资产项目结构分析是以结构百分比资产负债表的形式，通过计算各资产明细项目占资产总额的比重，反映企业资源配置和财务稳定性的情况，帮助企业判断资产占用是否合理。

【例4-1】根据青岛啤酒的资产负债表编制结构百分比资产负债表（资产部分），见表4-1。

表4-1 青岛啤酒结构百分比资产负债表（资产部分）

项目	金额（万元）			比重（%）		
	2016年	2017年	2018年	2016年	2017年	2018年
流动资产：						
货币资金	857 269	980 549	1 253 574	28.50	31.66	36.79
交易性金融资产	0	13 012	120 254	0.00	0.42	3.53
应收票据	2 640	4 222	5 380	0.09	0.14	0.16
应收账款	12 465	14 140	11 071	0.41	0.46	0.32
预付款项	5 181	11 639	17 356	0.17	0.38	0.51
其他应收款	30 540	34 840	29 778	1.02	1.12	0.87
存货	241 244	239 291	265 122	8.02	7.73	7.78
其他流动资产	111 618	109 606	73 494	3.71	3.54	2.16
流动资产合计	1 260 957	1 407 299	1 776 029	41.92	45.43	52.12
非流动资产：						
长期股权投资	37 953	37 590	37 049	1.26	1.21	1.09
其他非流动金融资产	61	60	60	0.00	0.00	0.00
投资性房地产	2 495	2 726	2 793	0.08	0.09	0.08
固定资产净额	1 144 877	1 099 377	1 032 669	38.06	35.49	30.31
在建工程	19 345	20 014	37 989	0.64	0.65	1.11
无形资产	297 475	277 622	259 969	9.89	8.96	7.63
商誉	130 710	130 710	130 710	4.35	4.22	3.84
长期待摊费用	3 992	3 604	3 311	0.13	0.12	0.10
递延所得税资产	104 221	113 589	120 704	3.47	3.67	3.54
其他非流动资产	5 631	4 880	6 244	0.19	0.16	0.18
非流动资产合计	1 746 759	1 690 172	1 631 498	58.08	54.57	47.88
资产总计	3 007 716	3 097 471	3 407 527	100.00	100.00	100.00

注：因计算时进行四舍五入，项目结构百分比之和与合计或总计可能会略有差异。

从表4-1可以看出：

（1）资产构成分析。公司流动资产的金额及其占总资产的比重均呈稳定增长趋势。从流动性分析的角度来看，流动资产比率提高（自2016年的41.92%上升到2018年的52.12%），意味着资产的流动性和变现能力增强，公司的偿债能力提高，但理论上也会影响其盈利能力。这一结构是否合理，需要结合公司所属的行业以及公司的盈利水平进行分析。我们选取了和青岛啤酒业务性质相同的两家上市公司：2018年中国啤酒市场销量最大的华润啤酒（控股）有限公司（以下简称华润啤酒）和销量排在第四位的北京燕京啤酒股份有限公司（以下简称燕京啤酒）。华润啤酒2016～2018年的流动资产比重分别为25.87%、23.09%和21.52%[1]，燕京啤酒2016～2018年的流动资产比重分别为33.15%、34.70%和35.67%[2]。可见，青岛啤酒的流动资产比重远高于两个主要竞争对手，要想探究其原因，必须结合资产的构成进行分析。

（2）流动资产构成分析。公司流动资产中比重最大的为货币资金，且占比逐年增加，货币资金增加主要由经营活动产生的现金净流入所致。2016～2018年，华润啤酒和燕京啤酒均为2018年的货币资金占比最高，但分别仅为4.73%和10.96%，均远低于青岛啤酒的36.79%。现金比重高，说明其资产的变现能力和公司的短期偿债能力较强，但高现金比重也会给公司带来机会成本的增加，同时也说明公司可能缺乏高盈利的投资机会。

华润啤酒2016～2018年的存货占比维持在14%左右，燕京啤酒2016～2018年的存货占比均在20%以上，而青岛啤酒2016～2018年的存货占比在8%左右，均低于竞争对手，且稳中有降，说明公司的存货管理非常成功，这一资产结构特征将会体现在存货周转率上。

三家公司的应收票据和应收账款在资产中的占比均非常低，体现了其行业特点。

（3）非流动资产构成分析。青岛啤酒非流动资产中最重要的为固定资产和无形资产。2016～2018年，公司这两类资产无论是绝对金额还是相对比重均呈下降趋势（青岛啤酒固定资产占比由2016年的38.06%下降到2018年的30.31%），而两家可比公司的固定资产规模也小幅下降，说明这具有典型的行业特点。究其原因，经过前些年的快速扩张，国内啤酒行业目前产能过剩，企业已不再盲目追求规

---

[1] 根据华润啤酒（控股）有限公司2016～2018年年报数据计算。
[2] 根据北京燕京啤酒股份有限公司2016～2018年年报数据计算。

模的扩张，而是将重心转向内部挖潜、产品升级、降本增效上。

做一做：与同学们一起查阅一家上市公司资产负债表资料，并对其进行资产结构分析。你会发现什么问题？这些问题与教材中讲的一致吗？

4.2 资本结构分析

投入资本的多少直接影响企业经营活动的开展和抵御风险能力的高低。然而，企业经营除了受资本投入多少的影响外，还依赖于企业资本结构的合理性。

> 资本结构：企业全部资金来源中负债与所有者权益两大资金来源各自所占的比重以及每类资金来源内部的比重构成情况。

在企业的两大资金来源渠道中，负债与所有者权益各自占权益总额的比重体现的是债务资本与权益资本之间的比例关系，该比例关系与资产和负债的比例关系所取的视角不同，但体现的含义的实质相同。由于负债的资本成本通常低于所有者权益的资本成本，而且在借入资本收益率高于资本成本的情况下，可以使投资者获得财务杠杆收益。因此，企业适度负债，合理安排债务资本与权益资本之间的比例，既能充分利用负债的财务杠杆效用，又有利于降低企业的综合资本成本。

4.2.1 资本结构分析的功能

资本结构揭示了企业不同资金来源的构成状况，由于企业从不同渠道获取生产经营活动所需资金，因而产生了不同的资本结构。

1. 负债和所有者权益构成比重决定了企业的资本结构

一般来说，负债融资的资本成本相对较低，能满足企业临时、短期资金周转的需要，但负债需要按时偿还，这会给企业造成偿债压力；而所有者权益融资方式的资本成本虽相对较高，但不存在偿还的压力，可供企业永久或持续使用。所以，正是由于两者的性质不同，既采取负债融资又采取所有者权益融资，可以取长补短，从而形成企业最优的资本结构。

2. 负债和所有者权益构成比重会影响企业的资产结构

一般而言，企业流动负债提供的资金是与流动资产中临时性占用部分相适应的，而流动资产中稳定而长久占用部分所需资金是由长期资金提供的，所有者权益提供的资金一般用来满足企业长期资产投资的需要。由此可见，不同的资本结构对企业资产结构有着重大的影响。

3. 所有者权益所占比重是衡量企业偿债能力及评估企业财力的基础

企业资本结构的合理性同时也是衡量企业长期偿债能力的前提条件。因为只有所有者权益资本才是企业对外举债、还本付息及其承担风险的基础。所有者权益资本的大小也是评估企业财力是否雄厚的依据。评估企业的财力不能以总资产为依据，因为由借入资本形成的资产不是企业自身能力的一部分，最终还需以资产来偿还，所以，企业净资产的大小，即所有者权益的大小，才是衡量企业实力的基础。

4. 适度负债是调剂资金余缺及提高所有者投资收益率的前提

由于市场环境的波动，企业生产经营活动会随之变动，为保证企业生产经营活动的资金需要，一方面要求所有者投入部分稳定、可供持续使用的资金，另一方面则要根据资金需要量的大小，采取负债方式借入部分资金来加以补充。当资金量过剩时，可偿还负债以减少资金，当资金量不足时，又可借入资金。同时，负债也可起到财务杠杆效应，从而提高所有者投资的收益率。

4.2.2 负债和所有者权益项目阅读

1. 短期借款

短期借款包括短期流动资金借款、结算借款、票据贴现借款等。短期借款是为了满足日常生产经营的短期需要而举借的，其利息费用作为企业的财务费用，计入当期损益。

分析短期借款项目时应注意以下两方面问题：

（1）短期借款额与流动资产规模相适应。从财务角度观察，短期借款筹资快捷，弹性较大，任何一个企业在生产经营中都会或多或少地发生短期借款，但短期借款额必须与当期流动资产规模相适应。特别要注意企业是否存在"短借长投"的问题。

（2）与企业当期收益相适应。短期借款金额的高低并不代表企业运营状况的好坏，关键是企业的产出是否大于投入，即营运效率是否高于借款利率，对此可利用财务杠杆进行分析。

负债及权益
项目阅读

短期借款：
企业从银行或其他单位借入的期限在一年（含一年）以内的各种借款。

案 例 链 接

28家上市公司新增借款剧增 地产、券商"最差钱"

债务黑天鹅频飞的5月,上市公司群体资金压力也不容小觑。在资金告急的情况下,多家上市公司的借款剧增。

据记者统计,4月以来,已有28家上市公司陆续发布2018年累计新增借款超过上年年末净资产20%以及2017年累计新增借款超过上年年末净资产20%的公告,比上一年同期数量增加一倍。

值得注意的是,随着新增借款的剧增,对应上市公司的负债率也被不断抬高,而这一指标的趋坏也直接影响到金融机构对公司借款的判断。

2018年5月21日,东方园林原定发行10亿元的公司债券最终发行规模仅5 000万元,引起市场广泛关注。

降杠杆趋势之下,部分负债率较高的企业不断爆发出债务违约事件。近日,沪深交易所发出的年报问询函中,也聚焦偿债能力。

上述违约已浮出水面,而那些因资金紧张未浮出水面的违约更是不计其数。

"今年资金面比较紧张,有家上市公司本来要跟我们合作发并购基金,我们也帮忙找到了一家大型机构,结果都快到签约了,这家上市公司说没钱了。"近日,广东某大型私募负责人对记者无奈地表示。

值得注意的是,在目前融资环境不甚乐观的情况下,多家上市公司的新增借款剧增。记者统计发现,4月以来就有28家上市公司发布了新增借款剧增的公告,其中22家属于2018年新增借款占2017年末净资产超过20%的情况;其余6家系2017年新增借款占2016年末净资产超过20%的情况。

对于新增借款的用途,上市公司普遍表示将用于公司业务发展,属于正常经营活动范围,不会对经营情况和偿债能力造成重大不利影响。

地产、证券素有"高负债"行业之称,上市公司的负债率动辄超过70%,而且负债规模普遍较大。

数据显示,在28家发布新增借款超过上年年末净资产20%的上市公司中,有5家是证券公司,包括申万宏源、东兴证券、中原证券、兴业证券、广发证券等;有4家是房地产公司,包括阳光城、荣安地产、米大嘉宝、西藏城投等。

广东某上市券商人士表示："证券行业都在做资本中介业务，尤其是融资融券、股票质押融资等业务需要大量资金，其他券商也在加快上市，拓宽融资渠道。"

另外，房地产行业也是资金密集型，对资金的需求规模历来巨大。

近日，阳光城公告称，截至2017年末公司借款余额为1 134.89亿元，较2016年末借款余额增加441.13亿元，累计新增借款超过2016年末经审计净资产的20%。其中银行贷款新增154.69亿元、债券新增78.49亿元、非银行类贷款207.95亿元。

阳光城证券办人士表示："负债率过高是房地产行业的特性，公司在想办法通过财务手段调节负债率，另外通过增加上市公司权益来降低负债率。"目前市场仍然偏紧缩，对房地产行业来说融资难度较大，公司也在积极拓展融资渠道，争取利率较低的资金支持公司发展。

"房地产融资越来越难，虽然上月融资总规模有所增加，但属于短期表现。实际上融资环境仍然不乐观，资金渠道卡得比较死。资金面稍微宽松时，金融机构对房企的关注集中在房企前100强；而目前关注的范围越来越小，金融机构关注的是排名前50房企甚至前20、前30房企。而对于排在50名之后的企业，金融机构给的融资规模、利率等跟排名靠前的房企不一样。"5月22日，同策研究院首席研究员张宏伟指出。

（资料来源：长江商报，http：//www.changjiangtimes.com/2020/11/610928.html，2018年5月23日。）

2. 交易性金融负债

交易性金融负债最常见的形式如短期融资券，交易性金融负债按照公允价值进行后续计量，公允价值变动形成的利得或损失，一般计入当期损益。

3. 应付票据

应付票据的主要形式一般指企业因购买材料、商品和接受服务等而签发的允诺在不超出一年的期限内按票据上规定的日期支付一定金额的银行承兑汇票和商业承兑汇票。

在我国，应付票据仅限于商业汇票，包括商业承兑汇票和银行承兑汇票。商业汇票规定有一定的承兑期限，最长不超过6个月，在承兑期限内由交易双方商定具体承付日期。应付票据的流动性高于应付账款。

> 交易性金融负债：企业采用短期获利模式进行融资所形成的负债。
>
> 应付票据：由出票人出票，并由承兑人允诺在一定时期内支付一定款项的书面证明。

4. 应付账款

在市场经济条件下,应付账款的发生是正常的,其金额大小反映了企业对商业信用的利用程度,在一定程度上也可以反映企业的议价能力,但如果超过信用期的数额较大且时间较长,则说明企业的信用观念较差或缺乏支付能力。

分析应付账款可以结合企业的采购政策、付款条件和方式以及展期信用带来的结果进行。

想一想:你认为对应付账款分析应该从哪些方面进行?应付账款多少与企业信用成比例吗?

> 应付账款:
> 因企业购买材料、商品和接受服务等经营活动应支付的款项。

5. 合同负债

合同负债是指企业已收或应收客户对价而应向客户转让商品的义务。企业在转让承诺的商品之前,如果客户已经支付了合同对价或企业已经取得了无条件收取合同对价的权利,则企业应当在客户实际支付款项与到期应支付款项孰早时点,将该已收或应收的款项列为合同负债。合同负债需在收款后一年或长于一年的营业周期内用约定的商品、劳务或出租资产来抵偿。

合同负债的多少以及风险的大小应结合企业生产经营能力来分析评价。合同负债是一项良性负债,较高的合同负债预示着企业未来业绩的增长,但也要注意企业是否将合同负债作为调节利润的"蓄水池"。

案 例 链 接

贵州茅台预收款调节利润增速

2018年上半年,贵州茅台实现总营收352.51亿元,同比增长了38.27%;归属母公司股东的净利润157.64亿元,同比增速达到了40.12%。无论是收入还是归母净利润增速,公司都创下了2012年上半年之后的次优表现,仅次于2017年上半年的高光时刻。

不仅如此,贵州茅台的毛利率再次回到了90%以上。由于低毛利率的系列酒影响,2017年上半年和全年,贵州茅台的整体毛利率罕见地跌破了90%。2018年上半年,贵州茅台的整体毛利率达到了90.94%,重新回到了90%以上的水平。

对于贵州茅台来说,一个明显的变化是,公司的预收款明显缩水。预收款一向被视作白酒公司利润调节的"蓄水池",对白酒公司业绩有相当重要的作用,合理释放这些手中的"余粮"将对白酒公司业绩起到很好的平滑作用，而茅台作为白酒龙头是使用预收款调节业绩的典型。从2008年起，贵州茅台就通过有规律地释放预收款来平滑业绩。

2018年半年报显示，截至上半年末，贵州茅台的预收账款为99.4亿元，较年初的144.29亿元减少了近45亿元，降幅达到了31.11%；与第一季度末的131.72亿元相比同样缩水明显，降幅也达到了24.54%。

与第一季度环比来看，贵州茅台第二季度末的预收款减少了32.32亿元，而上一年同期公司的预收款环比仅仅减少了12.08亿元。如果从半年报对比则更加明显。2017年初，贵州茅台的预收款为175.41亿元，而2017年半年报时公司的预收款为177.8亿元，不但没有缩水反而略有增加。

实际上，从2014年半年报预收款缩水后，贵州茅台半年报的预收款始终处于增长态势。2015~2017年的上半年，公司的预收款分别为23.37亿元、114.81亿元和177.8亿元，同期年初金额为14.76亿元、82.62亿元和175.41亿元。

对于贵州茅台预收款的变化，各个研究机构有不同的理解，以招商证券为首的多数认为是贵州茅台改变了经销商的打款策略所致。招商证券研报指出，茅台预收款自2017年起逐季下降，2017年下降系公司2016年底调整打款政策所致；2018年以来，公司延续从严的打款政策。

中信建投也认为是贵州茅台改变了打款策略，不过时间不同。公司认为，茅台在2018年初改变打款方式，从提前3~4个月打款改为当月打款当月发货模式；由于2017年下半年预收款的高基数，预计未来预收款仍会持续下降。

方正证券则认为，预收款如期回落不影响公司真实情况，预收款并非越多越好，预收款的下降只是受到业绩平滑与打款政策变化影响，考虑到贵州茅台一直强调的策略调整，预计预收款后续还会持续回落。

可见，机构都注意到了贵州茅台预收款的下降，而且给出的解释也都认为源于厂家的主动调整行为。只是各家机构给出的调整政策时间不同，从2016年底至2018年初不等。

可回看2017年甚至是2016年当初的研报，各家机构关注的焦点是公司预收款接连创下新高，出现最多的便是"预收款再创历史新高"，并未提及茅台预收款增减与公司政策的变化有关。

（资料来源：证券市场周刊，http：//baijiahao.baidu.com/s?id=1608921605529310695&wfr=spider&for=pc，2018年8月16日。）

6. 应付职工薪酬

应付职工薪酬主要包括应付职工工资、奖金、津贴和补贴、职工福利费、医疗保险费、养老保险费、失业保险费、工伤保险费等社会保险费、住房公积金、工会经费和职工教育经费、非货币性福利、因解除与职工的劳动关系给予的补偿以及其他与获得职工提供的服务相关的支出。应付职工薪酬包括职工在职期间和离职后提供给职工的全部货币性薪酬和非货币性福利。

> **应付职工薪酬：** 企业为获得职工提供的服务而应给予的各种形式的报酬以及其他相关支出。

在分析应付职工薪酬时，应注意企业是否通过该项目来调节利润，要警惕企业利用不合理的预提方式提前确认费用和负债，从而达到隐瞒利润、少缴税款的目的。如果企业应付职工薪酬余额过大，尤其是期末数比期初数增加过大，则应注意企业是否存在拖欠职工工资的行为，而这有可能是企业资金紧张、经营陷入困境的表现。

7. 应交税费

应交税费包括增值税、消费税、城市维护建设税、所得税、教育费附加等。应交税费是企业应向国家和社会承担的义务，具有较强的约束力。

> **应交税费：** 企业在会计期末应交未交的各种税金和费用。

在分析此项目时，应当首先了解欠税的内容，有针对性地分析企业欠税的原因。一般来说，应交税金期末计提，下期期初缴纳，数额不应过大。如果该项目的金额过多，说明企业有拖欠国家税款的现象。如果该项为负数，则表示企业多交的应当退回给企业或由以后年度抵交的税金。

8. 其他应付款

其他应付款内容比较多，包括应付利息、应付股利、应付租入固定资产的租金、应付包装物的租金、应付保险费、存入保证金、应付统筹退休金等。实行退休金统筹办法的企业，根据退休金统筹办法按月提取统筹退休金，定期交给社会保险统筹机构，由社会保险统筹机构弥补给企业，由企业支付给退休职工。在社会保险机构未收到统筹退休金以前，该项金额构成企业流动负债的一部分。

> **其他应付款：** 企业应付、暂收其他单位或个人的款项。

其他应付款金额不应过大，否则说明企业存在一定的问题，比如企业之间存在非法拆借资金、转移收入等违规行为。

9. 长期借款

长期借款一般用于企业的固定资产购建、固定资产改扩建工程、固定资产大修理工程以及流动资产的正常需要等方面。在会计核算上，长期借款的利息也计入长期借款，因此，资产负债表中长期借款项目反映的是企业尚未归还的长期借款本金和利息。

> **长期借款：** 企业向银行或其他金融机构借入的期限在一年以上的款项。

分析时应关注长期借款的数额、增减变动，以及长期借款是否按借款合同规定的用途使用、归还等问题。

10. 应付债券

应付债券主要指企业为了筹集长期资金而发行的偿还期在一年以上的债券，以及优先股和永续债的负债。相对于长期借款而言，长期债券的风险和压力较大。

不论企业债券是平价，还是溢价或折价发行，应付债券均以实际收到的款项入账。当债券的发行价款与债券面值相同时，应付债券的入账价值为债券的面值；当债券的发行价款高于或低于债券面值（即溢价发行或折价发行）时，应付债券的入账价值为债券的发行价款，但会计中区分面值与溢价或折价单独反映。在债券存续期间，企业还要分期计提或支付债券利息，同时，也需对债券折价或溢价分期进行摊销，折价转为利息费用，溢价摊销冲减利息费用。通过摊销，债券的置存价值（账面价值）逐期恢复到面值，因此，资产负债表中应付债券项目反映的是企业应付债券期末的置存价值（不一定等于面值）和应付债券应计未付的利息。

> 应付债券：企业为筹集长期资金而实际发行的债券及应付的利息。

案 例 链 接

房企融资成本持续上涨　超10%境外债融资已非行业个例

2019年10月5日，克而瑞研究中心发布的报告数据显示，9月95家典型房企的融资总额为1 124.48亿元，环比上升45.3%，同比上升17.2%。从融资方式来看，境内债权融资565亿元，环比上升17.1%；与此同时，境外债权融资额399亿元，环比上升49.1%。前9个月，房企新增债券类融资成本7.03%，较2018年全年上升0.50个百分点。其中，境外债券融资成本达8.08%，较2018年全年增长0.86个百分点。单月来看，9月单月融资成本6.47%，环比上升0.76个百分点。

其中，金科股份在9月份进行了多项信托贷款、银行贷款等融资，以至于其融资总量最高，达到127.65亿元。

前9个月TOP10房企融资同比增加22.15%，增幅最大，也是平均融资额最多的一个梯队；融资成本最高的为TOP51+的企业，达到7.28%，较2018年增长0.85个百分点，值得注意的是，除TOP10之外的梯队，前9个月的融资成本较为接近，差额不超过0.1个百分点，目前，在境内外融资环境全面收紧的情况下，无论是大型房企还是小型房企，均面临融资难、融资成本持续上涨的状况，超过10%

的境外债融资已不再是行业个例。

（资料来源：澎湃新闻，https：//baijiahao.baidu.com/s?id=1646697402932556060&wfr=spider&for=pc，2019年10月7日。）

11. 租赁负债

承租人在租入资产确认使用权资产的同时确认租赁负债。租赁负债应当按照租赁期开始日尚未支付的租赁付款额的现值进行初始计量。租赁负债通常分别在非流动负债和一年内到期的非流动负债列示。

在计算租赁付款额的现值时，承租人应当采用租赁内含利率作为折现率；无法确定租赁内含利率的，应当采用承租人增量借款利率作为折现率。后续计量中，承租人应当按照固定的周期性利率（即折现率）计算租赁负债在租赁期内各期间的利息费用，并计入当期损益。

12. 预计负债

预计负债是因或有事项而确认的负债。或有事项是指过去的交易或事项形成的，其结果须由某些未来事项的发生或不发生才能决定的不确定事项。如对外提供担保、未决诉讼、产品质量保证等。与或有事项相关的义务满足一些条件时，应当确认为预计负债，并在资产负债表中列示，否则，则属于或有负债，或有负债只能在表外披露，不能在表内确认。

分析时主要关注两个方面：一是预计负债和或有负债的确认是否恰当，企业是否存在将预计负债确认为或有负债，从而低估负债的行为；二是预计负债的计量是否正确，最佳估计数的估计是否合理，有无通过低估预计负债虚增利润之嫌。

案 例 链 接

尔康制药：828起诉讼计提负债7 650万元　Q3利润预降超三成

2018年4月18日，尔康制药收到中国证监会湖南监管局《行政处罚事先告知书》，公司涉嫌违法事实如下：

1. 2015年涉嫌虚增营业收入1 805.89万元，虚增利润1 585.97万元，占当期合并报表披露营业收入的1.03%，净利润的2.62%。

2. 2016年涉嫌虚增营业收入2.55亿元，虚增净利润2.32亿元，占当期合并报表披露营业收入的8.61%，净利润的22.63%。

截至 2019 年 10 月 11 日，公司收到 828 起投资者以证券虚假陈述责任纠纷为由的诉讼申请，要求公司就信息披露违法行为承担民事赔偿责任，法院已对其中 818 起案件进行一审判决，判决公司向原告赔偿损失的金额合计 7 030.60 万元，公司应承担的案件受理费合计 86.84 万元。公司已就相关诉讼事项累计计提预计负债 7 560.00 万元。

（资料来源：新浪财经，https://baijiahao.baidu.com/s?id=1647366344486158381&wfr=spider&for=pc，2019 年 10 月 14 日。）

想一想：你如何区分预计负债和或有负债？请列举资产负债表中属于预计负债的项目。

13. 递延所得税负债

递延所得税负债的产生原因与递延所得税资产项目相同，都是在采用资产负债表债务法核算所得税时产生的。应纳税暂时性差异在转回期间将增加未来期间的应纳税所得额和应交所得税，导致企业经济利益的流出，从其发生当期看，构成企业应支付税金的义务，应作为递延所得税负债确认。

14. 实收资本（或股本）

实收资本是企业实际收到的投资者投入的资本额。对股份有限公司而言，实收资本即股本，表现为已投入企业的资本中相当于股票面值或设定价值的部分。除非企业出现增资、减资等情况，实收资本在企业正常经营期间一般不发生变动。实收资本的变动将会影响企业原有投资者对企业的所有权和控制权，而且对企业的偿债能力、获利能力等都会产生重大影响。

对于实收资本的分析，应从以下几个方面进行：将实收资本与注册资本的最低限额相比较，看是否符合国家有关法律、法规的要求；分析企业股东的构成、持股数量和持股比例，评价其公司治理情况；将资本结构与净利润分配结构相比较，分析资本的平等权利在企业的实现程度；将资本与负债相比较，观察企业财务结构的稳定性和风险性。

做一做：查阅《公司法》等资料，比较分析我国法律是如何规定股东出资的。企业股东的实际出资与法律要求一致吗？为什么？

15. 其他权益工具

其他权益工具是指企业发行的除普通股以外的归类为权益工具的各种金融工具，主要包括优先股和永续债的权益成分。对于其他权益工具，无论其名称中是否包含"债"，其利息支出或股利分配都应当作为发行企业的利润分配，其回购、注销等作为权益的变动处理。

16. 资本公积

资本公积是企业收到投资者的超出其在企业注册资本（或股本）中所占份额的投资，以及直接计入所有者权益的利得和损失，包括资本溢价（或股本溢价）和其他资本公积。资本公积的主要用途有两个：一是转增资本；二是弥补亏损。

实收资本、其他权益工具和资本公积统称为投入资本。对于投入资本的分析，应从以下几个方面入手：分析投入资本的增加，有多少是资本公积或盈余公积转入，有多少是增发新股转入；根据投入资本占所有者权益的比重，分析其结构的合理性；从投入资本几年的趋势变动，分析所有者权益资本的增长速度和变化趋势。

17. 库存股

库存股是指由公司购回而没有注销并由该公司持有的已发行股份。库存股在回购后并不注销，而由公司自己持有，在适当的时机再向市场出售或用于对员工的激励。简单地说，就是公司将已经发行出去的股票，从市场中购回，存放于公司，而尚未再出售或是注销。它的特性和未发行的股票类似，没有投票权或是分配股利的权利，且在公司解散时也不能变现。实行库存股制度，有利于公司管理者有效地实现负债与权益股本之间的平衡，降低融资成本，为公司在融资方面提供更大的灵活性。库存股有利于员工及管理层持股计划的实施，有利于公司股票价格的稳定。

18. 其他综合收益

其他综合收益是指企业根据其他会计准则规定未在当期损益中确认的各项利得和损失，包括以后会计期间不能重分类进损益的其他综合收益和以后会计期间有满足规定条件时将重分类进损益的其他综合收益。

19. 盈余公积

盈余公积是指企业按规定从税后净利润中提取的积累资金，包括按净利润的10%计算提取的法定盈余公积金、企业自主确定的任意盈余公积金（主要是公司制企业提取）。按规定，这部分公积金可以转增资本，可以弥补亏损，特殊情况下还可以用于分配股利。盈余公积的数量越多，反映企业资本积累能力、亏损弥补能力和股利分配能力以及应付风险的能力越强。

20. 未分配利润

未分配利润是企业实现的净利润在提取盈余公积和分配利润后的余额，反映企业各年累计的尚未分配给投资者的利润。按规定，当年未分配的利润，可以并入以后年度进行分配，因此，这部分的数额越多,说明企业当年和以后年度的积累能力、股利分派能力以及应付风险的能力就越强。由于未分配利润相对于盈余公积而言,属于未确定用途的留存收益,所以,企业在使用未分配利润上有较大的自主权,受国家法律法规的限制比较少。

盈余公积和未分配利润构成留存收益。对于留存收益分析的主要内容有：了解留存收益的变动总额、变动原因和变动趋势；对留存收益的组成项目进行具体会计分析,评价其变动的合理性。

案 例 链 接

九阳股份上半年95%净利用于分红 上市10年分红近50亿元

A股公司回馈投资者,谁最积极？谁最大方？

九阳股份无疑位居前列。在现金分红方面,它很是慷慨。

2019年8月14日晚间,九阳股份披露了今年半年报,显示其上半年实现营业收入41.87亿元,同比增长15.04%,净利润（归属于上市公司股东的净利润,下同）为4.06亿元,同比增长9.72%。

营收净利双增长,增速并不高,这样的半年报还算可以,但不足以惊动市场。亮眼的是其分红预案。

九阳股份宣布,将实施半年度分红,每10股派发现金5元（含税）,合计将派发现金红利3.84亿元。3.84亿元用于派现,这一额度占上半年净利润的94.58%。

长江商报记者梳理发现,A股公司中,年度分红率超过90%极为少见,只有极少数实控人持股比较高的公司有过,而在半年度分红率超过90%的难以寻觅。

其实,九阳股份一直在积极回馈投资者。2008年上市以来,公司已经实施12次分红,累计派发现金49.48亿元（不含本次分红）,整体分红率为72.09%。

50亿元分红是融资额的3.28倍

在资本市场,九阳股份并非因盈利能力知名,而是因其超高的现金分红而知名。

根据九阳股份披露的2019年半年度利润分配预案,公司拟以截至2019年6月末总股本7.67亿股为基数（扣除拟回购注销的股份数）,每10股派发现金红利5元。

公告称，本次分红是结合公司现金流状况实施的，其目的是为了积极回报股东，与所有股东共享公司经营成果。

根据总股本计算，本次将派发现金红利3.84亿元。而2019年上半年，公司实现的净利润为4.06亿元，这意味着，公司将拿出94.58%的净利润来进行分红。分红率之高，堪称惊人。

将超过90%的利润拿出来进行分红，这在A股接近3 700家公司中颇为鲜见。2018年度，兰州民百将当年净利润99%拿来分红，华宝股份实现净利润11.76亿元，而其现金分红金额高达24.64亿元，是其当年净利润的2.09倍。

这两家公司超高分红率备受市场质疑，原因是，公司控股股东持股比较高，派发的大部分现金红利进入了控股股东腰包。如兰州民百的控股股东红楼集团有限公司持股比为55.60%，其实控人朱宝良及其一致行动人合计持股62.68%，而华宝股份的控股股东华烽国际投资控股（中国）有限公司持股比为81.10%。

再来看九阳股份，其控股股东上海力鸿企业管理有限公司持股比为50.11%，实控人王旭宁无直接持股，其间接持有九阳股份29.53%。与兰州民百和华宝股份偶尔进行一次分光式派现不同，九阳股份具有持续性。2008年上市以来，已经实施了12次现金分红（不含本次），合计派现49.48亿元，约占其上市以来累计净利润的72.09%。

上市以来，九阳股份未实施过配股、定增、增发等股权融资，也未进行过发债融资，仅仅是在其IPO时募资15.10亿元。以此计算，其累计派发的现金红利是其股权融资金额的3.28倍。

《长江商报》记者发现，本次分红完毕后，九阳股份仍然具有持续分红能力。

截至6月末，九阳股份在实施分配2018年度分红款6.14亿元之后，公司仍有可供分配利润11.67亿元。本次分红实施后，还有7.83亿元。

（资料来源：长江商报，http://sc.stock.cnfol.com/gushizhibo/20190816/27637819.shtml，2019年8月16日。）

21. 会计政策变更

（1）会计政策变更的条件。企业会计政策主要有资产减值准备的提取、收入确认、费用摊销、存货计价、外币折算、折旧计提、投资核算方法、报表合并、纳税准备、利润分配等。

为保证会计信息的可比性，并使财务报表使用者在比较企业一个以上期间的财务报表时能够正确判断企业的财务状况、经营成果和现

> 会计政策：
> 企业在会计确认、计量和报告中所采用的原则、基础和会计处理方法。

金流量的趋势,所以一般情况下,企业采用的会计政策在每一会计期间和前后各期应当保持一致,不得随意变更,否则势必削弱会计信息的可比性。但是,满足下列①、②条件之一的,可以变更会计政策:

①法律、行政法规或者国家统一的会计制度等要求变更。这种情况是指,按照法律、行政法规以及国家统一的会计制度的规定,要求企业采用新的会计政策,则企业应当按照法律、行政法规以及国家统一的会计制度的规定改变原会计政策,按照新的会计政策执行。

②会计政策变更能够提供更可靠、更相关的会计信息。由于经济环境、客观情况的改变,企业原采用的会计政策所提供的会计信息已不能恰当地反映企业的财务状况、经营成果和现金流量等情况。在这种情况下,应改变原有会计政策,按变更后的新会计政策进行会计处理,以便对外提供更可靠、更相关的会计信息。

> 会计政策变更:企业对相同的交易或者事项由原来采用的会计政策改用另一会计政策的行为。

(2) 会计政策变更的处理。在会计政策变更能够提供更可靠、更相关的会计信息的情况下,企业应当采用追溯调整法进行会计处理,将会计政策变更累积影响数调整列报前期最早期初留存收益,其他相关项目的期初余额和列报前期披露的其他比较数据也应当一并调整。确定会计政策变更对列报前期影响数不切实可行的,应当从可追溯调整的最早期间期初开始应用变更后的会计政策。在当期期初确定会计政策变更对以前各期累积影响数不切实可行的,应当采用未来适用法处理。

(3) 会计政策变更的信息披露。企业应当在附注中披露与会计政策变更有关的下列信息:

①会计政策变更的性质、内容和原因。包括:对会计政策变更的简要阐述、变更的日期、变更前采用的会计政策和变更后所采用的新会计政策及会计政策变更的原因。

②当期和各个列报前期财务报表中受影响的项目名称和调整金额。包括:采用追溯调整法时,计算出的会计政策变更的累积影响数;当期和各个列报前期财务报表中需要调整的净损益及其影响金额,以及其他需要调整的项目名称和调整金额。

③无法进行追溯调整的,说明该事实和原因以及开始应用变更后的会计政策的时点、具体应用情况。包括:无法进行追溯调整的事实;确定会计政策变更对列报前期影响数不切实可行的原因;在当期期初确定会计政策变更对以前各期累积影响数不切实可行的原因;开始应用新会计政策的时点和具体应用情况。

(4) 会计政策变更的分析。分析时应阅读附注中对会计政策变更的说明,分析会计政策变更的理由是否充分、处理方法是否得当、信息披露是否完整。有没有混淆会计政策变更和会计估计变更的情况。可以将企业的会计政策与行业标准相比,分析是否存在较大差异,同时分析有没有滥用会计政策变更的情况。

案 例 链 接

中国医药变更会计估计将增利

近日,中国医药发布《关于应收款项会计估计变更的说明》的公告。公告显示,公司为适应"两票制"等医疗卫生体制改革,匹配业务转型及发展需要,公司拟对应收款项坏账准备计提比例进行变更,自2019年1月1日执行。

根据会计估计变更的内容显示,中国医药将3个月至1年(含1年)坏账准备计提比例从5%下降到1%,2~3年(含3年)坏账准备计提比例从40%提高至50%,3~5年(含5年)坏账准备计提比例从70%提高至100%。

那其会计估计变更后究竟影响几何呢?新浪财经将仅以2018年上半年为例,展现其坏账计提比例变更前与变更后对业绩的具体变化。

根据2018年上半年财报,应收账款与其他应收账面按照账龄计提坏账的应收款项原值累计为116.89亿元。根据其应收款项会计估计变更的账龄区间分别为3个月以内(含3个月)、3个月至1年(含1年)、2~3年(含3年)及3~5年(含5年),其2018年上半年应收款项的占比分别为53.09%、39.13%、0.68%及1.3%。综上可以看出,1年以内账龄的应收款项占比超过90%。

从账龄的应收账款占比看,3个月至1年(含1年)区间的占比较大,那变更前后变化坏账准备变化大小究竟如何呢?

根据应收款项的政策的前后对比,如果2018年按照变更后的会计政策,其坏账将会少计提约1.29亿元,其中3个月至1年(含1年)账龄将会少计提约1.82亿元的坏账计提准备,2~3年(含3年)账龄将增加792.3万元坏账计提准备,3~5年(含5年)账龄将增加4 563.45万元。综合整体看,如果按照变更后的会计政策,其2018年上半年将会增加约1.29亿元的利润。

综上可以看出,中国医药1年以内的应收款项的占比高达92.22%,其中仅3个月到1年(含1年)计提坏账。如果将其计提比例下调,将会间接调增净利水平,那对比同行又是如何呢?

根据公司年报显示,其可比公司分别为哈药股份、白云山及上海制药。因为上海制药计提方法与中国医药存在差异，不好直接对比，因此只选哈药股份与白云山进行对比。同时由于1年以内应收款项的坏账计提比例对中国医药影响较大，因此仅对比1年以内账龄计提比例与同行的计提水平相比较。

新浪财经发现，哈药股份应收款项1年以内账龄目前均按照5%计提；白云山应收款项1年以内目前是按照1%，跟中国医药变更后不同的是，中国医药0~3个月（含3月）是不计提坏账的。

那如果按照同行计提比例，对中国医药损益影响如何呢？

以2018年上半年财报为例，如果中国医药1年以内按照哈药股份计提准则，相比中国医药变更后计提数，将会新增4.93亿元；如果中国医药1年以内按照白云山计提准则，相比中国医药变更后计提数，将会新增约6 206万元。

那这对公司未来业绩影响如何呢？因为政策执行是2019年开始，公告称，鉴于公司无法预测未来按账龄法计提坏账准备部分的应收款项结构及余额情况，因此本次会计估计变更对公司未来期间损益影响金额无法合理确定。

（资料来源：新浪财经，http：//finance.sina.com.cn/stock/observe/2018-12-07/doc-ihmutuec7137648.shtml，2018年12月7日。）

22. 前期差错更正

（1）前期差错和前期差错更正的内涵。前期差错是指由于没有运用或错误运用下列两种信息，而对前期财务报表造成省略或错报：

①编报前期财务报表时预期能够取得并加以考虑的可靠信息。

②前期财务报告批准报出时能够取得的可靠信息。

前期差错通常包括计算错误、应用会计政策错误、疏忽或曲解事实以及舞弊产生的影响以及存货、固定资产盘盈等。

如果财务报表中包含重要差错，或者差错不重要但是故意造成的（以便形成对企业财务状况、经营成果和现金流量等会计信息某种特定形式的列报），即应认为该财务报表未遵循企业会计准则的规定进行编报。在当期发现的当期差错应当在财务报表发布之前予以更正。当重要差错直到下一期间才被发现，就形成了前期差错。

（2）前期差错更正的处理。对于不重要的前期差错，企业不需调整财务报表相关项目的期初数，但应调整发现当期与前期相同的相关项目。属于影响损益的，应直接计入本期与上期相同的净损益项目；属于不影响损益的，应调整本期与前期相同的相关项目。

对于重要的前期差错，企业应当在其发现当期的财务报表中，调整前期比较数据。具体地说，企业应当在重要的前期差错发现当期的财务报表中，通过下述处理对其进行追溯更正：

①追溯重述差错发生期间列报的前期比较金额。

②如果前期差错发生在列报的最早前期之前，则追溯重述列报的最早前期的资产、负债和所有者权益相关项目的期初余额。

对于发生的重要前期差错，如影响损益，应将其对损益的影响数调整发现当期的期初留存收益，财务报表其他相关项目的期初数也应一并调整；如不影响损益，应调整财务报表相关项目的期初数。确定前期差错影响数不切实可行的，可以从可追溯重述的最早期间开始调整留存收益的期初余额，财务报表其他相关项目的期初余额也应当一并调整，也可以采用未来适用法。

(3) 前期差错更正的信息披露。企业应当在附注中披露与前期差错更正有关的下列信息：

①前期差错的性质。

②各个列报前期财务报表中受影响的项目名称和更正金额。

③无法进行追溯重述的，说明该事实和原因以及对前期差错开始进行更正的时点、具体更正情况。在以后期间的财务报表中，不需要重复披露在以前期间的附注中已披露的前期差错更正的信息。

(4) 前期差错更正的分析。分析时首先应阅读附注中对前期差错更正的说明，分析对重要前期差错和不重要前期差错的划分是否合理，处理方法是否得当，信息披露是否完整。分析企业发生差错的原因是疏忽还是故意而为之，有无利用前期差错更正操纵利润的情况。

案 例 链 接

康美药业股份有限公司关于前期会计差错更正的公告

2018年12月28日本公司收到中国证券监督管理委员会（以下简称"中国证监会"）《调查通知书》（编号：粤证调查通字180199号），被立案调查。公司对此进行自查以及必要的核查，2018年之前，康美药业营业收入、营业成本、费用及款项收付方面存在账实不符的情况。通过企业自查后，对2017年财务报表进行重述，结果如下：

(1) 由于公司采购付款、工程款支付以及确认业务款项时的会计处理存在错误，造成公司应收账款少计641 073 222.34元；存货少计19 546 349 940.99元；在建工程少计631 600 108.35元；由于公司核算账户资金时存在错误，造成货币资金多计29 944 309 821.45元。

（2）公司在确认营业收入和营业成本时存在错误，造成公司营业收入多计 8 898 352 337.51 元；营业成本多计 7 662 129 445.53 元；公司在核算销售费用和财务费用存在错误，造成公司销售费用少计 497 164 407.18 元；财务费用少计 228 239 962.83 元。

（3）由于公司采购付款、工程款支付以及确认业务款项时的会计处理存在错误，造成公司合并现金流量表销售商品、提供劳务收到的现金项目多计 10 299 860 158.51 元；收到其他与经营活动有关的现金项目少计 137 667 804.27 元；购买商品、接受劳务支付的现金项目多计 7 301 340 657.76 元；支付其他与经营活动有关的现金项目少计 3 821 995 147.82 元；购建固定资产、无形资产和其他长期资产支付的现金项目少计 352 392 491.73 元；收到其他与筹资活动有关的现金项目多计 360 457 000.00 元。

（资料来源：康美药业，http：//www.sse.com.cn/disclosure/listed-info/announcement/c/2020-06-18/600518_20200618_6.pdf，2019 年 4 月 30 日。）

4.2.3 资本结构分析

1. 负债和所有者权益内部结构分析

（1）负债结构分析。根据偿还期限的不同，负债分为流动负债和非流动负债。负债结构是指在企业负债总额中两种负债各自所占的比重。流动负债筹资与非流动负债筹资利弊不同，企业应统筹安排其比例关系。

相对而言，流动负债的取得比较容易、迅速，非流动负债的取得却比较难，因为债权人在提供长期资金时往往要承担较大的财务风险，一般都要对借款的企业进行详细的信用评估，有时还会要求企业以一定的资产做抵押。

一般而言，非流动负债的资本成本高于流动负债的资本成本。这是由于企业的未来经营情况无法明确预知，债权人向企业提供非流动负债要承担较大的风险，因而要求得到较高的风险收益。同时，非流动负债筹资较流动负债筹资在资金运用过程中缺乏弹性，只要非流动负债筹资处于债务存续期间，即使企业暂时不需要资金也要支付利息，而且流动负债筹资也不像非流动负债筹资有那么多的约束性条约，其筹资期限和数量不会受到过多的限制，因而能保持资金运用的弹性和灵活性。

但流动负债筹资的财务风险要大于非流动负债筹资。当企业债务到期时,企业要么按原计划偿债,要么安排新的负债以偿还到期债务,然而流动负债的期限较短,对于使用流动负债筹资的企业来说,有可能因各种意外事件的干扰不能如愿取得所需资金,不能偿还到期债务。另外,流动负债筹资的利息成本具有不确定性,而非流动负债筹资的利息成本在整个资金使用期限内基本稳定。

至于什么样的负债结构是合适的,没有绝对的标准,但应以既不影响企业短期偿债能力又不致使资本成本过高为原则。由于流动负债的资本成本和筹集难度一般小于非流动负债,实务中多数企业偏好利用流动负债。流动负债比例高,企业在短期内偿债的压力显而易见,如果到期债务不能按时偿付,企业将面临巨大的财务风险。有些企业流动负债中短期借款所占比重高,而有些企业的流动负债则主要来源于企业间的商业信用,如应付票据、应付账款、其他应付款等。短期借款需要偿付利息,而应付款项在不涉及现金折扣的情况下通常没有资本成本,在不影响商业信用的情况下运用得当可为企业节约利息支出。

想一想: 企业陷入财务困境是负债比率过高还是收益率过低?为什么?

(2) 所有者权益结构分析。所有者权益向投资者、债权人提供有关资本来源、净资产的增减变动等信息。所有者权益结构分析主要是分析实收资本、资本公积、盈余公积和未分配利润在所有者权益中的比重及其变动,其目的是揭示所有者权益变动的原因。

对上市公司而言,股利政策等因素会影响其所有者权益的内部构成,而股利政策无所谓好坏,能满足公司发展需要和股东要求的股利政策就是适合的,所以,不同上市公司所有者权益内部结构的可比性不大。需要指出的是,虽然所有者权益的内部结构无所谓最优与否,但有一点是可以肯定的,即在财务报表分析中,分析一家企业的净资产要看盈利的积累,而不是股东的初始投入。

(3) 所有者权益的变动分析。所有者权益的增减变动情况反映在所有者权益变动表中。通过对所有者权益变动表进行分析,可以清晰地反映构成所有者权益各个项目的变动规模与结构,可以进一步从综合收益的角度报告更全面、更有用的财务业绩信息,可以反映会计政策变更的合理性以及会计差错更正的幅度,具体报告由于会计政策变更和会计差错更正对所有者权益的影响数额,也可以反映股利分配政策、再融资方案等财务政策对所有者权益的影响。

2. 全部资本项目结构分析

资本项目结构分析也是以结构百分比资产负债表的形式完成的,

通过计算各资本明细项目占资本的比重，了解企业资本的构成，分析企业资本结构的合理性。

【例 4-2】 根据青岛啤酒的资产负债表编制结构百分比资产负债报表（负债和所有者权益部分），见表 4-2。

表 4-2　青岛啤酒结构百分比资产负债表（负债和所有者权益部分）

项目	金额（万元）			比重（%）		
	2016 年	2017 年	2018 年	2016 年	2017 年	2018 年
流动负债：						
短期借款	30 234	28 253	29 616	1.01	0.91	0.87
应付票据	30 752	28 947	32 608	1.02	0.93	0.96
应付账款	204 923	208 373	224 635	6.81	6.73	6.59
合同负债	132 088	117 763	523 754	4.39	3.80	15.37
应付职工薪酬	98 842	103 263	117 546	3.29	3.33	3.45
应交税费	39 647	40 084	69 113	1.32	1.29	2.03
其他应付款	491 956	518 487	211 351	16.36	16.74	6.20
一年内到期的非流动负债	38	42	42	0.00	0.00	0.00
其他流动负债	0	11	23	0.00	0.00	0.00
流动负债合计	1 028 480	1 045 223	1 208 688	34.19	33.74	35.47
非流动负债：						
长期借款	138	105	63	0.00	0.00	0.00
长期应付款	17 501	12 314	22 232	0.58	0.40	0.65
递延收益	194 881	190 411	234 375	6.48	6.15	6.88
长期应付职工薪酬	53 896	49 901	52 656	1.79	1.61	1.55
递延所得税负债	24 907	22 067	20 518	0.83	0.71	0.60
非流动负债合计	291 323	274 798	329 844	9.69	8.87	9.68
负债合计	1 319 803	1 320 021	1 538 532	43.88	42.60	45.15
所有者权益：						
实收资本（或股本）	135 098	135 098	135 098	4.49	4.36	3.96
资本公积	344 419	344 418	344 419	11.45	11.12	10.11
其他综合收益	-5 015	-904	-4 470	-0.17	-0.03	-0.13
盈余公积	140 070	140 070	140 070	4.66	4.52	4.11

续表

项目	金额（万元）			比重（%）		
	2016年	2017年	2018年	2016年	2017年	2018年
一般风险准备	14 250	15 550	19 951	0.47	0.50	0.59
未分配利润	1 002 573	1 080 290	1 161 978	33.33	34.88	34.10
归属于母公司股东权益合计	1 631 395	1 714 522	1 797 046	54.24	55.35	52.74
少数股东权益	56 518	62 928	71 949	1.88	2.03	2.11
所有者权益（或股东权益）合计	1 687 913	1 777 450	1 868 995	56.12	57.38	54.85
负债和所有者权益（或股东权益）总计	3 007 716	3 097 471	3 407 527	100.00	100.00	100.00

注：因计算时进行四舍五入，项目结构百分比之和与合计或总计可能略有差异。

从表4-2可以看出：

(1) 资本构成分析。青岛啤酒的资本主要来自股东（权益占比3年均在55%以上），但公司的负债比率总体呈稳中有升的趋势（2016~2018年分别为43.88%、42.62%、45.15%）。沪深两市7家啤酒生产企业负债比率的中位数2018年达到最高值，但也仅为32.21%，说明与同行企业相比，青岛啤酒的负债率偏高。

(2) 负债构成分析。公司负债中流动负债的比重更大一些（2018年流动负债占到总负债的78.56%）。不考虑准则变动因素，各构成项目占资本总额的比重均保持稳定。

(3) 所有者权益构成分析。从公司所有者权益的构成看，实收资本、资本公积和盈余公积金额均未发生变化，但由于资本总额增加，导致三者的占比逐年下降。未分配利润比重虽然变化不大，但金额却是增加的，说明公司自身积累的能力较强。

4.3 资产结构与资本结构对称性分析

众所周知，资产负债表是按账户式左右对称列示的，企业资产结构与资本结构之间存在着多种逻辑关系。显然，单独从资产负债表的资产结构或资本结构本身是难以全面、客观地评价企业经营风险或财务风险的大小。企业的流动资产比例高并不意味着一定能偿还到期债务，因为还需要考察流动负债的情况。只有流动资产大于流动负债，才意味着企业有较强的偿债能力。即使企业的流动资产金额较大，但如果小于其流动负债，其偿债能力仍然较差。因而，从资产和资本的对称性角度来分析资产结构和资本结构的依存关系是十分必要的。

资产结构和资本结构的对称性分析，主要是对企业长、短期资本结构与资产匹配关系进行研究，并通过对匹配关系的分析，达到揭示企业风险状况的目的。企业在安排资产结构时，不仅要考虑资产结构对企业资产流动性、风险和收益的影响，以及行业、规模等影响资产结构的因素，还应该将资产结构和资本结构结合起来，使其在期限上相互匹配。

资产和资本的对称性结构类型分为稳健型、中庸型、风险型和财务危机型四种。

4.3.1 稳健型结构

资产与资本结构
对称性分析

拥有稳健型结构资产负债表的企业较多。这类企业流动资产投资所需资金仅有部分来自流动负债，而另外一部分来自非流动负债，从而使流动资产大于流动负债。稳健型结构如图4-1所示。

流动资产	流动负债
	非流动负债
非流动资产	所有者权益

图4-1 稳健型结构

稳健型结构下的企业偿债能力较强，财务风险较低，但其不利之处在于一部分长期资金投资于流动资产，会增加企业的资本成本，降低企业的收益水平，因而是一种低风险、低收益的结构。

4.3.2 中庸型结构

中庸型结构是指企业流动资产上的投资都来自流动负债，非流动资产投资所需资金均通过非流动负债和所有者权益筹集。中庸型结构如图 4-2 所示。

流动资产	流动负债
非流动资产	非流动负债
	所有者权益

图 4-2　中庸型结构

在中庸型结构下，流动资产等于流动负债，有利于降低企业的财务风险。同时，相对减少了长期资金的占用，有利于降低企业的资本成本。

4.3.3　风险型结构

风险型结构是指企业仅用部分流动负债筹资投资于流动资产，另外一部分流动负债以及非流动负债和所有者权益投资于非流动资产，从而使流动资产小于流动负债。风险型结构如图 4-3 所示。

流动资产	流动负债
非流动资产	非流动负债
	所有者权益

图 4-3　风险型结构

在风险型结构下，非流动资产的部分来源是流动负债，即增加了短期资金来源，从而降低了资本成本，有助于提高企业的收益；但将短期资金作为长期资产的来源，加大了企业的偿债压力。因而是一种高风险、高收益的结构。

4.3.4　财务危机型结构

财务危机型结构包括两种情况：一是企业经营亏损，未分配利润为负数，见图 4-4；二是企业所有者权益全部被经营亏损所侵蚀，见图 4-5。如果不能改善经营状况，且没有外来资金支持或重组行为，企业必将破产无疑。

流动资产	流动负债
非流动资产	非流动负债
	所有者权益 （未分配利润为负）

图 4-4　财务危机型结构（1）

流动资产	流动负债
非流动资产	
所有者权益为负 （资不抵债）	非流动负债

图 4-5　财务危机型结构（2）

根据表 4-1 和表 4-2 的结构百分比资产负债表，青岛啤酒 2016～2018 年的流动资产比重分别为 41.92%、45.43% 和 52.12%，流动负债比重分别为 34.19%、33.74% 和 35.47%，流动资产比重均远大于流动负债比重，由此可见，青岛啤酒采用的是一种稳健型的财务结构。

想一想：有人说："稳健型结构是企业最理想的资产（资本）结构，因为它的风险最小。"你同意这种说法吗？你的观点是什么？

主要名词和术语

资产结构　　　　　资产弹性　　　　　交易性金融资产
存货跌价准备公允价值　资本结构　　　　　负债结构
合同负债会计政策　　稳健型结构　　　　风险型结构
中庸型结构

本 章 小 结

本章描述了资产结构、资本结构的特征，分析了主要资产、负债及权益项目的内容,阐述了资产结构与资本结构的分析方法与应用,介绍了资产结构与资本结构对称性分析的基本原理。主要内容包括:

1. 资产结构是指资产负债表的各类资产占总资产的比重以及各类资产之间的比例关系。

2. 资产类别结构是指对构成资产的各大类别资产与总资产的比例,以及各大类别资产之间的比例关系的分析。

3. 资产项目结构分析是以结构百分比资产负债表的形式,通过计算各资产明细项目占资产总额的比重,反映企业资源配置和财务稳定性的情况,及时发现资产占用是否合理。

4. 资本结构是指企业全部资金来源中负债与所有者权益两大资金来源各自所占的比重以及每类资金来源内部的比重构成情况。

5. 资本项目结构分析是以结构百分比资产负债表的形式完成的,通过计算各资本明细项目占资本的比重,了解企业资本的构成,分析企业资本结构的合理性。

6. 资产和资本的对称性结构类型分为稳健型、中庸型、风险型和财务危机型。

第 5 章
偿债能力与周转效率分析

学习目的与要求

学习本章后,您应该做到:
1. 理解财务风险的内涵;
2. 了解财务风险对企业经营的影响;
3. 掌握企业偿债能力指标的计算与应用;
4. 理解周转效率的内涵;
5. 掌握企业周转效率指标的计算与应用。

重点和难点

偿债能力财务指标的计算与评价;周转效率财务指标的计算与评价。

5.1 偿债能力分析

5.1.1 财务风险与偿债能力评价

1. 财务风险的内涵

财务活动是一种高度复杂而又充满风险的金融活动。一方面,它可以给企业带来一定的利益;另一方面,它也可能使企业承担破产清算的风险。无论是融资活动还是投资活动都是如此。为了防范风险,获取满意的收益,企业财务人员必须对财务活动中的风险与收益有清醒的认识,以便权衡利弊得失,科学合理地进行财务决策,以实现企业价值最大化的财务目标。

一般企业筹集资金的主要目的是为了扩大生产经营规模、提高经济效益。企业为了获取更多的经济效益而进行筹资,这必然会增加按期还本付息的筹资负担,由于企业资金利润率和借款利息率都具有不确定性(都可能提高或降低),这会使得企业资金利润率可能高于或低于借款利息率。如果企业决策正确、管理有效,就可以实现其经营目标(使企业的资金利润率高于借款利息率)。但在市场经济条件下,市场行情的瞬息万变和企业之间竞争的日益激烈,都可能导致决策失误,管理措施失当,从而使得筹集资金的使用效益具有很大的不确定性,由此产生财务风险。

> 财务风险:
> 企业因借入资金而产生丧失偿债能力的可能性和企业利润(股东收益)的可变性。

2. 偿债能力分析的功能

企业偿还债务能力的强弱是判断企业财务状况好坏的主要标准之一。重视并有效提高偿债能力,不仅是为了维护债权人的正当权益,也是企业保持良好市场形象和资信地位,避免风险损失,实现企业价值最大化目标的客观需求;不仅是企业走向市场并在瞬息万变的市场竞争中求得生存与发展的先决条件,也是增强企业的风险意识、树立现代企业市场观念的重要表现。

当资本利润率高于借入资金的成本时,举债经营能够使企业获得杠杆收益,即利用负债融资可以提高股东收益率,但举债同时也会使企业面临财务风险的增大,企业有可能因经验不善、资金周转困难等原因丧失偿债能力。企业偿债能力的强弱对企业管理者、投资者、债权人等都至关重要,因此,对企业偿债能力进行分析具有重要的现实意义。

> 偿债能力分析:
> 对企业偿还到期债务能力的分析与评价。

(1) 有利于债权人判断其债权收回的保证程度。在市场经济条件下,企业总要面临风险,这就要求企业必须拥有一定的自有资本,以承担经营亏损,应付意外的打击。一般而言,权益融资在企业资本结构中所占的比例越高,对债权人的债权保障程度就越高。对企业的债权人而言,偿债能力分析的主要目的是判断其自身债权收回的保证程度,即确认企业能否按期还本付息。因此,债权人希望融资结构中的权益融资比重越大越好。

(2) 有利于投资者判断投入资本的保全程度。投资是企业终极风险的承担者,企业资产偿还债务后的剩余部分才归投资者所有,因此,投资者十分关心其投入资本能否保全。对企业投资人而言,其进行偿债能力分析的重要目的是判断自身承担的终极风险和可能获得的财务杠杆利益,以做出投资决策。

(3) 有利于经营者优化融资结构和降低融资成本。优化融资结构表现为吸收足够多的权益资本,提高企业承担财务风险的能力。权益融资作为企业对外清偿债务、承担风险的后盾,是企业保持良好财务形象的基础,只有保持良好的财务形象,企业才能获得源源不断的投资和贷款。企业在提高承担财务风险能力的同时,还应考虑融资效益,即通过偿债能力分析确定和保持最佳融资结构,以使企业的综合财务风险最小化,尽量降低企业融资成本。对企业经营者而言,其进行偿债能力分析的主要目的是优化融资结构和降低融资成本。

(4) 有利于政府有关机构进行宏观经济管理。为保证经济协调运转、维护市场秩序,政府有关经济管理部门通常会对企业的经营和理财活动制定各种规则,其中一些规则就与企业的融资结构相关。政府有关经济管理部门对企业的偿债能力进行分析,目的就是判断企业是否可以进入有限制的领域进行经营或财务运作。

想一想:你是如何区分财务风险与经营风险的?在财务分析中怎样识别和控制财务风险?

5.1.2 短期偿债能力分析

企业能否及时偿付到期的流动负债,是反映企业财务状况好坏的重要标志。

对债权人来说,企业只有具备充分的短期偿债能力,才能保证其债权的安全,即按期收取利息,到期收回本金。对投资者来说,如果企业的短期偿债能力出现问题,就会牵制企业经营管理人员的大量精力去筹措资金,应付还债,还会增加企业融资的难度,加大临时性紧急融资的成本,影响企业的生产经营和盈利能力。一个效益不错的企业可能会由于资金周转不灵、无法偿还短期债务而破产。

短期偿债能力:企业以其流动资产偿还流动负债的能力。

对短期偿债能力的分析主要侧重于研究企业流动资产与流动负债的关系以及资产变现速度的快慢。因为大多数情况下,短期债务需要用货币资金来偿还,所以各种资产的变现速度直接影响到企业的短期偿债能力。

反映企业短期偿债能力的财务指标主要有:营运资金、流动比率、速动比率、现金比率、现金流量比率和到期债务本息偿付比率等。

公司短期偿债能力评价

1. 营运资金

营运资金是指流动资产与流动负债之差,表示流动资产超过流动负债的数额。其计算公式如下:

$$营运资金 = 流动资产 - 流动负债$$

营运资金以绝对数来衡量企业的短期偿债能力。一般情况下,营运资金越大,说明流动资产超过流动负债的部分越多,企业短期偿债能力越强;反之,企业短期偿债能力越弱。

在运用营运资金指标进行分析时需要注意,营运资金作为一个绝对量指标,不同行业营运资金的规模有很大的差别。此外,同一行业中不同规模的企业也会有营运资金的差别。所以,不同行业、同一行业内不同规模企业之间的营运资金缺乏可比性。另外,营运资金不宜过大。

2. 流动比率

流动比率是流动资产与流动负债的比值。其计算公式如下:

$$流动比率 = 流动资产 \div 流动负债$$

流动比率表示每一元流动负债有多少流动资产作为偿付担保,反映短期债权的安全程度,是考核企业短期偿债能力的一个最基本、最通用的指标。企业能否偿还短期债务,不仅要看其有多少流动负债,还要看其有多少可用于偿债的流动资产。流动资产越多,流动负债越少,则短期偿债能力越强。相对于绝对量指标营运资金,流动比率是一个相对数,排除了企业规模不同的影响,更适合企业之间以及本企业不同历史时期的比较。一般而言,企业的流动比率越高,短期偿债能力越强。但就企业本身来说,并非流动比率越高越好,如果是因应收账款和存货余额过大而导致流动比率较高,可能意味着企业信用政策过松、存货闲置过多。一般认为,流动比率的标准是2倍(或2:1,或200%),因此,该比率又称为2比1比率。

想一想:一家企业的流动比率为4:1,但公司仍然不能支付到期债务,为什么?

运用流动比率分析企业短期偿债能力时,必须注意以下几个问题:

(1)流动比率越高,企业短期偿债能力越强,但这并不等于企业已有足够的现金或存款用来偿债。流动比率高也可能是存货积压、应收账款增多且收账期延长所致,而真正可用来偿债的现金和存款却严重短缺。所以,企业应在分析流动比率的基础上,结合现金流量进行进一步分析。

(2)短期债权人自然希望流动比率越高越好,但从企业经营角度看,过高的流动比率可能意味着企业持有过多的流动资产,会造成企业机会成本的增加和获利能力的降低。

(3)对于判断流动比率是否合理,不同行业的企业的评价标准是不同的,因此,不同行业企业的流动比率不具有可比性。

(4)注意人为粉饰流动比率的状况。

(5)仅凭流动比率的高低来衡量企业短期偿债能力的强弱会有

失偏颇,因此必须分析流动资产和流动负债的结构内容以及流动状况的因素。一般情况下,营业周期、流动资产中的应收账款数额及其周转速度、存货数额及其周转速度是影响流动比率的主要因素。

3. 速动比率

速动比率,又称为酸性测试比率,是指速动资产与流动负债的比值。这一比值说明,如果流动负债立即到期,企业是否能够偿还,即是否能通过酸性测试。其计算公式如下:

$$速动比率 = 速动资产 \div 流动负债$$

所谓速动资产,是指流动资产减去变现能力较差且不稳定的存货、预付款项、1年内到期的非流动资产和其他流动资产等后的余额。由于剔除了存货等变现能力较弱且不稳定的资产,速动比率较流动比率能够更加准确、可靠地评价企业资产的流动性及其偿还短期负债的能力。在计算速动比率时扣除存货的原因为:①存货在流动资产中的变现速度最慢;②部分存货可能已经损失报废但尚未处理;③部分存货可能已经作为抵押;④存货的成本和市价可能相差较大。

一般认为,企业的速动比率至少应维持在1倍(或1:1,或100%),才能显示企业具有良好的财务状况和充实的短期偿债能力。因为在此条件下,一旦企业面临财务危机或进行清算时,即使存货全无价值,也不至于影响其及时偿债的能力。如果速动比率小于1,企业将面临很大的偿债风险,而如果大于1,尽管偿债的安全性提高,但却会因企业现金及应收账款资金占用过多而增加企业的机会成本。

想一想:"速动比率越高,企业的短期偿债能力越强。"这句话对吗?为什么?

对速动比率分析时需注意以下问题:

(1)尽管速动比率较之流动比率能更好地反映流动负债偿还的安全性和稳定性,但并不能认为速动比率较低的企业绝对不能偿还到期的负债。实际上,如果企业存货流转顺畅,变现能力较强,即使速动比率较低,企业仍然有望偿还到期的债务本息。

(2)企业所处的行业不同,速动比率会有很大差别,所以,速动比率没有统一的标准。财务人员在进行速动比率分析时,应该结合特定企业的性质和其他因素进行综合分析,不能一概而论。

(3)过高的速动比率会影响企业的盈利能力。速动比率过高可能意味着企业存在大量的闲置资金,从而影响企业的盈利能力;也可能说明企业不能把足够的资金投入存货、固定资产等经营领域,从而使企业丧失良好的获利机会。因此,从企业经营管理的角度出发,速动比率不宜过高。

4. 现金比率

现金比率，是指现金类资产与流动负债的比例关系。现金类资产包括企业所拥有的货币资金、交易性金融资产等。其计算公式如下：

$$现金比率 = 现金类资产 \div 流动负债$$

由于应收账款存在发生坏账损失的可能，某些到期的应收账款也不一定能按时收回，因此，速动资产扣除应收账款等后计算出来的现金比率，最能直接反映企业偿付流动负债的能力。速动比率已将存货等变现能力较差的流动资产予以剔除，但速动资产中的应收账款等有时也会因客户倒闭、抵押等情况影响变现能力，甚至出现坏账，最终减弱企业的短期偿债能力。尤其在企业面临财务危机的情况下，即使有较高的流动比率和速动比率，也无法满足债权人的要求。因此，最稳健或者最保守的方法是采用现金比率来衡量企业的短期偿债能力。

分析现金比率时，应注意以下几个方面：

(1) 现金比率可以更好地反映企业的即刻偿债能力。一般情况下，当企业发生财务困难时，现金比率指标就会显得十分重要。尤其对某些存货和应收账款的变现时间相当长、经营活动具有较强的投机性和风险性的行业而言，应当重视观察分析其现金比率。

(2) 在进行短期偿债能力分析时，单独考察现金比率意义不大。因为不可能要求企业用现金类资产来偿付全部流动负债，企业也没有必要总是保持足以还债的现金类资产。但是，在企业把应收账款和存货都抵押出去或已有迹象表明应收账款和存货的变现能力存在问题的情况下，分析该比率更为有效。因为在这种情况下，流动比率和速动比率都带有虚假性或不可靠性，容易导致企业盲目乐观。

(3) 现金比率越高，企业面临的短期偿债压力越小。但过高的现金比率，意味着企业已经失去或正在失去若干有利的流转或投资机会，从而丧失相应的周转利益和投资利益，即带来较高的机会成本，因而企业一般应尽量减少现金余额。然而，一个企业保持适量的现金又相当重要，它不仅是企业充当债务支付的最终手段，也是有效把握未来获利机会的有效途径，如缺少现金，当企业以后遇到进货折扣、投资良机时，只能望洋兴叹。故计算现金比率，并经常使其保持一个合理的数额，无疑是十分必要的。

(4) 分析现金比率时，还必须注意现金类资产的内涵变化。如某些限定用途、不得随便动用的现金，会减少企业实际可动用的现金数量；而某些账面价值不能准确反映其市场价格变动的有价证券，应按实际价格对其进行相应的调整，只有这样才能真正观察企业的短期偿债能力。

5. 现金流量比率

现金流量比率是指企业经营活动所产生的现金净流量与流动负债的比率。其计算公式如下：

现金流量比率 = 经营活动现金净流量 ÷ 流动负债

现金流量比率反映了企业经营活动所产生的现金净流量足以抵付流动负债的倍数。现金流量比率越大，说明本期经营活动产生的现金流量对流动负债的保障程度越大。

需要说明的是，经营活动所产生的现金流量是过去一个会计年度的经营结果，而流动负债则是未来一个会计期间需要偿还的债务，二者分属于不同的会计期间。在使用现金流量比率指标时，需要考虑未来一个会计年度影响经营活动的现金流量变动的因素，然后才能进行具体分析应用。

6. 到期债务本息偿付比率

到期债务本息偿付比率是指企业经营活动产生的现金净流量与本期到期债务本息的比率。本期到期债务本息是指本期到期债务本金及相关的现金利息支出。其计算公式如下：

到期债务本息偿付比率 = 经营活动现金净流量 ÷ 本期到期债务本息

到期债务本息偿付比率反映了企业经营活动产生的现金净流量是本期到期债务本息的倍数，主要衡量本年度内到期债务本金及其相关的现金利息支出可由企业该年度内经营活动所产生的现金流量来偿付的程度。到期债务本息偿付比率越高，说明本年度到期债务本金及其相关的现金利息支出可由企业该年度内经营活动所产生的现金来偿付的保障程度就越高，企业的短期偿债能力就越强。如果到期债务本息偿付比率小于1，表明企业经营活动产生的现金不足以偿付本期到期的债务本息。

【例 5-1】根据青岛啤酒 2016~2018 年财务报表相关数据，见表 5-1，整理并计算公司短期偿债能力评价指标，见表 5-2。

表 5-1　　青岛啤酒 2016~2018 年财务报告相关数据　　单位：万元

项目	2016 年	2017 年	2018 年
流动资产	1 260 956	1 407 298	1 776 031
速动资产*	1 019 712	1 168 007	1 510 859
现金类资产**	856 269	993 561	1 373 828
流动负债	1 028 479	1 045 223	1 208 687
经营活动现金净流量	297 089	231 219	399 201

注：* 为了简单起见，计算速动资产时，仅从流动资产中减去了存货。
　　** 现金类资产 = 货币资金 + 交易性金融资产。

表 5-2　青岛啤酒 2016~2018 年短期偿债能力评价指标

金额单位：万元

项目	2016 年	2017 年	2018 年
营运资金	1 260 957 - 1 028 480 = 232 477	1 407 299 - 1 045 223 = 362 076	1 776 029 - 1 208 688 = 567 341
流动比率	$\frac{1\ 260\ 957}{1\ 028\ 480} = 1.23$	$\frac{1\ 407\ 299}{1\ 045\ 223} = 1.35$	$\frac{1\ 776\ 029}{1\ 208\ 688} = 1.47$
速动比率	$\frac{1\ 019\ 712}{1\ 028\ 480} = 0.99$	$\frac{1\ 168\ 007}{1\ 045\ 223} = 1.12$	$\frac{1\ 510\ 859}{1\ 208\ 688} = 1.25$
现金比率	$\frac{856\ 269}{1\ 028\ 480} = 0.83$	$\frac{993\ 561}{1\ 045\ 223} = 0.95$	$\frac{1\ 373\ 828}{1\ 208\ 688} = 1.14$
现金流量比率	$\frac{297\ 089}{1\ 028\ 480} = 0.29$	$\frac{231\ 219}{1\ 045\ 223} = 0.22$	$\frac{399\ 201}{1\ 208\ 688} = 0.33$

从表 5-2 可以看出，青岛啤酒的各项财务比率基本呈持续上升态势。青岛啤酒的流动比率虽然逐年提高，但均远低于企业实务中的经验标准 2，如何评价其偿债能力呢？华润啤酒 2016~2018 年的流动比率分别是 0.53、0.49、0.46[1]，燕京啤酒近 3 年的流动比率分别是 1.33、1.43、1.63[2]，也均低于 2，说明 2 仅能作为一个参考标准，并不具有普遍适用性。青岛啤酒的流动比率远高于华润啤酒，和燕京啤酒差别不大。华润啤酒和燕京啤酒 2016~2018 年的速动比率分别是 0.24、0.19、0.17[3]，0.47、0.56、0.63[4]，说明青岛啤酒以速动比率表示的短期偿债能力远远高于同行企业。另外，三家公司现金流量比率相差也不大。所以，综合来看，青岛啤酒的短期偿债能力较强。

案 例 链 接

科迪乳业流动负债占比高达 97%，收购标的业绩未达承诺

2018 年 6 月 19 日晚间，科迪乳业发布关于深圳证券交易所中小板公司管理部对公司 2017 年年报问询函回复的公告。

公告中，科迪乳业就现有负债情况和偿债能力进行了说明。

---

[1][3]　根据华润啤酒（控股）有限公司 2016~2018 年年报数据计算。
[2][4]　根据北京燕京啤酒股份有限公司 2016~2018 年年报数据计算。

公告显示，科迪乳业2017年流动负债余额为11.42亿元，占负债总额的比重为97.75%，同比增长8.19%，流动负债占负债总额的比重如此之大，说明科迪乳业对短期资金的依赖性很强。

据分析，科迪乳业的流动比率、速动比率、应收账款周转率分别为0.99、0.91、8.71，分别同比下降0.22、0.23、2.86，流动比率、速动比率、应收账款周转率"清一色"同比下降，则说明科迪乳业偿债能力有变弱迹象。

所以在问询函中，深交所要求科迪乳业就负债水平与公司营运资金需求是否匹配，公司对自身短期偿债风险、能力的评估情况，以及针对短期偿债风险的应对措施进行说明。

截至2017年末，科迪乳业负债总额为11.68亿元，较期初11.17亿元增长4.59%，其中流动负债增长14.16%，长期负债减少77.49%。

从公告来看，科迪乳业流动负债中应付账款和其他应付款增长幅度均超过100%，应付账款增长主要是购建固定资产和采购存货所致；其他应付款的增长主要是应支付的市场运营费和收到的客户保证金增长所致。

同时，截至2017年末，科迪乳业营运资金报告期末为-1 073.71万元，较期初接近2.15亿元，减少105%；但是，科迪乳业方面却认为现有负债水平与营运资金需求是匹配的。

另外，科迪乳业方面指出，近年来营业收入及净利润逐年增加，经营活动产生的现金流为正且最近一年为3亿多元，充分说明科迪乳业短期偿债能力较好。

就此，《财经啸侃》特约、独家撰稿人孙学南专门查阅了科迪乳业2017年财报。数据显示，科迪乳业2017年实现销售收入12.39亿元，较上一年同期增长53.92%；归属于上市公司股东的净利润接近1.27亿元，较上一年同期增长41.56%；经营活动产生的现金流量净额约为3.27亿元，同比增幅在54%左右。

同时，科迪乳业方面还针对短期偿债风险的应对措施进行了如下说明：

①完善企业发展战略，防范短期融资决策失误；②完善内部管理机构和制度，防范和减少短期融资风险；③保持适量现金流，提高短期偿债能力；④作为国内A股上市公司，融资渠道较为广泛，既可以通过发行公司债进行债权融资，也可以通过非公开发行、公开发行进行股权融资来筹集资金偿还短期负债。

（资料来源：五谷财经，http：//www.yidianzixun.com/article/0JLDmFXx，2018年6月20日。）

知 识 拓 展

影响短期偿债能力的其他因素

（1）增强企业短期偿债能力的因素。包括：

①准备变现的长期资产。企业依据本身的经营战略往往在特定时期准备将一些长期资产，如长期股权投资、固定资产、无形资产等变现，这无疑会增强企业资产的流动性。在分析时应谨慎处理，因为长期资产一般是企业经营活动所必需的，即使是过剩的长期资产在短期内也不易变现。

②良好的企业偿债信誉。良好的企业偿债信誉可以使企业与有关金融机构建立稳定的信贷关系，企业可以按规定在有效期内向银行拆借资金，用于日常经营活动；或者可以很快地通过发行债券或股票等办法解决资金的短缺，提高企业的短期偿债能力，增强企业资金的流动性。这个因素取决于企业自身的信誉和当时的筹资环境。

③可动用的银行贷款指标。银行已经同意、企业尚未办理贷款手续的银行贷款限额，可以随时增加企业的现金，提高企业的支付能力。这一数据必要时可在财务情况说明书中予以说明。

（2）降低企业短期偿债能力的因素。包括：

①承担担保责任引起的债务。企业有可能以自己的一些流动资产为他人提供担保，如为他人向金融机构借款提供担保、为他人购物提供担保或为他人履行有关经济责任提供担保等。这种担保有可能成为企业的负债，增加偿债负担。

②未做记录的或有负债。或有负债是企业有可能发生的债务，按我国《企业会计准则》的规定，对这些或有负债并不作为负债登记入账，也不在报表中反映。只有已办贴现的商业承兑汇票作为附注列示在资产负债表的下端，其他的或有负债，包括售出产品可能发生的质量事后赔偿、尚未解决的税额争议可能出现的不利后果、诉讼案件和经济纠纷案可能败诉并需赔偿等，都没有在报表中反映。这些或有负债一旦成为事实上的负债，将会加大企业的偿债负担。

此外还有其他表外项目，如经营性租赁、重大投资及资本性支出、重大改组、购并和资产出售、重大诉讼和仲裁、重大承诺事项、特殊政策等，也会对企业的偿债能力产生影响。

5.1.3 长期偿债能力分析

企业的长期债权人和所有者不仅关心企业的短期偿债能力，更关心企业的长期偿债能力。因此，在进行短期偿债能力分析的同时，还必须进行长期偿债能力的分析，以便全面了解企业的偿债能力和财务风险。

从长远观点看，企业的长期偿债能力与企业的利润和现金流量之间有密切的联系。由于企业的现金流入量最终取决于能够获得的利润，现金流出量最终取决于必须付出的成本以及两者之间的对比关系，因此，分析企业长期偿债能力时，需要特别强调其盈利能力和获取现金流量的能力。此外，企业资本结构的合理性也是十分重要的。企业资本结构中债务的比例越高，企业无力偿还债务的可能性越大。如果企业资本结构合理，表明其有较强、较稳定的经济实力，从而能顺利偿还各种债务，承担经营和财务上的风险，并能应付其他各种意外。因此，企业的长期偿债能力需要从资本结构、盈利能力和现金流量等方面进行综合分析。评价企业长期偿债能力的财务指标主要有资产负债率、产权比率、所有者权益比率、权益乘数、已获利息倍数、偿债保障比率等。

长期偿债能力：企业对债务的承担能力和对偿还债务的保障能力。

1. 资产负债率

资产负债率又称为负债比率，是指负债总额与资产总额的比率。其计算公式如下：

$$资产负债率 = 负债总额 \div 资产总额$$

公式中的负债不仅包括非流动负债，还包括流动负债。这是因为，流动负债作为一个整体，总是被企业长期占用着，因此可以将其视为长期性资本来源的一部分。例如，企业的每一笔应付账款往往是短期债务，但是从企业应付账款整体角度来看，企业总是长期性地保持着一个相对稳定的应付账款总额。这部分应付账款可以成为企业长期性资本来源的一部分。按照稳健性原则，将流动负债包括在用于计算资产负债率的负债总额中是合理的。

资产负债率指标反映了债权人所提供的债务资本占全部资本的比例，即在总资产中有多大比例的资产是通过负债筹资形成的，也可以用来衡量企业在清算时对债权人利益的保障程度。它有以下几方面的含义：

（1）从债权人的角度看，他们最关心的是借出资本的安全性，即能否按期收回本金和利息。如果股东提供的权益资本只占企业资本

公司长期偿债能力评价分析

总额较小的比例,那么企业的财务风险将主要由债权人来负担,这对债权人而言是极其不利的。因此,债权人希望企业的负债比率越低越好,以确保借出资本的安全性。

(2) 从股东的角度看,由于企业的债务资本与权益资本在企业经营中发挥同样的作用,股东所关心的是资产的收益率是否超过借入资本的利率。当企业的总资产收益率超过债务资本利率时,股东所得到的收益就会加大,反之,则会减少股东所得到的收益,对股东不利。因此,从股东的立场看,在财务风险得到合理控制的条件下,当总资产收益率高于债务资本利率时,负债资本比例越大越好。

(3) 从经营者的角度看,企业经营者既要考虑企业债务资本带来的收益,同时也要顾及企业所能承受的财务风险问题。资产负债率不仅能够反映企业的长期负债水平,而且还能反映企业管理者当局的举债经营能力和进取精神。如果一个企业不举债或负债水平很低,说明企业管理者当局比较保守或对企业的经营前景信心不足,举债经营能力很差。当然,如果企业的负债比率过高,则表明企业的债务负担重,企业资金实力不强,不仅对债权人不利,而且企业有濒临倒闭的危险。所以,经营者希望企业的资产负债率保持合理水平。

在利用该指标进行分析时需要注意,资产负债率是一个静态指标,考察的是企业破产清算时债权人权益能够得到多大程度的物质保障。但财务分析是建立在持续经营基础上的,长期资产一般不会用来直接偿付债务,并且长期负债具有期限较长的特点,随着时间的推移,企业长期资产的价值将随着企业的运营而发生变化,因此,用资产负债率无法完全反映企业未来偿付债务的能力;另外,资产负债率没有考虑资产的结构和负债的偿还期限。事实上,不同的资产结构对到期债务的偿付有着不同程度的保障,而不同的负债期限结构对企业的长期偿债能力的影响也是不同的。

想一想: 企业存在一个"最佳负债比率"吗?解释其原因。

案 例 链 接

A股负债榜:54家上榜公司获"非标"审计意见

2018年A股非金融行业上市公司累计负债36.8亿元,同比增长13%。资产负债率中位数41.51%,较2017年增加2.05个百分点。373家非金融上市公司资产负债率超过70%。

分行业来看，除金融外的26个申万一级行业中，23个行业的资产负债率中位数同比上升，仅有钢铁、交通运输和房地产行业的负债率水平略有下滑。房地产、建筑装饰、公用事业、钢铁等重资产行业的资产负债率最高，中位数均超过50%，医药生物、食品饮料、计算机行业的资产负债率水平最低，中位数不超过35%。

证券时报·数据宝与中国上市公司研究院联合发布的2018年A股"上市公司资产负债率榜（非金融）"显示，上榜的100家公司中最低资产负债率水平为85.52%，44家ST公司上榜；54家公司年报被出具了"非标"审计意见；22家公司资不抵债，资不抵债公司数量创近5年新高。

上榜公司中，26家上市公司2018年资产负债率较2017年增加超30个百分点，15家上榜公司2018年的资产负债率较2017年增加超50个百分点。近八成公司资产负债率大幅上升的原因在于资产总额的下降，其中资产大幅减值是主要因素。

*ST保千连续两年资产负债率水平位列A股最高，2018年资产负债率高达800.92%。资产负债表显示，公司2018年负债总额高达56.77亿元，半数为短期借款，大量银行借款、公司债券、供应商货款已逾期。公司股票已于2019年4月26日起停牌，存在被交易所暂停上市的风险。

榜单前十名中，仅有暴风集团一家为非ST公司。2018年暴风集团业绩暴雷，亏损10.9亿元，其中资产减值损失为7.68亿元，大华会计师事务所（特殊普通合伙）对公司财报出具了保留意见。巨额计提资产减值准备导致资产总额断崖式下滑，是暴风集团2018年资产负债率飙升的主要原因。

带息债务是公司有偿使用的债务资本，会直接影响公司的融资成本，导致未来财务费用流出，主要包括短期借款、长期借款、应付债券等非经营性负债。2018年A股非金融行业上市公司累计带息债务规模为17.6万亿元，同比增长21%，增幅为近5年最高。

房地产行业带息债务规模为3.94万亿元，在各行业中排名第一，同比增长38.26%；净债务（带息债务－货币资金）规模2.72万亿元，同比增长50%；净负债率（净负债/所有者权益）中位数为62.36%，同比增长15.03%。房地产公司的负债规模和杠杆水平均有较大程度的上升。

上市公司带息债务榜（非金融）前100家公司中，最低的带息债务规模为304.76亿元。万科A以7 665.5亿元的带息债务规模位列榜首；中国建筑、中国石油和中国交建的带息债务规模分别位列A

股第二位至第四位,均超过 3 000 亿元。

(资料来源:证券时报,http://www.cs.com.cn/ssgs/gsxw/201905/t20190510_5947907.html,2019 年 5 月 10 日。)

2. 产权比率

产权比率又称为资本负债率,是负债总额与所有者权益总额的比率。其计算公式如下:

$$产权比率 = 负债总额 \div 所有者权益总额$$

对债权人而言,产权比率越低,表示企业长期偿债能力越强,即长期财务状况越好,债权人越有安全感。但对投资者而言,他们不希望企业因负债压力太大而导致资金周转不灵。如果产权比率过大,则表明企业借入资金远高于股东的投资,一旦企业破产清算,债权人的损失会很大。一般情况下,资金的供应者是不愿冒此风险的。

对产权比率的含义可以从以下几个方面来理解:

(1) 产权比率指标反映的是债权人提供的债务资本与股东提供的权益资本之间的对比关系,用来反映企业的基本财务结构是否稳定。一般来说,权益资本大于债务资本较好,但也不能一概而论。从股东的角度看,在宏观经济环境恶化、通货膨胀加剧时期,企业多举债可以把通胀损失和风险转嫁给债权人;在宏观经济处于繁荣时期,企业多举债可以获得额外利润;在宏观经济处于萧条时期,企业少举债可以减少利息负担和财务风险。企业产权比率高,意味着企业拥有高财务风险、高风险报酬的财务结构。

(2) 产权比率指标反映了普通股股东的权益资本对债权人的债务资本的保障程度。产权比率越低,对债权人利益的保障程度就越高。

(3) 资产负债率与产权比率具有共同的经济意义,两个指标可以相互补充。

3. 权益乘数

权益乘数与所有者权益比率为倒数关系,反映企业的资产总额是所有者权益的多少倍。其计算公式如下:

$$权益乘数 = 资产总额 \div 所有者权益总额 = 1 \div (1 - 资产负债率)$$

权益乘数越小,说明权益资本在全部资本中所占的比重越大,负债资本在全部资本中所占的比重越小,企业的财务风险越小,其偿还长期债务的能力也就越强。

4. 已获利息倍数

已获利息倍数又称为利息保障倍数,是指企业的息税前利润与利息费用的比率。其计算公式如下:

已获利息倍数 = 息税前利润 ÷ 利息费用

公式中的息税前利润是指利润表中未扣除利息费用和所得税之前的利润。它可以用利润总额加利息费用来测算。利息费用是指本期发生的全部应付利息，不仅包括财务费用中的利息费用，还应包括资本化的利息。

已获利息倍数指标反映企业息税前利润对支付利息费用的保障程度。已获利息倍数越大，说明企业支付利息的能力越强，进而说明企业获利能力对到期债务偿还的保证程度越强。只要已获利息倍数足够大，企业就有充足的能力偿付利息。一般来说，企业已获利息倍数至少要大于1，否则就难以偿付债务及利息。

对企业已获利息倍数进行分析，应该将其与其他企业特别是本行业平均指标水平进行比较，来确定本企业的指标水平是否合理。同时，从稳健性的角度出发，最好比较本企业连续几年的已获利息倍数，并选择最低指标年度的数据作为判断标准。这是因为企业在经营好的年度要偿债，而在经营不好的年度也要偿还大约同量的债务。某一个年度利润高，已获利息倍数也会高，但不能年年如此。采用指标最低年度的数据可保证企业最低的偿债能力。一般情况下，在分析已获利息倍数指标时应遵循这一原则，同时还应结合企业的实际财务状况来确定。

已获利息倍数分析的局限在于：该指标虽然反映了通过盈利来偿还债务的思想，但企业所承担的债务不仅仅是利息费用，还包括本金，该指标只衡量利息是不全面的；另外，债务的本金和利息不是用利润本身支付，而是用现金支付，权责发生制下的高利润并不意味着企业有足够的现金流量。

想一想：已获利息倍数会出现负值吗？如果会出现是什么原因导致的？

5. 偿债保障比率

偿债保障比率又称债务偿还期，是指负债总额与经营活动现金净流量的比率，用以反映企业用经营活动获取的现金流量偿还全部负债所需要的时间。其计算公式如下：

偿债保障比率 = 负债总额 ÷ 经营活动现金流量净额

一般认为，尽管企业的投资活动和筹资活动产生的现金净流量在必要时可以用于偿债，但它们毕竟不是经常性的现金流量，经营活动产生的现金净流量才是企业获取长期资本的主要来源。所以，在计算偿债保障比率时采用的是经营活动产生的现金净流量，而非企业全部的现金净流量。偿债保障比率可以衡量使用企业通过经营活动获取的现金净流量来偿还全部债务的能力，偿债保障比率越低，企业的偿债能力就越强。

【例5－2】根据青岛啤酒2016～2018年财务报表相关数据，见表5－3，整理并计算公司长期偿债能力评价指标，见表5－4。

表5－3　　　　青岛啤酒2016～2018年财务报告相关数据　　　单位：万元

项目	2016年	2017年	2018年
资产总额	3 007 716	3 097 471	3 407 527
负债总额	1 319 803	1 320 021	1 538 532
所有者权益	1 687 913	1 777 450	1 868 995
净利润	110 570	138 226	156 101
所得税费用	101 774	72 256	81 876
利息费用	1 346	1 054	1 371
经营活动现金净流量	297 089	231 219	399 201

表5－4　　　　青岛啤酒2016～2018年长期偿债能力评价指标

项目	2016年	2017年	2018年
资产负债率	$\frac{1\ 319\ 803}{3\ 007\ 716}=43.88\%$	$\frac{1\ 320\ 021}{3\ 097\ 471}=42.62\%$	$\frac{1\ 538\ 532}{3\ 407\ 527}=45.15\%$
产权比率	$\frac{1\ 319\ 803}{1\ 687\ 913}=78.19\%$	$\frac{1\ 320\ 021}{1\ 777\ 450}=74.26\%$	$\frac{1\ 538\ 532}{1\ 868\ 995}=82.32\%$
权益乘数	$\frac{3\ 007\ 716}{1\ 687\ 913}=1.78$	$\frac{3\ 097\ 471}{1\ 777\ 450}=1.74$	$\frac{3\ 407\ 527}{1\ 868\ 995}=1.82$
已获利息倍数	$\frac{110\ 570+101\ 774+1\ 346}{1\ 346}$ $=158.76$	$\frac{138\ 226+72\ 256+1\ 054}{1\ 054}$ $=200.70$	$\frac{156\ 101+81\ 876+1\ 371}{1\ 371}$ $=174.58$
偿债保障比率	$\frac{1\ 319\ 803}{297\ 089}=4.44$	$\frac{1\ 320\ 021}{231\ 219}=5.71$	$\frac{1\ 538\ 532}{399\ 201}=3.85$

从表5－4可以看出，青岛啤酒的各项财务指标在2017年和2018年出现了相反的变动趋势。

青岛啤酒的资产负债率和产权比率分别小于50%和100%，说明公司的资金主要来自股东投入。

青岛啤酒资产负债率先降后升，总体呈增长趋势，但波动范围较小。该比率是否合理，还要结合公司所处的行业进行比较分析。华润啤酒 2016～2018 年的资产负债率分别为 58.56%、54.53%、51.85%①，燕京啤酒 2016～2018 年的资产负债率分别为 25.06%、24.43%、22.24%②，三家公司相差较大。考虑到 A 股上市的 7 家啤酒生产企业 2016～2018 年的资产负债率分别为 25.06%、24.78% 和 32.21%③，说明青岛啤酒的资产负债率在行业中处于较高水平，但不能因此而得出公司长期偿债能力较差、财务风险较高的结论。因为还需结合公司的营运能力和盈利能力指标做进一步分析。

公司 2016～2018 年已获利息倍数的指标值不仅均远大于 1，而且均大于一些专家建议的最佳标准 3，说明以公司盈利衡量的偿债能力是非常强的。华润啤酒和燕京啤酒 2018 年的已获利息倍数分别为 26 倍和 30 倍，虽然远比青岛啤酒的低，但仍属于较高水平，其原因是三家公司的有息负债均处于极低的水平。青岛啤酒已获利息倍数远高于华润啤酒和燕京啤酒的原因是其具有超强的盈利能力。

知 识 拓 展

影响长期偿债能力的其他因素

（1）经营租赁。当企业急需某种设备或资产而又缺乏足够的资金时，可以通过租赁的方式解决。财产租赁有两种形式：融资租赁和经营租赁。在融资租赁形式下，租入的固定资产作为企业的固定资产进行管理，相应的租赁费用作为长期负债处理，在分析长期偿债能力时已经包括在债务比率指标计算之中。而当企业的经营租赁量比较大、期限比较长或具有经常性时，也构成一种长期性筹资，虽然这种长期性的经营性租赁不包括在长期负债之内，但必须按期支付租金，也会对企业的偿债能力产生影响。因此，如果企业经常发生经营租赁业务，应考虑租赁费用对偿债能力的影响。

（2）担保责任。担保项目的时间长短不一，有的涉及企业的长期负债，有的涉及企业的短期负债。在分析企业长期偿债能力时，应根据有关资料判断担保责任带来的潜在长期负债问题。

（3）或有项目。或有项目的特点是现存条件的最终结果不确

---

① 根据华润啤酒（控股）有限公司 2016～2018 年年报数据计算。
② 根据北京燕京啤酒股份有限公司 2016～2018 年年报数据计算。
③ 根据 Wind 数据库数据整理。

定，对它的处理方法要取决于未来的发展。或有项目一旦发生便会影响企业的财务状况。因此，企业不得不对它们予以足够的重视，在评价企业长期偿债能力时要考虑它们的潜在影响。

5.2 周转效率分析

5.2.1 周转效率内涵

周转效率又称资产营运效率或营运能力。资产营运是企业在生产经营过程中实现资本增值的过程，是宏观资源配置和微观经济管理的综合反映。资产营运状况如何，直接关系到资本增值的程度，同时还会影响企业的偿债能力。资产营运效率越高，企业的获利能力就越强，资产变现损失风险就越小，偿债能力就越强；反之，资产营运效率越低，企业的获利能力就越弱，资产变现损失风险就越大，偿债能力就越弱。

营运能力分析就是要通过对反映企业资产营运效率的指标的计算和分析来评价企业的营运能力，为企业提高经济效益指明方向。资产运营效率的强弱关键取决于资产的周转速度。一般来说，资产周转速度越快，资产的使用效率越高，资产营运能力就越强。资产周转速度是指在一定时期内资产的周转额与同一时期资产平均占用额之间的比例关系，有两种表示方式：

一是资产周转率，又称资产周转次数，表示一定时期内资产被使用和利用的次数，反映资产的利用程度。其计算公式如下：

$$资产周转率 = 周转额 \div 资产平均占用额$$

二是资产周转期，又称资产周转天数，表示资产周转一次所需要的时间，反映资产回收速度的快慢。其计算公式如下：

$$资产周转期 = 计算期天数 \div 资产周转率 = (资产平均占用额 \times 计算期天数) \div 周转额$$

式中，资产平均占用额通常指期初与期末的平均数；周转额是指营业收入或营业成本；计算期天数为每年360天、每季90天、每月30天。

公司资产周转效率评价分析

5.2.2　周转效率分析

1. 应收账款周转效率分析

应收账款在流动资产中有着举足轻重的作用。及时收回应收账款,不仅能增强企业的短期偿债能力,也能反映企业应收账款的管理效率。

反映应收账款周转效率的指标是应收账款周转率。应收账款周转率是指一定时期企业的赊销收入净额与应收账款平均余额的比例关系。其计算公式如下:

应收账款周转率 = 赊销收入净额 ÷ 应收账款平均余额

应收账款周转率表示在周转期内应收账款转换为现金的平均次数,反映了企业应收账款变现速度的快慢及管理效率的高低。一般来说,应收账款周转率越大,表明企业应收账款的回收速度越快,账龄越短,企业的短期偿债能力就越强,否则,企业的营运资金就会过多地呆滞在应收账款上,影响资金的使用效率。高应收账款周转率可以减少收账费用和坏账损失,从而相对增加企业流动资产的投资收益。

对应收账款周转率的分析应注意以下几个问题:

(1) 应收账款是企业因赊销商品和劳务而发生的,为使计算的应收账款周转率具有实际意义,指标计算只能采用赊销数字,如果把现销包括进去,势必会夸大实际结果。但在企业的利润表中,并未列示赊销收入数据。所以,对于外部分析者来说,计算应收账款周转率一般用营业收入代替赊销收入进行计算。

(2) 应收账款平均余额是按应收账款总额计算的,这主要是因为营业收入包括了可收回的和无法收回的应收账款。这样,应收账款余额就必须相应地反映应收账款总额,而不能只单独反映扣除坏账准备后的应收账款净额。另外,应收账款净额受企业坏账损失核算方法的影响,按应收账款总额计算可以剔除这一影响。

(3) 对应收账款周转率的分析必须考虑以下影响因素:季节性经营;大量使用分期付款结算方式;大量使用现金结算;年末大量销售或年末销售大幅度下降。这些因素都会对该指标计算结果产生较大的影响。财务报表的外部使用人可以将计算出的指标分别与该企业前期指标、行业平均水平或其他类似企业的指标相比较,判断该指标的高低。

(4) 应收账款应包括会计核算中的应收账款、应收票据等全部赊销账款在内。

(5) 应收账款的周转速度与企业采取的信用政策密切相关。当企业放宽信用条件和信用期限时,会刺激销售增长,但同时也会增加应收账款的数额,从而降低应收账款周转速度;相反,当企业采用严格的信用政策时,会在一定程度上减少销售,但同时也会减少应收账款的数额,从而加快应收账款周转速度。企业应根据实际情况,确定合理的信用政策,并加强货款催收,尽可能地提高应收账款的周转速度。

(6) 应收账款周转效率的另一表示方式是应收账款周转期,它表示企业从取得收款的权利到收回账款、转换为现金所需要的时间。其计算公式如下:

$$应收账款周转期 = 计算期天数 \div 应收账款周转率$$
$$= (应收账款平均余额 \times 计算期天数) \div 营业收入$$

应收账款周转期越短,说明应收账款变现的速度越快,企业资金被外单位占用的时间越短,管理工作的效率越高。

做一做: 利用网络等途径,查阅一家上市公司财务数据,计算公司的应收账款周转指标并对其进行相关分析,将分析结果与同学们一起讨论。

案例链接

警惕应收账款攀升的科创企业

"我们过去调研时,发现好的科技公司的应收账款都比较少。对于有应收账款的科技公司,我们一般是不会碰的。"格雷投资总经理张可兴针对近日贝斯达终止上市审核事件在接受《证券日报》记者采访时表示。

据记者了解,2016 年至 2018 年期末,贝斯达应收款项账面价值分别为 6.34 亿元、7.36 亿元和 8.08 亿元,占当期资产总额的比例分别为 52.1%、49.08% 和 51.27%。正是因为其应收账款持续攀升等原因,贝斯达在申请阶段就备受关注。此次终止上市审核,也与其应收账款有部分关系。

受应收账款困扰的科创板公司不仅仅只有贝斯达,已经申请上市受理的北京华峰测控技术股份有限公司也有较高的应收账款。2016 年至 2019 年第一季度,其应收账款余额分别为 0.42 亿元、0.43 亿元、0.35 亿元和 0.64 亿元,占各期末流动资产比例分别为 29.09%、22.94%、14.73% 和 17.81%;同样已经被受理了上市申请的沈阳芯源微电子设备股份有限公司,也因应收账款和存货在过去几年连续增长而受到广泛关注。即使已经成功上市的杭可科技与容百科技等也因应收账款在过去几年的攀升，受到了媒体质疑。其他多家科创板上市公司在招股说明书中也都提到过存在应收账款无法收回的风险。

东北证券研究总监付立春告诉《证券日报》记者，"应收账款是重要的财务指标科目，极容易被人为所左右，形成财务造假"。

一般来说，企业形成应收账款的直接原因，是赊销。通过这种方式可以增加销售并且减少库存。而企业通过虚调应收账款和改变应收账款计提比例等手段，可以实现对企业利润报表的粉饰。早在2016年欣泰电气就因虚构应收账款回收等原因成为A股创业板第一家退市公司，也是中国资本市场第一家因欺诈发行而退市的公司。

记者根据新浪财经数据统计，除晶晨股份、杭可科技与心脉医疗相关数据未显示，科创板其余25家公司应收账款平均周转率为5.9次，平均周转天数为102.95天。

"从财务的角度看，应该高度关注企业的应收账款余额以及应收账款占主营业务收入的比重。"某券商分析人士告诉《证券日报》记者，"但是具体问题要具体分析，如果短期内增加应收账款是企业的一种竞争手段，也不能说明企业有问题"。

付立春也向记者表示，"要综合考虑科创板企业的实际情况，不能仅依赖应收账款数额和所占比重等一两项指标进行判断"。

（资料来源：证券日报，http：//www.zqrb.cn/kcb/gsxw/2019-08-14/A1565716551472.html，2019年8月14日。）

2. 存货周转效率分析

存货在流动资产中所占的比重较大，其管理情况的好坏将直接影响企业资产的管理效率，企业必须重视对存货周转情况的分析。

企业存货周转速度的快慢，通常用存货周转率指标加以衡量。存货周转率是企业一定时期内的营业成本与存货平均占用额的比例关系，其计算公式如下：

$$存货周转率 = 营业成本 \div 存货平均余额$$

存货周转率能测量企业的销售能力，分析存货数额是否合理，反映购、产、销之间的平衡协调程度及其效率。一般来讲，存货周转率越大，说明企业存货从投入资金到被销售收回的时间越短，其变现速度越快，短期偿债能力越强，用于存货上的资金越低，资金的利用效率越高，相应的获利能力也就越大。

对存货周转率的分析应注意以下几个问题：

（1）除了分析存货批量因素、季节性生产的变化等情况外，还应对存货的结构以及影响存货周转速度的重要项目进行分析，如分别计算原材料周转率、在产品周转率和产成品周转率等，全面掌握企业存货资产管理效率情况。

（2）存货计价方法对存货周转率具有较大的影响，在分析企业不同时期或不同企业的存货周转率时，应注意存货计价方法的口径是否一致。

（3）如果企业的经营具有较强的季节性，各月存货的变动幅度较大，根据期初和期末存货简单平均计算得出的存货余额可能不能反映企业存货的真实周转状况，这时，应尽量使用各月或各季的数字进行平均。

（4）存货周转率的周转额是营业成本而不是营业收入，这主要因为存货是以成本计价的，为保持两者的口径一致，必须以营业成本作为计算基础。

（5）企业存货周转效率的另一表示方式是存货周转期。其计算公式如下：

$$存货周转期 = 计算期天数 \div 存货周转率$$
$$= (存货平均余额 \times 计算期天数) \div 营业成本$$

存货周转期是指存货周转一次所需要的时间，存货周转期越短，表明存货周转速度越快。

试一试： 利用周末时间，到一家企业进行调查，获得存货有关数据，分析企业存货管理情况，并写一份存货专题分析报告。

案 例 链 接

华文食品存货周转率逐年降低　存货跌价准备未计提

2019年6月4日，华文食品股份有限公司（下称"华文食品"）递交了招股说明书，拟登陆A股。

梳理华文食品的招股书可知，公司营收和净利在2017年度实现了大幅增长，但2018年增速又迅速回落，尤其是营收增速迅速降至5%，波动较为明显。同时，华文食品的存货规模连年增长，存货周转率也逐年降低，2018年度已经低于同行公司的平均水平，而公司在营收增速放缓、存货大幅增加的情况下，未计提存货跌价准备。

招股书显示，华文食品的主营业务是风味小鱼、风味豆干等传统风味休闲食品的研发、生产与销售，主要品牌为"劲仔"。报告期内，华文食品的营业收入和净利润都是增长的趋势，不过值得注意的是，华文食品的存货占总资产的比例也在逐年上升，而存货周转率也在逐年降低。

2016～2018年各年末，华文食品存货余额分别为0.59亿元、1.48亿元及1.78亿元，占当期期末总资产的比值分别为10.88%、21.53%和23.4%，占当期期末流动资产的比值分别是19.71%、33.5%和37.11%，都呈逐年上升的趋势。

华文食品称，公司的存货主要为原材料鳀鱼干，保持较大规模的鳀鱼干储存量是公司主动采取的采购策略，一方面可以减少鳀鱼干市场采购价格的波动影响；另一方面可以帮助公司提高对上游供应商的议价能力。

在存货余额逐年大幅增长的同时，华文食品的存货周转率也逐年降低。2016～2018年，华文食品的存货周转率分别为6.19次、5.18次和3.28次，下降趋势比较明显。华文食品称，存货周转率下降的主要原因是2017年公司主动采取保持鳀鱼干较大规模的库存水平的采购策略，鳀鱼干采购量大幅增加，导致2017年末、2018年末存货规模相对2016年末大幅上升。

2016～2018年，与华文食品可比同行上市公司存货周转率的平均值分别是3.97次、4.52次和3.81次。2016年度和2017年度，华文食品的存货周转率高于同行平均值，2018年度低于同行平均值，这与发行人2018年度存货周转率大幅降低有关。

华文食品也意识到其中的风险。发行人称，随着公司生产、销售规模的不断扩大，未来公司的存货规模有可能继续增加。较大的存货规模可能会影响到公司的资金周转速度和经营活动的现金流量，降低资金运作效率，使公司面临存货规模较大的风险。

虽然意识到存货规模较大可能带来风险，但华文食品报告期内却没有计提存货跌价准备。华文食品称，报告期内，公司存货周转速度较快，不存在库存积压的情况，未发生减值迹象，未计提存货跌价准备。同时还称，公司存货周转率接近可比公司平均水平。公司建立了完善的存货管理制度，根据产品订单合理安排生产，同时加强了对库存的管理，资产周转率保持较高水平。

(资料来源：新浪财经，http://finance.sina.com.cn/stock/observe/2019-06-21/doc-ihytcitk6819800.shtml，2019年6月21日。)

3. 营业周期

营业周期是指从取得存货开始到销售存货并收回现金为止所需的时间。营业周期的长短取决于存货周转期和应收账款周转期。其计算公式如下：

$$营业周期 = 应收账款周转期 + 存货周转期$$

一般情况下，营业周期越短表明资产的利用效率越高，其收益能力也相应越强。

4. 流动资产周转效率分析

反映流动资产周转效率的主要指标是流动资产周转率。流动资产周转率是指企业一定时期的营业收入与流动资产平均占用额之间的比例关系。其计算公式如下：

$$流动资产周转率 = 营业收入 \div 流动资产平均余额$$

流动资产周转率反映企业投入在全部流动资产上的资金的运用效率和周转的快慢。流动资产周转率越高，表明流动资产周转速度越快，企业以相同的流动资产完成的周转额越大，说明企业流动资产的经营利用效率越好，进而使企业的偿债能力和盈利能力得到增强。

流动资产周转效率的另一表示方式是流动资产周转期。其计算公式如下：

$$流动资产周转期 = 计算期天数 \div 流动资产周转率$$
$$= (流动资产平均余额 \times 计算期天数) \div 营业收入$$

5. 固定资产周转效率分析

反映固定资产周转效率的主要指标是固定资产周转率。固定资产周转率是指企业一定时期的营业收入与固定资产平均余额之间的比例关系。其计算公式如下：

$$固定资产周转率 = 营业收入 \div 固定资产平均余额$$

固定资产周转率反映固定资产在经营活动中的周转速度、变现能力和有效利用程度，以此也可确定固定资产的投资是否有效或是否可以继续投资。一般来说，固定资产周转率指标越高，说明企业固定资产的利用效果越高，资产经营的风险越小，也说明企业固定资产投资得当，固定资产结构分布合理。

分析固定资产周转率时，既要考虑固定资产因计提折旧其净值不断减少和因更新重置其净值大幅度增加的影响，又要考虑因物价上涨或通货膨胀而导致营业收入虚增，固定资产周转率提高，但固定资产使用效果并未增加等情况，还要考虑到同一企业的不同时期或同一行业中不同企业所采用的折旧方法可能不同。另外，不同行业的企业，其资产状况会有较大的差别，故分析时应注意结合流动资产的投资规模和周转速度等来分析固定资产的利用效果，以免片面和偏激。

固定资产周转效率也可以用固定资产周转期表示。其计算公式如下：

$$固定资产周转期 = 计算期天数 \div 固定资产周转率$$
$$= (固定资产平均余额 \times 计算期天数)$$
$$\div 营业收入$$

6. 总资产周转效率分析

反映总资产周转效率的指标主要是总资产周转率。总资产周转率是指企业一定时期的营业收入与全部资产平均余额之间的比例关系。其计算公式如下：

$$总资产周转率 = 营业收入 \div 总资产平均余额$$

总资产周转率反映企业全部资产的周转快慢，说明企业全部资产的综合利用效率。该比率指标越高，说明资产的管理水平越高，相应的企业的偿债能力和获利能力就越强。反之，则表明企业利用全部资产进行经营活动的能力差、效率低，最终还将影响企业的盈利能力。如果总资产周转率长期处于较低的状态，企业则应采取适当措施提高各项资产的利用程度，对那些确实无法提高利用率的多余、闲置的资产应及时进行处理，加快资产周转速度。

总资产周转效率也可用总资产周转期表示。其计算公式如下：

$$总资产周转期 = 计算期天数 \div 总资产周转率$$
$$= (总资产平均余额 \times 计算期天数)$$
$$\div 营业收入$$

想一想：如何对一家企业进行资产周转效率分析？它需要哪些知识？与同学们进行讨论。

【**例5-3**】根据青岛啤酒财务报表相关数据，见表5-5，整理并计算公司2016~2018年周转效率指标，见表5-6。表5-7为华润啤酒和燕京啤酒2016~2018年周转率指标。

表5-5　　青岛啤酒2015~2018年财务报告相关数据　　单位：万元

项目	2015年	2016年	2017年	2018年
营业收入		2 610 634	2 627 705	2 657 526
营业成本		1 526 528	1 562 213	1 655 577
应收票据和应收账款余额	14 076	15 105	18 362	16 451
存货余额	218 244	241 244	239 291	265 122
流动资产余额	1 188 734	1 260 956	1 407 298	1 776 031
固定资产余额	990 348	1 144 877	1 099 377	1 032 669
总资产余额	2 850 059	3 007 716	3 097 471	3 407 527

表 5-6 青岛啤酒 2016~2018 年周转效率指标

项目	2016 年	2017 年	2018 年
应收账款周转率(次)	$\dfrac{2\ 610\ 634}{(14\ 076+15\ 105)\div 2}=178.93$	$\dfrac{2\ 627\ 705}{(15\ 105+18\ 362)\div 2}=157.03$	$\dfrac{2\ 657\ 526}{(18\ 362+16\ 451)\div 2}=152.67$
应收账款周转期(天)	$360\div 178.93=2.01$	$360\div 157.03=2.29$	$360\div 152.67=2.36$
存货周转率(次)	$\dfrac{1\ 526\ 528}{(218\ 244+241\ 244)\div 2}=6.64$	$\dfrac{1\ 562\ 213}{(241\ 244+239\ 291)\div 2}=6.50$	$\dfrac{1\ 655\ 577}{(239\ 291+265\ 122)\div 2}=6.56$
存货周转期(天)	$360\div 6.64=54.22$	$360\div 6.50=55.38$	$360\div 6.56=54.88$
营业周期(天)	$2.01+54.22=56.23$	$2.29+55.38=57.67$	$2.30+54.88=57.18$
流动资产周转率(次)	$\dfrac{2\ 610\ 634}{(1\ 188\ 734+1\ 260\ 956)\div 2}=2.13$	$\dfrac{2\ 627\ 705}{(1\ 260\ 956+1\ 407\ 298)\div 2}=1.97$	$\dfrac{2\ 657\ 526}{(1\ 407\ 298+1\ 776\ 031)\div 2}=1.67$
流动资产周转期(天)	$360\div 2.13=169.01$	$360\div 1.97=182.74$	$360\div 1.67=215.57$
固定资产周转率(次)	$\dfrac{2\ 610\ 634}{(990\ 348+1\ 144\ 877)\div 2}=2.45$	$\dfrac{2\ 627\ 705}{(1\ 144\ 877+1\ 099\ 377)\div 2}=2.34$	$\dfrac{2\ 657\ 526}{(1\ 099\ 377+1\ 032\ 669)\div 2}=2.49$
固定资产周转期(天)	$360\div 2.45=146.94$	$360\div 2.34=153.85$	$360\div 2.49=144.58$
总资产周转率(次)	$\dfrac{2\ 610\ 634}{(2\ 850\ 059+3\ 007\ 716)\div 2}=0.89$	$\dfrac{2\ 627\ 705}{(3\ 007\ 716+3\ 097\ 471)\div 2}=0.86$	$\dfrac{2\ 657\ 526}{(3\ 097\ 471+3\ 407\ 527)\div 2}=0.82$
总资产周转期(天)	$360\div 0.89=404.49$	$360\div 0.86=418.60$	$360\div 0.82=439.02$

表 5-7　　华润啤酒和燕京啤酒 2016~2018 年周转率指标　　单位：次

项目	华润啤酒			燕京啤酒		
	2016年	2017年	2018年	2016年	2017年	2018年
应收账款周转率	44.61	45.88	60.70	68.97	58.87	53.82
存货周转率	2.75	3.30	3.69	1.80	1.85	1.82
流动资产周转率	2.56	2.96	3.64	1.92	1.82	1.80
固定资产周转率	1.58	1.74	1.93	1.13	1.11	1.16
总资产周转率	0.66	0.73	0.81	0.63	0.62	0.63

从表 5-6 中可以看出，青岛啤酒的总资产周转率持续下降，周转次数从 2016 年的 0.89 次下降到 2018 年的 0.82 次，其周转天数则增加了 34.53 天。究其原因，主要是由流动资产的周转速度放慢造成的。应收账款周转率和存货周转率均呈下降趋势，从而导致流动资产周转率也不断下滑（由 2016 年的 2.13 次下降到 2018 年的 1.67 次）。周转率指标下降说明收入的增速小于资产的增速，表明资产的利用效率和营运能力在下降。

青岛啤酒的应收账款周转率和存货周转率均远高于华润啤酒和燕京啤酒，但流动资产周转率却低于两家公司，为什么会出现这种现象呢？通过前面的资产结构分析已知，青岛啤酒的货币资金远远高于华润啤酒和燕京啤酒，从而造成青岛啤酒的流动资产周转效率较低。但由于青岛啤酒固定资产的利用效率较高，所以，其总资产周转率还是略高于两家可比公司，但和持续增加的华润啤酒的总资产周转率相比，差距在不断缩小。

所以，总体来看，青岛啤酒的资产利用效率要优于竞争对手，资产管理处于较高水平，但较高的货币资金对资产的营运能力会造成不利影响。

主要名词和术语

财务风险	偿债能力	营运资金
流动比率	速动比率	现金比率
已获利息倍数	周转效率	周转期
应收账款周转率	存货周转率	营业周期
流动资产周转率	固定资产周转率	总资产周转率

本 章 小 结

本章描述了财务风险的内涵，介绍了企业偿债能力、资产周转能力分析与评价内容。主要包括：

1. 财务风险是指由企业负债引起的，即企业因借入资金而产生的丧失偿债能力的可能性和企业利润的可变性。

2. 偿债能力分析有利于债权人判断其债权收回的保证程度，有利于所有者判断投入资本的保全程度，有利于经营者优化融资结构和降低融资成本，有利于政府有关机构进行宏现经济管理。

3. 评价企业短期偿债能力的财务指标主要有营运资金、流动比率、速动比率、现金比率、现金流量比率和到期债务本息偿付比率等。

4. 评价企业长期偿债能力的财务指标主要有资产负债率、产权比率、所有者权益比率、权益乘数、已获利息倍数、偿债保障比率等。

5. 周转效率主要反映企业资产的配置效率和运营能力，主要采用资产周转率和资产周转期表示。

6. 评价企业资产周转效率的财务指标主要有应收账款周转率、存货周转率、营业周期、流动资产周转率、固定资产周转率、总资产周转率等。

第 6 章 利润质量与盈利能力分析

学习目的与要求

学习本章后，您应该做到：
1. 理解利润质量的内涵；
2. 熟悉利润质量评价的标准；
3. 理解并掌握利润质量降低的识别方法；
4. 掌握利润质量分析与应用；
5. 掌握企业盈利能力财务指标的应用；
6. 掌握上市公司财务指标的内涵与应用。

重点与难点

利润质量的内涵与评价标准；利润质量分析与评价；盈利能力财务分析与应用；上市公司盈利能力应用分析。

6.1 利润质量内涵与特征

6.1.1 利润质量的内涵

对企业的各利益相关者而言，他们追求的最终目标是实现自身利益最大化。对企业而言，从事经营活动的财务目标是实现企业价值最大化，因为只有企业价值最大化，才会出现股东财富最大化的目标得以实现、债权人的利益得以满足、社会得以进步的和谐景象。然而，企业价值体现为企业预期未来现金流量折现后的现值，因此，企业价值这一概念更多着眼于未来，然而未来的一切是建立于现在的基础上的，企业只有立足于当前才可以在未来创造更多的现金流。那么我们应当如何根据企业的现在评价未来呢？企业价值最大化的目标是以企业未来创造现金流实现的，而企业创造未来现金流则是以企业当前创造经济利益为基础的。企业当前创造经济利益从会计信息的角度则体现为企业一定会计期间的收入减去费用后的经营成果。从而，企业各利益相关者关注的企业日常经营的直接目标为利润最大化。因此，信息使用者可以从反映企业一定会计期间经营成果信息的利润表中获得企业当前创造经济利益的能力。

利润质量的内涵

利润质量：企业利润的形成过程以及利润结果的合规性、效益性及公允性。

　　一般认为，企业在一定时期实现的利润越多，其盈利水平越高，未来的发展也越好。但实际上并非如此，因为利润的质量状况才是保证企业持续发展的根本动力。所谓利润质量，简单讲就是指利润的含金量。利润质量一般可以从广义和狭义两个角度进行解释。财务分析的作用是在分析过去、评价现在的基础上对企业的未来进行预测。从此方面入手，广义的利润质量就表现为反映企业经营成果的客观性、各会计期间利润的稳定性以及对未来利润的预测性。利润表中的利润是根据权责发生制核算的结果，反映的是企业应该实现的经营成果，但此经营成果能否实现还要依赖于企业的赊销政策、付款政策等。因此，狭义的利润质量则从利润的结果实现情况上反映，表现为利润表中所反映的权责发生制下的利润与现金流量表中反映的收付实现制下的现金流量之间的相关关系。

　　想一想： 你是如何理解利润质量的？利润多少与质量成正比吗？为什么？

案 例 链 接

2018年上市公司第一季报解析：
盈利增速放缓　结构持续分化

1. A股盈利增速放缓

　　在深化供给侧结构性改革的影响下，上游原材料行业供给收缩，但伴随着旧产能升级以及新产能释放的背景下，现阶段供给和需求已经基本保持平衡。并且，从2018年第一季度的开工数据来看，与往年的需求端存在一定的差距，价格方面2018年以来一直保持基本稳定甚至出现部分工业品价格下滑。PPI同比增速自2017年2月见顶回落后，至今总体呈现增速放缓的态势，2018年3月PPI数据同比增长3.1%，达到近一年来低点。与此对应，A股上市公司整体盈利增速也出现放缓态势。

净利润角度，全部A股、剔除金融后A股、剔除银行石化后A股2017Q3、2017Q4、2018Q1累计分别增长18.24%、18.37%、14.38%，35.08%、31.82%、23.53%、30.47%、30.28%、21.94%。第一季报较上年年报均出现不同程度下滑。

净资产收益率方面，全部A股、剔除金融后A股、剔除银行石化A股2017年中报摊薄ROE分别为2.76%、2.29%、2.41%，同比分别回升3.54%、12.51%、9.38%。

就A股整体业绩表现而言，随着PPI的走弱，企业盈利下滑，但绝对增速上依然保持在较高水平。

2. 营业收入增速下滑

营业收入方面，受工业增加值和PPI的影响，第一季度生产领域价格回落，企业层面收入增速在第一季度也出现下滑。

全部A股、剔除金融后A股、剔除银行石化A股2017Q3、2017Q4、2018Q1营业收入累计分别增长19.47%、17.54%、11.34%，22.44%、19.49%、13.28%、21.38%、18.91%、13.15%，均出现不同程度下滑。

3. 原材料价格增速明显回落，无风险利率上行，融资条件收紧，财务费用增速持续上升

营业成本方面，全部A股、剔除金融后A股、剔除银行石化A股2017Q3、2017Q4、2018Q1累计分别增长28.26%、23.21%、14.18%，28.11%、23.09%、14.27%、27.61%、22.60%、15.20%，均出现不同程度下滑。

总的来说，成本增速的降幅明显出现回落，与收入增速降幅基本一致。主要原因在于供给侧改革推进中，上游原材料行业产能从之前的快速收缩导致产能供给不足，到现在的新产能释放旧产能升级基本与需求达成平衡。原材料价格2018年以来增速有所放缓，部分减缓了下游行业的成本压力。

拆分来看，销售费用与管理费用增速均出现一定程度下滑，但财务费用增速持续上升。销售费用方面，全部A股、剔除金融后A股、剔除银行石化A股2017Q3、2017Q4、2018Q1累计分别增长22.38%、21.19%、20.36%、22.43%、21.25%、20.33%、24.22%、22.71%、21.70%，均出现不同程度下滑；管理费用方面，全部A股、剔除金融后A股、剔除银行石化A股2017Q3、2017Q4、2018Q1累计分别增长

11.52%、12.14%、10.44%,16.96%、18.24%、15.68%,17.91%、18.47%、14.38%,均出现不同程度下滑;财务费用方面,全部A股、剔除金融后A股、剔除银行石化A股2017Q3、2017Q4、2018Q1累计分别增长16.80%、20.95%、24.78%,15.63%、20.06%、24.42%,19.32%、23.57%、26.53%,均出现不同程度回升。销售费用与管理费用增速均出现一定程度的下滑,但财务费用增速持续上升。

财务费用增速的持续上行与融资条件的变化一致,与全社会无风险利率的上行密切相关。2017年以来长短端利率全面上行,银行间短期7天逆回购利率由2.65%左右上升至4.19%,长端10年期国债到期收益率最高升至3.98%附近。无风险利率水平全面上行,融资条件逐步收紧,企业财务费用也随之上行。

4. 板块间业绩分化加剧,创业板业绩大幅回升,中小创财务费用增速处于高位

主板、中小板业绩均出现下滑,创业板第一季度业绩出现大幅回升。

净利润方面,主板、中小板、创业板2017Q3、2017Q4、2018Q1归母净利润累计分别增长18.35%、19.81%、13.72%,22.68%、20.69%、18.79%,7.09%、-16.43%、28.74%。创业板盈利增速从2017年第四季度的-16.43%上升至2018年第一季度的28.74%,盈利增速回升明显。

营业收入方面,主板、中小板、创业板2017Q3、2017Q4、2018Q1累计分别增长18.35%、16.30%、9.81%,27.40%、26.77%、24.35%,32.44%、27.99%、21.21%。各个板块收入均出现下滑。

营业成本方面,主板、中小板、创业板2017Q3、2017Q4、2018Q1累计分别增长26.33%、21.40%、12.31%,39.63%、33.80%、27.26%,50.46%、42.00%、26.04%。销售费用上,主板、中小板、创业板2017Q3、2017Q4、2018Q1累计分别增长20.30%、18.96%、17.74%,27.83%、26.35%、27.49%,40.98%、42.16%、40.30%。管理费用上,主板、中小板、创业板2017Q3、2017Q4、2018Q1累计分别增长9.46%、10.28%、8.59%,25.77%、24.09%、21.52%,38.62%、37.87%、32.80%。财务费用上,主板、中小板、创业板2017Q3、2017Q4、2018Q1累计分别增长11.09%、14.25%、15.30%,60.54%、71.13%、81.07%,129.07%、163.59%、138.97%。不同板块成本端全面下滑,但中小板财务费用快速上升,表明其融资条件较差,创业板第一季度财务费用增速较上年年报有所回落,但仍处在高位。

净资产收益率方面,主板、中小板、创业板2017Q3、2017Q4、

2018Q1 ROE 累计分别增长 8.24%、8.50%、3.46%,8.58%、4.71%、4.57%,−7.96%、−25.40%、15.84%。

整体来看,主板、中小板第一季报业绩均出现下滑,但创业板业绩出现大幅回升。另外,在无风险利率抬升过程中,中小创企业融资条件恶化,财务费用增速处在高位。

(资料来源:财通证券,http://www.yjcf360.com/gushizhibo/16980620.htm,2018年5月3日。)

6.1.2 利润质量的特征

对利润质量进行评价是一项复杂的活动,很难用某一指标来衡量。一般而言,判断企业利润质量的高低可以考虑以下几点:是否按照会计准则客观反映企业会计期间的经营成果?企业各会计期间的会计利润是否稳定增长?是否可以通过对企业最近会计期间利润情况的分析预测未来的利润?企业利润与现金流量之间是否具有较稳定的相关关系?

为此,高质量利润应当具有以下特征:

(1) 企业持续采用谨慎、稳健的会计政策对经济事项进行确认、计量,能够客观、公允地反映企业的财务状况、经营成果。

(2) 企业资产结构良好、运转效率高、管理科学有效;企业资本结构合理、负债水平适度。

(3) 企业开展主营业务所需要的固定资产运转正常,使用及维护良好。

(4) 企业利润结构稳定,利润主要来源于具有良好市场发展前景、增长潜力大的主营业务;企业利润实现具有较强获取现金的能力。

(5) 净利润的多少及增长不依赖于税收政策。

同理,一个企业如果出现与上述完全相反的特征,则是利润质量低的表现。

6.1.3 影响利润质量的因素

利润的质量可以通过市场价值或者股票价值反映,影响企业市场价值的因素包括企业经济环境、金融环境、税收政策、企业的主营业务构成、选用的会计政策、现金流量分布、资产结构、偶然或一次性的经济事项、财务状况、企业战略发展规划等。由于信息使用者的管理经验、风险偏好不同,很难总结出一个影响利润质量因素的统一模式，也不能确定一项可以遵循的统一标准，对影响利润质量的单个因素或多个因素组合的相对重要性进行排列。信息使用者应该根据分析目的和要求，有针对性地确定影响利润质量的因素，并对其进行分析与评价。

利润是企业一定时期经营活动的综合反映与体现，利润质量不仅仅只通过利润本身来表现，企业财务活动的特征会对利润质量产生重大影响。例如，企业产品价格、成本结构、经营杠杆、资本构成、资产流动性等，都会影响企业的利润质量。

企业产品价格如果波动幅度大，意味着企业若对产品价格进行调整，其收入会出现较大幅度的变动，企业经营风险就会增加，进而影响企业利润的实现。

企业的成本结构如果发生变动，比如变动成本率降低，由于固定成本与营业收入之间没有直接的配比关系，这种成本结构变化的原因可能是管理者将相关支出予以资本化而不是费用化处理，从而起到了推迟确认费用的作用，这是企业利润质量在下降的表现。

企业经营杠杆作用越强，经营活动水平变化引起的潜在利润的变化也就越大，企业利润波动的幅度越大，利润质量就会越差，投资者的报酬越不稳定，承担的风险也就越大。

资本结构对企业利润质量有着重要的影响，如财务杠杆的选择、融资能力等。如果债务水平上升，企业再进行债务融资的可能性就会降低。如果企业无法取得用于未来发展所需要的资金，或者说企业不能以合理的成本获取发展所需的资金，企业将无法保持利润的持续增长，这将直接影响企业利润的稳定性。随着债权人承担风险的加大，他们所要求的报酬率会增加，因此，资本成本会伴随着债务水平的上升而上升。利息支出的增加，将会提升财务杠杆系数，从而导致利润的波动性加剧，利润质量随之下降。

资产的流动性是反映企业偿债能力的重要指示器。流动性可能对当期利润不产生直接影响，但能通过影响企业的偿债能力来影响以后期间的利润。如果企业为了偿还到期债务而被迫采取贱卖资产等不适当的方式，这将使未来利润变得更加不确定，风险更大。

分析企业的利润质量必须考虑行业因素。在一个行业内不会对利润质量产生负面影响的会计或财务实务，可能会对另一个行业的利润质量产生较大影响。如会计准则规定：企业发生的借款费用，可直接归属于符合资本化条件的资产的购建或者生产的，应当予以资本化。这在公用事业领域里一般不会影响利润质量，因为未来调整后的产品价格可以反映对这一成本所做的补偿。相反，对制造企业而言，由于产品的价格由市场决定,那部分资本化的费用能否在未来得到补偿,具有很大的不确定性。

与行业有关的政治和环境因素也会影响利润的质量,一般而言,管理者无法控制这些因素。例如,一家设在经济和政治因素不稳定国家内的企业,其利润可能被列为低质量,原因在于,那里存在着国有化、限制利润返还或政府管制(如价格和工资控制)的风险。

案 例 链 接

2018年A股年报扫描:总体利润下降
六成企业负债率抬升

2018年上市公司合计利润为3.38万亿元,较2017年减少0.06万亿元,这也是近年来A股上市公司合计净利润罕见出现下降的一年。

伴随着A股公司年报的全部披露,上市公司基本面的变化趋势也呈现在市场面前。

《21世纪经济报道》记者统计数据发现,一方面2018年仍有多达3 154家上市公司实现盈利,占比高达87.47%;另一方面2018年亏损的A股公司数量正在较上一年出现翻倍式增长;与此同时,超过2 072家A股公司的负债率进一步抬升,占比接近统计口径内上市公司总数的六成(扣除金融类企业)。

在业内人士看来,2018年去杠杆政策的进一步深化带来财务成本的上升,以及部分上市公司商誉风险暴露,是A股公司基本面有所下行的主要原因;但这一趋势似乎又在被随后出现的第一季报所扭转。

记者了解到,目前业内对于2018年上市公司年报所流露出的基本面是否见底仍存分歧,而2019年以来货币政策走向、贸易风险等因素也成为不少买方机构所关注的重要变量。

亏损企业数量增两倍

上市公司2018年年报似乎诠释了下半年A股市场表现不尽如人意的原因。

《21世纪经济报道》记者统计数据发现,2018年A股上市公司亏损企业的数量较2017年出现了大幅增加——2017年,亏损企业数量为227家,而2018年该数字增至452家,为2017年的1.99倍。

亏损公司数量的另一面是，上市公司亏损总额的增加。统计显示，2018年上市公司合计亏损额达3 874.80亿元，是2017年1 202.44亿元的3.22倍。

上市公司亏损数量和规模的增多，也直接影响到2018年上市公司利润的整体情况。记者统计发现，若仅统计盈利公司，2018年上市公司归母公司净利润合计达3.77万亿元，还较2017年的3.56万亿元增加0.21万亿元。

但如果计入亏损公司统计后，2018年上市公司合计利润为3.38万亿元，较2017年减少0.06万亿元，这也是近年来A股公司合计净利润罕见出现下降的一年。

"上市公司整体利润负增长比较罕见，因为一方面上市公司的基本面通常是不断向好的，另一方面上市公司数量不断增加，新公司的业绩也是比较健康的。"北京一家大型券商策略分析师表示，"如果只看盈利公司，还相对稳定，但仍然抵不住一些公司的超额亏损。"

亏损企业数量、占比双增加的同时，"巨亏"企业数量的增多成为重要特征。

统计数据显示，虽然2017年出现了乐视网（300304.SZ）和石化油服（600871.SH）两家亏损超过百亿规模的上市公司，但整体归母公司股东净利润亏损额超过10亿元的公司只有25家，合计亏损达784.48亿元。

而在2018年，亏损额超过10亿元的公司数量则进一步增多至123家，合计亏损额达2 864.50亿元，占同期全部未盈利上市公司亏损总额的73.93%。

业内人士指出，部分公司的商誉减值和财务"洗澡"是巨亏现象增多的主要原因，2018年年报亏损额最高的天神娱乐（002354.SZ）创下71.51亿元巨亏的原因正是来自商誉的大幅减值。

"一方面是商誉问题导致的，2015年的牛市助推了当时的并购潮，并购形成的商誉资产却集中在三年后形成巨大的减值风险，进而造成一些公司的财务巨亏。"上海一家私募机构负责人表示，"另一方面，由于资本市场改革正在强化退市机制，不少有连续亏损压力的公司在财务调整上'洗澡'，这也加剧了部分公司的亏损程度。"

（资料来源：21世纪经济报道，http：//m.ironge.com.cn/cj/2632_2.html，2019年5月1日。）

6.2 利润质量分析

6.2.1 利润质量的评价标准

评价利润质量高低的重要依据是会计利润的可靠性，也就是会计利润如实反映企业实际情况的程度。衡量利润质量的高低没有一个绝对的标准，但可以从概念上以高质量利润和低质量利润进行区分。如果利润的实现是以稳健的会计政策为基础，恰当、客观地反映经济活动事项和财务成果，这种利润就是高质量的。或者说，高质量的利润较好地反映了企业的目前财务状况、经营成果和未来发展前景，同时也表明管理层对企业经济现实的评价较为客观。反之，企业的利润实现可能是低质量的。低质量的利润可能意味着企业管理层对企业财务状况进行粉饰，夸大了企业真实的经济价值，也表明管理层没有客观地反映企业的目前状况和未来前景。

不同的财务信息使用者对利润质量的目的和要求不同，所以，利润质量的分析方法各异，但一般可以从利润的形成过程和形成结果两方面进行分析。

从企业利润的形成过程看，利润是收入与费用的差额，分析企业利润的质量，应主要从利润的构成情况入手分析。利润构成的主要项目有产品销售利润、资产处置收益、公允价值变动收益、投资收益等。对于反映企业目前利润的增长和未来经营成果水平而言，利润中各个组成部分的重要性并不都是一样的。企业的经营活动应该是企业利润的主要来源，因为经营活动是企业一切活动的核心和重点。在评判利润质量时，应着重分析产品销售利润在企业利润中所占的比重及其变动趋势，该比重越大，说明企业利润来源越稳定、持久，利润质量较高；反之，则说明该企业的利润质量有问题，企业管理当局应当仔细分析其形成的原因，并及时采取必要的措施，化解可能产生的风险。

利润是权责发生制下企业经营成果的反映，在信用交易机制下，企业以赊销方式进行的销售在销售当期可能并未带来现金流入，所以，利润形成结果的重点是分析利润的收现程度，即分析利润和现金流量之间的关系。

6.2.2 利润质量分析

1. 利润实现过程的分析

（1）营业收入。对企业的营业收入进行分析时，应从以下几个方面入手：

①营业收入的确认。企业应当在履行了合同中的履约义务，即客户取得相关商品控制权时确认收入。取得相关商品控制权是指能够主导该商品的使用并从中获得几乎全部的经济利益，也包括有能力阻止其他方主导该商品的使用并从中获得经济利益。企业在判断商品的控制权是否发生转移时，应当从客户的角度进行分析，即客户是否取得了相关商品的控制权以及何时取得该控制权。当企业与客户之间的合同同时满足下列条件时，企业应当在客户取得相关商品控制权时确认收入：合同各方已批准该合同并承诺将履行各自义务；该合同明确了合同各方与所转让商品或提供劳务（以下简称"转让商品"）相关的权利和义务；该合同有明确的与所转让商品相关的支付条款；该合同具有商业实质，即履行该合同将改变企业未来现金流量的风险、时间分布或金额；企业因向客户转让商品而有权取得的对价很可能收回。

营业收入：企业在销售商品、提供劳务及让渡资产使用权等日常活动中所形成的经济利益的总流入。

企业将商品的控制权转移给客户，该转移可能在某一时段内（即履行履约义务的过程中）发生，也可能在某一时点（即履约义务完成时）发生。对于在某一时段内履行的履约义务，企业应当选取恰当的方法来确定履约进度；对于在某一时点履行的履约义务，企业应当综合分析控制权转移的迹象，判断其转移时点。所以，应重点分析营业收入的确认时间、确认方法和收入的真实性。

利润实现过程的评价

②营业收入的计量。企业应当首先确定合同的交易价格，再按照分摊至各单项履约义务的交易价格计量收入。交易价格是指企业因向客户转让商品而预期有权收取的对价金额。在确定交易价格时，企业应当考虑可变对价、合同中存在的重大融资成分、非现金对价以及应付客户对价等因素的影响。如果合同中包含两项或多项履约义务，企业应当在合同开始日，按照各单项履约义务所承诺商品的单独售价的相对比例，将交易价格分摊至各单项履约义务。

③营业收入的构成。营业收入的构成分析，主要从以下几个方面进行：

第一，营业收入的行业构成。企业所涉及的行业存在着不同的风险和机遇，它们在很大程度上决定了企业未来的获利能力、现金流量及经营风险。对信息使用者而言，若想全面了解一家跨行业经营企业的情况,需要全面客观地分析每一行业所面临的威胁和机遇。跨行业经营的企业,其风险和报酬率取决于企业所处行业的经营现状、经济政策、未来发展趋势。了解企业不同行业营业收入的构成情况,有助于信息使用者对风险与报酬进行适当的评价。

第二,营业收入的品种构成。在现代市场经济条件下,企业为了规避风险,往往会采取多品种等多元化经营方式。因此,了解企业不同商品或劳务的营业收入构成,对财务信息使用者有着重要意义。在营业收入总额中,若新产品或服务营业收入的比重提高,说明企业在研究开发方面取得了成绩,信息使用者可以据此对企业未来发展趋势进行判断,更好地分析企业的竞争能力和收入的稳定性,评价企业的成长性,从而对企业未来的营业收入做出预测。

第三,营业收入的地区构成。为了扩大市场份额、增加市场占有率,企业可能在不同的地区提供产品和服务。从顾客的心理和购买行为看,不同地区的顾客对不同品牌的商品具有不同的偏好,不同地区的地理条件、经济政策等诸多因素也对营业收入产生重要影响。若企业利润依赖于以城镇为主的地区的营业收入,那么,这些地区营业收入的增长变化会影响企业利润的稳定性和成长性。如果企业收入中新开拓地区营业收入的增长较快,则反映了企业在开拓市场方面取得的成绩,信息使用者可以据此评价企业未来的发展。

第四,关联交易收入在总收入中的比重。在企业形成集团化经营的条件下,各成员企业为了节约交易费用等原因往往会产生集团内的购销业务,形成关联方交易。由于关联方的特殊关系,关联方之间常常为了达到特定目的而对某一企业进行包装,人为地制造一些业务。当关联交易收入占总收入比重较大或增长较快时,信息使用者需要对关联交易的价格、交易实现时间进行分析,以剔除关联交易中的非市场化因素,掌握企业真实、稳定的营业收入情况。

【例6-1】根据青岛啤酒财务报表及附注等资料,整理公司2016~2018年的营业收入构成,如表6-1所示。

表6-1　　青岛啤酒营业收入分行业、分产品、分地区情况

项目	金额(万元)					
	2016年		2017年		2018年	
分行业/分产品	2 610 634.37	100.00%	2 627 705.17	100.00%	2 657 525.52	100.00%
啤酒	2 581 825.05	98.90%	2 598 507.50	98.89%	2 623 414.80	98.72%

续表

项目	金额（万元）					
	2016 年		2017 年		2018 年	
其他业务	28 809.32	1.10%	29 197.67	1.11%	34 110.72	1.28%
分地区	2 610 634.37	100.00%	2 627 705.17	100.00%	2 657 525.52	100.00%
中国大陆*	2 523 007.70	96.64%	2 870 716.10	109.25%	2 970 374.70	111.77%
山东	1 360 684.50	52.12%	1 566 654.90	59.62%	1 692 613.40	63.69%
华北	420 260.90	16.10%	557 246.30	21.21%	592 655.40	22.30%
华东	273 688.20	10.48%	286 597.30	10.91%	291 063.80	10.95%
华南	324 251.30	12.42%	366 780.90	13.96%	316 434.30	11.91%
东南	144 122.80	5.52%	93 436.70	3.56%	77 607.80	2.92%
港澳台地区及海外	58 817.30	2.25%	68 747.20	2.62%	66 113.80	2.49%
其他业务	28 809.32	19.99%	29 197.67	31.25%	34 110.72	43.95%
内部抵销	0	0.00%	-340 955.80	-12.98%	-413 073.70	-15.54%

注：*内部抵销项为负值，导致了 2017~2018 年中国大陆的收入占比超过 100%。

根据表 6-1，从行业和产品的构成来看，青岛啤酒近三年的啤酒收入比重虽然有小幅下降，但仍稳定在 98% 以上，说明公司的盈利是依赖于主要产品啤酒的销售来实现的。

按照地区分布进行分析，青岛啤酒的营业收入主要来自中国大陆，港澳台地区及海外的销售比例非常低，说明该公司在开发海外市场上还有较大的潜能，可以进一步通过开发海外市场提高自身的国际竞争力。

而从中国大陆的收入构成来看，青岛啤酒一半以上的收入来自其大本营山东地区（2018 年比重达 63.69%），且该比重仍呈增长趋势，说明青岛啤酒在山东地区的竞争优势明显。青岛啤酒来自华北地区的营业收入及占比均稳步增长（2018 年占比达 22.30%），反观注册地在北京的燕京啤酒 2016~2018 年在该地区的营业收入出现了滞胀，说明青岛啤酒在该地区的竞争力有所增强。华南和东南地区是华润啤酒的势力范围，2016~2018 年在该地区的竞争优势逐渐扩大，使得青岛啤酒在这两个地区的营业收入及占比均处于萎缩状态。

试一试：找一家企业，收集相关资料，对该企业进行营业收入分析，你会发现什么问题？这些问题出现的原因是什么？

案 例 链 接

周黑鸭陷扩张瓶颈：首现门店负增长　半年关店117家

2019年8月27日晚，周黑鸭披露2019年半年报显示，公司实现营业收入16.26亿元，归母净利润2.24亿元，同比分别增长1.8%和−32.53%。公司表示，净利润下滑主要是门店经营利润率下跌、原材料成本上涨导致毛利率下降，新投产项目和门店租金增长等。

营业收入增长则是得益于线上渠道销售额略微增加。不过，1.8%的营收增速，相比同期绝味食品19.42%、煌上煌13.15%的营收增速，要逊色很多。

2019年上半年，公司自营门店实现收入14.03亿元，同比减少1.89%；线上渠道实现收入1.64亿元，同比增长9.33%；分销商实现0.50亿元，同比减少2.06%。

公司主要依赖于自营门店的收入，自营门店收入占比公司营业收入的86.3%。

2019年上半年，公司新开自营门店84家，同时因经营效益不佳、市政改造等原因关闭117家，新进入河南信阳、福建晋江、广东江门和汕头等城市。这是周黑鸭有公开披露数据以来，首次出现门店数量负增长。截至2019年6月底，公司在全国拥有自营门店总数量为1 255家。

2019年上半年毛利率从上年同期的59.9%降至55.9%，仍高于绝味食品（34.23%）、煌上煌（37.32%）。值得注意的是，周黑鸭净利率已从2018年上半年的20.76%降至2019年上半年的13.78%。

周黑鸭在湖北武汉崛起，并从这里走向全国市场。包括湖北在内的华中五省，是公司的最主要市场，一直用40%以上的门店数量，贡献超过60%的营业收入。

2019年前6个月，华中区域实现收入8.42亿元，占比公司营业收入的60%。2018年和2017年同期，分别为8.65亿元（62.8%）和8.74亿元（64.1%）。

报告期内，公司在华中区域净增门店40家，增速为7.69%。2018年同期净增门店为120家，增速30%。

门店增加而收入下降，正是源于单店收入的持续负增长。

2019年上半年，华中区域单店年收入150.28万元，同比下降9.66%；2018年上半年单店年收入166.35万元，同比下降23.87%。

在周黑鸭比较看重的华东市场，也出现下滑的局面。报告期内，公司在华东区域的门店同比减少19家，收入同比减少7.78%。

目前，公司只有在华南区域的收入增长趋势比较明显，2019年上半年实现2.25亿元，同比增长28.57%，其门店数量从2018年上半年的207家增至2019年上半年的226家。

2018年，公司进入西北市场，截至同年6月末，西北区域门店已有9家，实现收入544.6万元，占比公司收入的0.4%。

（资料来源：斑马消费，http://news.winshang.com/html/066/2691.html，2019年8月29日。）

（2）营业成本。不同的企业类型，其营业成本的表现形式也不相同。制造企业的营业成本表现为已销售产品的生产成本；商品流通企业的营业成本则表现为商品成本。

> 营业成本：
> 企业所销售商品或者所提供劳务的与企业营业收入相关的成本。

进行营业成本分析时必须结合营业收入进行，因为营业利润的初始来源是营业收入与营业成本之差，即销售毛利，这一差额越大，表示企业的初始获利空间越大，承担销售费用等期间费用的能力越强。销售毛利在一定程度上说明了企业营业利润来源的稳定性、持久性。

但值得注意的是，导致营业成本提高或者降低的原因很多，既有政府的政策调控和来源于市场的价格波动等不可控因素，也有来自企业供货渠道、采购批量、生产消耗等方面的可控因素，还有人为地通过会计核算调整成本的因素。因此，对营业成本进行分析时，应结合各种可能影响营业成本的因素进行综合分析。

【例6-2】根据财务报表相关资料，计算青岛啤酒、华润啤酒和燕京啤酒2016～2018年毛利率，如表6-2所示。

表6-2　青岛啤酒、华润啤酒和燕京啤酒2016～2018年毛利率　　单位：%

项目	青岛啤酒			华润啤酒			燕京啤酒		
	2016年	2017年	2018年	2016年	2017年	2018年	2016年	2017年	2018年
分产品：啤酒	41.60	40.64	37.70	33.71	33.73	35.14	40.90	38.00	39.41
分地区：山东	45.48	37.92	34.59						
华北	42.85	34.48	33.97						
华东	26.42	25.54	22.69						
华南	43.48	37.77	31.37						
东南	26.32	26.25	15.65						
港澳台地区及海外	40.61	40.80	37.24						

注：因披露的分地区口径不一致，表中仅包括青岛啤酒的分地区毛利率数据。

从表 6-2 可以看出，青岛啤酒和燕京啤酒销售啤酒业务的毛利率相差不大，但均高于华润啤酒，这和华润啤酒过分地依靠低价竞争追逐品牌销量有关。

2012～2017 年，啤酒行业经历了需求回落、竞争加剧以及成本上涨三重利空周期，导致行业的利润率不断走低。华润啤酒和燕京啤酒 2018 年啤酒销售业务的毛利率都出现了小幅回升，但青岛啤酒的毛利率仍然出现下滑（降到 40% 以下），其主要原因在于 2018 年度执行的新收入准则将原计入销售费用的市场助销投入调整冲减营业收入。剔除该因素的影响，青岛啤酒的啤酒业务毛利率仍有小幅下降。

由于产品结构、竞争环境和竞争策略等不同，青岛啤酒在不同地区的啤酒销售毛利率不同，即使剔除适用新收入准则的影响，其毛利率仍均呈现下降趋势。东南地区 2018 年毛利率降幅较大主要由产品结构调整所致。

案 例 链 接

超暴利！卖玻尿酸的要 IPO！成本价 200，打到脸上价格飙涨 30 倍

爱美是女人的天性，因此也成了商家赚钱的利器，甚至成就了这个行业的众多超级赚钱的企业，更有幸运者将要拿到科创板上市的门票！

玻尿酸龙头华熙生物科技股份有限公司（以下称"华熙生物"）在申报科创板上市，目前是全球规模产量最大的玻尿酸生产企业，占全球市场份额为 30%，中国市场份额达到 70%。

2019 年 4 月 10 日晚，华熙生物成为了第 11 批科创板受理名单，8 月 30 日华熙生物向证监会提交了上市注册申请。这意味着被誉为"科创板医美第一股"的华熙生物又向科创板近了一步。

华熙生物成立于 2000 年，是一家以透明质酸微生物发酵生产技术为核心的高新技术企业。透明质酸又称玻尿酸，由于其出色的生物相容性和填充效果，近 10 年来，正逐步取代胶原蛋白等其他填充剂，成为重要的美容、医美原料之一，广泛运用于护肤品及微整形美容（注射美容）。

号称全球最大玻尿酸生产商，弗若斯特沙利文调查报告显示，2018 年全球透明质酸原料总销量达到 500 吨，华熙生物产量近 180 吨，占比近 36%，其在国内的市场份额约 60%。从销量来看，华熙

生物、昊海生科和爱美克位列国产品牌前三位。

作为玻尿酸龙头企业,华熙生物受益于"颜值经济"的发展,近年来业绩增长迅猛。数据显示,2016~2018年,华熙生物分别实现营业收入7.33亿元、8.18亿元以及12.63亿元,净利润分别为2.69亿元、2.22亿元以及4.24亿元。

快速增长的业绩背后是超高的毛利率,华熙生物2016~2018年的毛利率分别为77.36%、75.48%、79.92%,玻尿酸原材料毛利率也在75%左右。

超高的毛利率是行业属性,相比于其他公司华熙生物的毛利率相对还要低一点,同行业竞争对手昊海生科也准备登陆科创板,玻尿酸的毛利率更高。拟IPO的爱美客整体毛利率也在华熙生物之上。

(资料来源:IPO 观察,https://baijiahao.baidu.com/s?id=1645646668162512942&wfr=spider&for=pc,2019年9月25日。)

(3)期间费用。在对销售费用、管理费用(含研发费用)的变化情况进行分析时,应注意两个问题:一是固定资产折旧、无形资产摊销等形成的费用是企业以前各会计期间已经发生的支出,本期无法控制其支出规模,其增减变化更多地受企业会计政策的影响;二是片面追求一定时期内销售费用和管理费用的降低,有可能对企业的长期发展不利。销售费用和管理费用应当有一个合理的水平,不能一味地追求降低。企业发生的研发费用、顾客与市场开发、人力资源培训等费用是对未来的竞争力、客户、人力资源方面的投资。一方面,对这些费用采取控制或降低其规模的措施,可能会削弱企业未来的竞争力,制约企业的长远发展,如降低管理人员、市场营销人员的工资和福利费会影响相关人员的积极性;另一方面,这些费用可使企业受益的期限延续数年,会计核算将其作为期间费用计入当年,是对利润的扭曲,会导致管理者因此不热心于创新发展以保证较高水平的会计利润指标,以致因过分追求当前利润最大化而产生决策次优化行为。

对财务费用的增减变化情况应该客观地分析。利息费用的高低主要取决于借款的规模、利率和借款期限。其中,借款规模和期限对企业来说是可控因素,而利率则是不可控因素。借款期限通过借款利率来影响财务费用,借款规模则直接影响利息费用。如果企业因压缩借款规模而导致财务费用下降,无疑,企业利润会因此增加,而此时应考虑的另一个问题是:企业是否会因借款规模的缩小而影响正常生产经营活动的开展。因此,企业不能因为追求利息费用的减少而盲目压缩借款规模,应该根据企业的生产经营需要确定合理的借款规模和借

> 期间费用:
> 企业日常活动发生的不能计入特定核算对象的成本,而应计入发生当期损益的费用。

延伸阅读:
期间费用内容

款期限。

【例 6 – 3】 根据青岛啤酒公司财务报表及相关资料,计算整理 2016~2018 年期间费用相关数据,如表 6 – 3 所示。

表 6 – 3   青岛啤酒期间费用

项目	2016 年		2017 年		2018 年		2017 年环比增长(%)	2018 年环比增长(%)
	金额(万元)	营收占比(%)	金额(万元)	营收占比(%)	金额(万元)	营收占比(%)		
销售费用	602 944	23.10	576 894	21.95	486 883	18.32	-4.32	-15.60
管理费用	134 054	5.13	122 557	4.66	138 638	5.22	-8.58	13.12
研发费用	1 461	0.06	1 869	0.07	1 976	0.07	27.93	5.72
财务费用	-25 741	-0.99	-37 002	-1.41	-49 712	-1.87	-43.75	-34.35
其中:利息费用	1 346	0.05	1 054	0.04	1 371	0.05	-21.69	30.08
利息收入	28 273	1.08	41 516	1.58	53 668	2.02	46.84	29.27
期间费用合计	712 718	27.30	664 318	25.27	577 785	21.74	-6.79	-13.03

从表 6 – 3 可以看出,青岛啤酒近三年的期间费用合计呈下降趋势,且占营业收入的比重也在不断下降,说明公司的费用控制能力不断增强。

公司 2018 年的销售费用下降幅度较大(比 2017 年下降 15.60%),主要是由本年度执行的新收入准则将原计入销售费用的市场助销投入调整冲减营业收入所致。管理费用增加主要是由本年度职工薪酬同比增加所致。研发费用虽逐年增长,但考虑到行业特点,其在营业收入中所占的比重仍然非常低(2018 年只有 0.07%)。财务费用连续出现大幅度负增长(环比降幅均超过 30%),主要是由利息收入增加所致,而利息收入增加的原因是公司货币资金的持续、快速增长。

案 例 链 接

香飘飘近 4 亿销售费拖累利润　上半年扣非净利仅 2 万

2019 年 8 月 13 日,"奶茶第一股"香飘飘发布 2019 年上半年财报。数据显示,2019 年上半年,香飘飘实现营收 13.77 亿元,同比增长 58.26%;归属于上市股东的净利润实现 2 352.96 万元,但扣非净利润仅录得2.28万元。

数据显示，果汁茶作为新单品报告期内销售收入实现5.88亿元，有效带动了香飘飘的业绩增长。此外香飘飘的产品中，仅经典系列销售收入增长7.90%，好料系列和液体奶茶销售收入均有不同程度下降，液体奶茶销售收入下降额度高达50.60%。可以看出，仅靠单品难以带动整体的业绩。

有业内人士表示，香飘飘净利润增长缓慢或是因其过高的销售费用。

长江商报记者统计发现，近5年来香飘飘的销售费用居高不下，平均每年占约四分之一的营收，从2019年半年报来看，销售费用还有继续增加的趋势。

2014~2018年，香飘飘的销售费用分别是5.83亿元、5.20亿元、6.76亿元、6.17亿元和8.00亿元，分别占当年营收的27.86%、26.64%、27.91%、23.37%和24.61%。2019年仅上半年销售费用就高达3.91亿元，相比上年同期增加23.16%。上市两年半，香飘飘销售费用高达18.08亿元。

2017~2019年上半年，香飘飘的销售费用分别是6.17亿元、8.00亿元和3.91亿元，而同期公司净利润分别是2.68亿元、3.15亿元和2 352.96万元，高额销售费用的合理性受到业内外质疑。

对此，香飘飘认为，必要的销售投入是新品推广以及提升市场份额的重要举措，合理的广告投放是品牌建设的必要组成部分。在保证既定收入/利润目标的前提下，向市场投放资源是为了把地基做得更好。

与高额销售费用相对，在研发费用上香飘飘是能省则省。

经统计，2014~2018年，香飘飘研发费用分别是1 477.14万元、558.53万元、639.38万元、1 389.99万元及883.62万元，分别在当期营收中占比0.71%、0.29%、0.27%、0.53%和0.27%。而上市两年以来，香飘飘总员工数量稳定在3 200人左右，研发人员数量也稳定在18人未变。

(资料来源：长江商报，https://health.huanqiu.com/article/9CaKrnKmdhm，2019年8月15日。)

资产减值损失：企业在资产负债表日，经过对资产的测试，判断资产的可收回金额低于其账面价值而计提资产减值损失准备所确认的相应损失。

(4) 资产减值损失和信用减值损失。资产减值损失具体包括计提存货跌价准备、固定资产减值准备、在建工程减值准备、无形资产减值准备、长期股权投资减值准备、投资性房地产减值准备、商誉减值准备、生产性生物资产减值准备等所确认的损失。信用减值缺失包括计提应收账款的坏账准备、债权投资减值准备、合同资产减值准备、租赁应收款减值准备等所确认的损失。

分析资产减值损失和信用减值损失需要注意两点：资产实际发生减值时对企业未来经济利益的流入、竞争的影响如何？资产减值和信用减值的确认是否合理，企业是否利用资产减值或信用减值进行盈余管理？

从青岛啤酒年报数据中可知，2016~2018 年的资产减值损失分别为 784 万元、1 072 万元和 14 703 万元，2017~2018 年的增长率分别为 36.66% 和 1 271.55%，这主要是由个别子公司计提的固定资产减值损失同比增加所致。由于执行新金融工具准则，青岛啤酒 2018 年将原计入资产减值损失的各项金融工具的预期信用损失调整计入信用减值损失。2018 年信用减值损失发生额为 -131 万元，主要是由个别单位收回已计提信用减值损失的应收款项所致。

信用减值损失：反映企业按照金融工具确认和计量准则要求计提的各项金融工具信用减值准备所确认的信用损失。

案例链接

史诗级爆雷！这家美国公司突然计提减值超千亿

前段时间，A 股上市公司集中爆雷，不少公司预告业绩巨亏或大幅下滑，爆雷的多是因大额计提商誉和资产减值损失。

如今有一家美国上市公司也在上演类似的剧情，而且该公司计提的减值规模高达 154 亿美元，按目前的汇率计算，折合人民币超过 1 000 亿元！

这家公司便是卡夫亨氏公司（The Kraft Heinz Company）。根据该公司官网介绍，其是全球第五大食品和饮料公司。

当地时间 2019 年 2 月 21 日，卡夫亨氏公司发布了 2018 年第四季度和 2018 年全年业绩报告。报告显示，公司 2018 年全年实现净销售额 262.59 亿美元，同比微增 0.67%，全年巨亏 102.29 亿美元，而之前的 2017 年公司还实现盈利 109.99 亿美元。

卡夫亨氏之所以在 2018 年出现巨亏，源于公司计提了减值。公司表示，公司记录了非现金减值费用 154 亿美元，以降低某些报告单元的商誉账面金额，主要是美国冷藏和加拿大零售资产。此外，公司在某些无形资产方面也计提了减值费用，主要是卡夫和奥斯卡梅耶的商标方面。

这些费用导致公司巨亏 102.29 亿美元，调整后的 EBITDA（即税息折旧及摊销前利润）与上一年相比下降了 13.9%。

值得注意的是，公司还在报告中提及公司于 2018 年 10 月收到美国证券交易委员会的传票，事关对公司采购领域的调查，更具体地说是与公司采购职能相关的会计政策、程序和内部控制有关。

受到公司报告巨亏百亿美元，以及计提超过百亿美元的巨额减值损失消息影响，卡夫亨氏股价当地时间 21 日盘后暴跌 20.67%，而当地时间 22 日开盘前，卡夫亨氏股价报 38.84 美元，这一价格较上一交易日收盘价下跌 19.39%。

卡夫亨氏的上述减值规模也秒杀一众 A 股公司。

如在已发布 2018 年度业绩预告的 A 股上市公司中，预亏金额最高的为天神娱乐，该公司预计 2018 年度亏损人民币 73 亿元~78 亿元。导致业绩预计巨亏的主要是公司预计计提商誉减值准备约为 49 亿元人民币，以及对参与设立并购基金的出资额和股权投资等计提减值准备。

庞大集团也是 2018 年度 A 股市场另一预亏大户。该公司表示，预计 2018 年度亏损人民币 60 亿元~65 亿元。之所以出现业绩巨亏，根据公告，公司对商誉、存货跌价、金融借款坏账、应收账款坏账等资产计提减值准备是其中重要原因。

在其他几家巨亏金额居前的 A 股上市公司中，*ST 凯迪、华映科技、坚瑞沃能等也都存在减值因素。

(资料来源：证券时报，http://finance.sina.com.cn/stock/usstock/c/2019-02-23/doc-ihqfsksp7720329.shtml，2019 年 2 月 22 日。)

(5) 投资收益分析。投资收益主要包括两类：持有损益和处置损益。持有损益主要包括：权益法核算下长期股权投资由于被投资企业获取利润或发生亏损而确认的投资收益；成本法核算长期股权投资被投资企业宣告发放的股利等。处置损益主要是指处置各种金融资产时获取的收益或发生的损失。投资收益应从两个角度进行分析：持续性和是否存在现金支持。持有损益的持续性强于处置损益。如果投资收益在利润中的比重过大，一般说明企业的利润质量较差，具体应分析投资收益的来源，辨别其是否具有持续性。另外，股利、利息收益以及处置损益都有现金支持，而权益核算下长期股权投资由于被投资企业获取利润或发生亏损而确认的投资收益是否有现金支持需要分析企业的股利政策。

投资收益：企业进行投资活动所取得的各种收益。

案例链接

投资收益榜：23家上市公司投资收益十倍于净利润

整体来看，2018年A股上市公司投资净收益达4 423.3亿元（剔除金融股），占2018年A股上市公司总利润（剔除金融股）的26.7%。这一比例仅次于2017年的27.36%，可见投资净收益成为上市公司带动利润的利器。

证券时报·数据宝与中国上市公司研究院联合发布的"上市公司投资净收益榜"显示，入选的100家上市公司中，上汽集团以331.26亿元的投资净收益位居首位；苏宁易购、中国石油、中国石化2018年投资净收益分别为139.91亿元、119.56亿元和114.28亿元，分列第二位至第四位。此外，广汽集团、万科A、招商蛇口等6家公司2018年投资净收益均超过50亿元。

上市公司的投资净收益主要来自对联营企业和合营企业的投资净收益、股权转让收入等。比如，上汽集团的投资净收益，主要来自对联营企业和合营企业的投资净收益，超过259亿元。苏宁易购的投资净收益则主要由于公司出售了阿里巴巴股份，以及公司及子公司开展投资理财业务。

分行业看，进入"上市公司投资净收益榜"数量最多的行业是房地产，合计18家公司进入榜单；交通运输、公用事业，分别有13家公司和12家公司；此外，汽车、商业贸易、建筑装饰等行业贡献也较多。

在投资净收益为正的情况下，一些公司2018年出现了亏损。从投资净收益与净利润的差额来看，庞大集团、中兴通讯、天神娱乐、*ST华业4家公司2018年投资净收益比净利润多出70亿元以上。其中，庞大集团2018年投资净收益接近12亿元，净利润却亏损近62亿元，二者差距为两市第一。

上述部分公司投资净收益并没能扭转公司的业绩亏损，有的公司则通过投资净收益实现较大的利润。以投资净收益对净利润占比来衡量投资净收益对业绩的贡献率，位居首位的为一汽夏利，2018年投资净收益19.83亿元，其净利润仅0.37亿元，贡献率为53倍。中国高科、模塑科技、西部资源等23家公司2018年投资净收益是其净利润的10倍以上。

相反，也有不少个股的投资净收益拖累净利润。其中，华录百纳和上海莱士2018年投资净收益分别亏损14.81亿元和11.25亿元。

另外，西部矿业、华闻传媒、梦舟股份等多家公司 2018 年投资亏损超过 5 亿元。

（资料来源：证券时报，http：//finance.eastmoney.com/a/201905131120214313.html，2019 年 5 月 13 日。）

（6）公允价值变动损益。公允价值变动损益包括交易性金融资产、交易性金融负债，以及采用公允价值模式计量的投资性房地产、衍生工具、套期保值业务等公允价值变动形成的应计入当期损益的利得或损失。分析时要注意公允价值选择的合理性。

公允价值变动损益：资产的后续计量采用公允价值模式时，期末资产账面价值与其公允价值之间的差额。

（7）资产处置收益。资产处置收益反映企业出售划分为持有待售的非流动资产（金融工具、长期股权投资和投资性房地产除外）或处置组（子公司和业务除外）时确认的处置利得或损失，以及处置未划分为持有待售的固定资产、在建工程、生产性生物资产及无形资产而产生的处置利得或损失。分析时要注意企业处置资产的合理性，是否通过处置资产来调节盈余。因为资产处置收益属于一次性收益，如果其金额在利润中所占比重较大，通常意味着企业的利润质量较差，盈利缺乏可持续性。

（8）营业外收入和营业外支出。营业外收入反映企业发生的除营业利润以外的收益，主要包括与企业日常活动无关的政府补助、盘盈利得、捐赠利得等。营业外支出反映企业发生的除营业利润以外的支出，主要包括公益性捐赠支出、非常损失、盘亏损失、非流动资产毁损报废损失等。分析时应留意企业是否按照国家规定的项目、范围和标准列支，是否把应计入成本的支出挤到营业外收支中。

【例 6 - 4】根据青岛啤酒公司财务报表及相关资料，整理计算 2016 ~ 2018 年利润总额构成（部分项目），如表 6 - 4 所示。

表 6 - 4　　　　　青岛啤酒利润总额构成（部分项目）

项目	金额（万元）			在利润总额中的占比（%）		
	2016 年	2017 年	2018 年	2016 年	2017 年	2018 年
其他收益	54 710	42 715	52 317	25.76	20.29	21.98
投资收益	15 097	5 799	2 052	7.11	2.76	0.86
公允价值变动收益	0	12	5 417	0.00	0.01	2.28
资产处置收益	-22 354	-4 628	1 034	-10.53	-2.20	0.43
营业利润	141 671	211 496	237 756	66.72	100.48	99.91

续表

项目	金额（万元）			在利润总额中的占比（％）		
	2016 年	2017 年	2018 年	2016 年	2017 年	2018 年
营业外收入	20 440	2 288	1 592	9.63	1.09	0.67
利润总额	212 344	210 482	237 977	100.00	100.00	100.00

从表 6-4 中可以看出，2016 年，因固定资产和无形资产处置损失的影响，青岛啤酒的营业利润在利润总额中的占比较低，但 2017~2018 年，利润总额基本均来自营业利润。而从营业利润的构成看，除其他收益外，投资收益、公允价值变动收益和资产处置收益对营业利润和利润总额的影响都较小。其他收益主要是政府补助，在利润中的比率稳定在 20% 以上。总体来说，青岛啤酒的利润质量较高。

2. 利润形成结果分析

利润形成结果分析主要是分析利润和现金流量之间的关系。利润是权责发生制下确认的经营成果，而现金流量反映的是收付实现制下企业获取的现金。现金流量包括经营活动现金流量、投资活动现金流量和筹资活动现金流量，其中，经营活动现金流量反映的是企业自身获取现金的能力，是企业持续现金来源的主要途径。所以，可以根据反映企业自身获取现金能力的经营活动现金流量和权责发生制下的经营成果净利润之间的比率评价企业的利润质量。计算公式如下：

$$净利润现金比率 = \frac{经营活动现金净流量}{净利润}$$

一般认为，净利润现金比率越高，利润质量越高。但净利润中有的和投资活动相关，比如投资收益、资产处置收益，有的和筹资活动相关，比如利息费用。所以，经营活动现金净流量和净利润两者口径不一致，包含的内容不同。因此，该比率只能用来大致评价利润的质量。

利润质量与收入质量有着直接关系，在分析利润质量时，应考虑收入质量，也就是权责发生制下的营业收入中获取现金的比例。一般是将现金流量表中的销售商品、提供劳务收到的现金与利润表中的营业收入进行比较，这一指标称为销售获现比率，其计算公式为：

$$销售获现比率 = \frac{销售商品、提供劳务收到的现金}{营业收入}$$

与净利润现金比率相似，这一比率越高，说明企业的营业收入质量越高。

【例 6-5】 根据青岛啤酒公司财务报表及相关资料，整理计算

2016~2018年利润形成结果评价指标，如表6-5所示。

表6-5　　　　　青岛啤酒利润形成结果评价指标

	2016年	2017年	2018年
营业收入（万元）	2 610 634	2 627 705	2 657 526
净利润（万元）	110 570	138 226	156 101
销售商品、提供劳务收到的现金（万元）	2 927 708	2 961 914	3 188 060
经营活动产生的现金流量净额（万元）	297 089	231 219	399 201
净利润现金比率（%）	268.69	167.28	255.73
销售获现比率（%）	112.15	112.72	119.96

从表6-5中可以看出，青岛啤酒的销售获现比率基本保持稳定，且均在100%以上，说明当期的营业收入不但被全部收回，而且还收回了前期的部分销售款。净利润现金比率先降后升，从比率上看说明青岛啤酒的利润质量极佳。

试一试：查找一家上市公司财务数据进行利润质量分析，总结利润质量变动原因。

案 例 链 接

家居企业"冰火两重天"：现金流远高于净利润

顾家家居最近在收购方面动作频频，而正是有着强大的现金流，才支撑起来这一次次任性的购买。

事实上，在整个家具行业，拥有丰厚现金流的不在少数，威华股份、升达林业、我乐家居等3家上市公司近期经营活动产生的现金流净额居然高达当期净利润的3倍以上。

与这些公司形成鲜明对比的是，有四家公司净利润虽然为正数，但是经营活动产生的现金流净额却处于负数的状态，可见虽然有利润，但真金白银却是难到手。同为家具行业公司，产生这样的现象背后是什么样的原因呢？

主推沙发的顾家家居账上的现金情况是相当充沛的，那么这到底是行业特色还是公司特点呢？

我们将沿着顾家家居，一探整个家具行业的现金流情况。

沙发企业现金流充沛

顾家家居2017年的年报还没有发布,我们先从2017年三季报来看。2017年前三季度,顾家家居实现利润为62 000.81万元,而实现的经营活动产生的现金流净额为73 218.21万元。也就是说,在2017年前三季度,公司的现金流所获得的情况比净利润还多了近两成。

事实上,公司不只是2017年前三季度有这样的情况,在2016年、2015年现金流情况都要比利润情况好。如2016年,公司利润为57 505.15万元,而现金流为97 459.71万元;2015年,公司实现的利润为49 831.19万元,而现金流则为76 209.37万元。

对于顾家家居而言,其常年所获得的现金流比净利润要好,甚至可以提早收到现金。这主要和行业的模式有关,在行业内,基本上都是采取"先收款,再发货"的形式。

作为顾家家居的老对手,敏华控股的表现也不差。

敏华控股上市比较早,而顾家家居上市比较晚,敏华控股目前的总市值为255亿元,顾家家居的总市值为270亿元,已经有后来居上的意味。从最近的业绩表现来看,顾家家居甚至略胜一筹。

顾家家居2017年前三年的营业收入和净利润同比增长率分别为39.59%和40.62%。

2017年,敏华控股实现总收入约95.03亿元人民币,同比增长28.6%,当中来自Home Group Ltd.的收入约为8.31亿元人民币。

从2017年中报来看,敏华控股的毛利率出现了下滑,整体毛利率从42.7%下滑到了38.3%。除去合并毛利率仅为23.6%的HOME集团业务外,成本端中的化工产品、钢材、包装纸板等原材料价格,都出现了较大幅度的上涨,对毛利率产生了较大影响。

敏华控股在2017年前三季度经营活动产生的现金流净额约为65 851.11万元人民币,同期,公司的利润约为67 381.95万元人民币,基本上净利润的情况要略胜于现金流的情况,但是不如顾家家居的表现那么突出。

在2016年年报和2015年年报中,公司实现的利润分别为155 573.66万元和110 592.61万元,而同期公司的现金流分别为154 513.81万元和137 026.71万元。可见,敏华控股的现金流情况同样也相当不错。

现金流净额是净利润的3倍以上

其实,顾家家居的现金流状况在整个家具板块中并不算特别突出,以我乐家居为代表的部分家居企业的现金流情况足以"笑傲群雄"。

在几家已经上市的定制家具公司中,从 2017 年三季报来看,现金流基本上是利润的 1.5~2 倍。其中,我乐家居表现更是惊人,其 2017 年三季报的经营活动产生的现金流净额达到了 12 475.54 万元,而同期公司利润则只有 4 046.19 万元,现金流是利润的 3 倍。

尚品宅配 2017 年前三季度利润为 20 577.17 万元,而同期的现金流净额则达到了 46 524.62 万元,也就是说现金流是利润的 2 倍以上。这一表现也是非常惊人的。

如果把视野拓展到整个家具行业,还有现金流更强的公司。

威华股份 2017 年前三季度实现利润为 1 851.3 万元,而公司同期的现金流则达到了 6 909.16 万元,现金流是利润的 3.7 倍。

紧随其后的是升达林业,在利润仅为 1 231.6 万元的情况下,实现的经营活动产生的现金流净额高达 4 043.95 万元,现金流是利润的 3.28 倍。

威华股份的主营业务是纤维板,而公司近年来还将业务延展到了锂盐以及稀土产品等,公司的现金流良好主要是因为公司的人造板业务良好。

不过,对于升达林业来说,现金流状况良好,除了主营业务之外,还因为合并范围减少、支出减少。

4 家上市公司现金流糟糕

与此同时,4 家上市公司的现金流表现情况却相当糟糕。

其中,喜临门 2017 年前三季度实现的利润为 20 439.09 万元,而同期的现金流却是 -9 241.11 万元;江山欧派 2017 年前三季度实现利润 8 899.12 万元,而现金流为 -2 688.33 万元;亚振家居 2017 年前三季度实现的利润为 4 189.35 万元,现金流 -983.15 万元;永安林业 2017 年前三季度的利润为 2 936.75 万元,现金流为 -5 665.97 万元。

喜临门现金流不佳,主要是由于采购成本增加等因素。江山欧派则主要是由于经营费用及预付业务宣传费用增加。亚振家居主要是由于对经销商新开店给予信用支持导致应收账款增加,以及新品开发、定制产品增加以及下半年存货增加。永安林业则是因为应收账款高等因素。

(资料来源:中华橱柜网,http://www.chinachugui.com/news/245755.html,2018 年 4 月 4 日。)

6.2.3 利润质量降低的识别

利润是企业一定时期经营成果的最终体现,利润质量降低表明企业利润赖以产生的基础越来越不稳定,所代表的支付能力越来越弱,随利润增加而带来的净资产不能为企业未来的发展奠定基础。利润质量降低的原因较多,归结起来分为两类:一是由企业经营情况的现实造成的。企业经营情况造成利润质量恶化的因素包括市场因素、环境因素、企业管理因素等方面。来自市场的因素包括原材料价格上升、市场信息失灵、产品不适销对路等;来自环境的因素包括市场秩序混乱、政府干预导致企业不能按照市场规律决策等;来自企业管理方面的原因包括企业盲目扩张造成投资决策失误、过度负债、产品质量不稳定、退货和返修比例高、资金周转不灵等,这些因素的共同影响致使企业利润质量下降。二是由企业管理者操纵利润造成的。管理者对利润的操纵是指企业对利润的实现时间、利润金额所做的人为调整,这种调整降低了利润的可靠性。管理者操纵利润的根本原因在于企业的委托代理关系。由于委托代理双方的效用函数不一致、信息不对称、契约不完备等非均衡特征,既为管理者操纵利润创造了动机,又为他们提供了操纵利润的便利条件。

虽然利润质量下降的原因复杂、情况有别,但是仍然可以从企业经营活动中的一些变化进行判断和分析。

1. 企业变更会计政策和会计估计

会计政策是指企业在会计核算时所遵循的具体原则以及企业所采纳的具体会计处理方法。会计估计则指企业对其结果不确定的交易或事项以最近可利用的信息为基础所做的判断。

按照会计的一贯性原则,企业的会计政策和会计估计前后各期应保持一致,不得随意变更。会计准则中对会计政策、会计估计的变更提出了具体要求。但是,企业可能在不符合会计准则要求的条件下变更会计政策和会计估计,其目的就是为了调整企业的利润水平。因此,在企业面临不良的经营状况、企业变更后的会计政策和会计估计有利于企业报表利润的改善时,应当被认为是企业利润质量下降的一种信号,尤其是企业的管理者曾经有过利用会计手段粉饰财务报告的"前科"时更是如此。

利润质量
降低的识别

2. 应收账款(包括应收票据,以下同)余额和周转天数异常增加

应收账款是企业因赊销商品而产生的债权。在企业信用政策不变的情况下,应收账款余额与营业收入之间应保持一定的对应关系,应收账款周转天数相对稳定。如果企业改变了信用政策，放松对顾客信誉的审查、放宽收账期将会刺激销售增长，其结果是增加应收账款金额、延长应收账款周转天数。过松的信用政策在刺激营业收入增长的同时，也使企业未来面临更多坏账的风险。可见，应收账款金额、周转天数的异常增加可以认为是利润质量下降的征兆。

3. 企业存货周转趋缓

存货周转速度的下降，一方面表明企业可能在材料的采购批量、采购间隔期、库存，或产品质量、价格、营销策略等方面出现了一些问题，另一方面还存在着企业利用扩大生产规模降低单位成本，从而增加会计利润的可能。不管是哪一方面的原因，在营业收入一定的条件下，存货周转越慢，企业占用在存货上的资金也就越多，企业的利息支出、存货储存损失和储存成本等就会相应地增加。因此，存货周转日趋缓慢是企业利润质量下降的信号之一。

4. 应付账款（包括应付票据，以下同）余额和付款期异常增加

应付账款是企业因购买材料、商品和接受劳务等而应付给供应单位的款项。当供应商的赊销政策不变时，企业应付账款余额与企业的购货支出之间保持着相对稳定的关系，应付账款平均付款期也相对稳定；当产销平衡时，应付账款余额与营业收入之间也有一种相对稳定的关系。如果企业的购货和销售水平均未发生大的变化，供应商的信用政策也没有放松，而企业的应付账款余额却异常增加，平均付款期也持续延长，说明企业支付能力在减弱，其原因可能是资产流动性下降造成的，这也是利润质量下降的表现。

5. 企业负债比例过高

企业的资金来源包括股权资本和债务资本，两种资金来源之间存在一个合理的比例，形成最优资本结构。如果企业资金来源中负债的比重过大，除了企业发展、扩张原因外，还可能是企业通过正常经营活动、投资活动获取的现金难以满足日常经营活动的需要，企业只能依靠扩大负债规模来解决，在这种情况下实现的利润可能无法满足偿债的需要。

6. 企业的销售费用、管理费用大幅度降低

销售费用、管理费用大部分属于固定成本，在一定的业务量范围和时间范围内其总额不随业务量的变化而变化。如果这两项费用大幅度降低，应仔细分析降低的原因。这两项费用中除了大部分是折旧、工资、水电费等约束性成本外，还包括研发费、广告费、员工培训费等酌量性成本，这些费用是对未来的投资。销售费用和管理费用的大幅度降低，大多是压缩酌量性成本的结果。为了保持持久的竞争力，

在企业经营状况正常的情况下,这些费用的发生额应相对稳定,如果压缩这些费用将影响企业未来的发展,也将造成企业缺乏创造利润的持久性。

7. 企业计提的各种准备过低

企业在生产经营过程中要根据资产质量提取减值准备,提取比例由企业根据自身资产状况自行确定,目的是解决企业的虚盈实亏、短期行为和会计信息失真等问题。企业计提各项准备的多少,除了取决于会计人员的职业判断外,还取决于企业特定目标的需要。如果企业计提的各项准备远远低于同行业其他企业的水平,又没有充分的理由进行解释,则可能把应当由现在负担的费用或损失人为地推迟到企业未来的会计期间,从而导致资产和利润的不真实。

8. 企业利润主要来源于非主营业务

经营活动是企业一切活动的核心和重点,也是企业利润持续、稳定的来源。营业利润应该是企业利润的主要组成部分,如果企业利润大多数来源于投资收益、资产处置收益、其他收益和营业外收入,应当做进一步分析:在企业投资决策正确、投资项目收益较稳定时,企业投资收益可能成为企业利润持续的来源;反之,投资收益阶段性的增加难以持久。如果利润主要来自资产处置收益等,则利润的来源具有一次性或偶然性。所以,大量来自非主营业务的利润往往只是一种短期的、表面上的繁荣。

试一试:运用上述方法,查找一家上市公司财务数据进行利润质量分析,总结利润质量变动原因。

案 例 链 接

欢瑞世纪应收账款 23 亿超营收
现金流连续 6 季度为负

2018 年欢瑞世纪实现营业收入 13.28 亿元,同比下降 15.23%,但应收账款 23.22 亿元,较期初增长 35%,占总资产比例为 47.27%,占营业收入的 174.85%。

公司的应收账款增速一直很快,2016~2018 年分别为 7.58 亿元、17.20 亿元、23.22 亿元,坏账损失更是增长迅猛,同期分别为 1 278.70 万元、4 120.65 万元、1.36 亿元,两年增长 9.46 倍。

数据显示,2018 年末同行业可比公司华策影视应收账款占总资产比例为 33.00%,慈文传媒比例为 23.39%,而欢瑞世纪应收账款占总资产比例为47.27%，这一比例高于同业。

2015年欢瑞世纪开始筹划作价30亿元借壳星美联合，溢价278.90%，同时非公开发行股票募集配套资金15.3亿元，2016年交易完成后，欢瑞世纪借壳星美联合上市。

欢瑞世纪股东承诺，2015年至2018年公司净利润分别不低于1.7亿元、2.41亿元、2.90亿元、3.68亿元，扣除非经常性损益的净利润分别不低于1.52亿元、2.23亿元、2.70亿元和3.43亿元，前三年业绩承诺顺利完成。

但2018年，因应收账款问题，欢瑞世纪财报被出具了保留意见审计报告，是否完成了业绩承诺目前仍不确定。

2018年底，欢瑞世纪旗下电视剧《天下长安》应收账款账面余额为5.06亿元，公司按照账龄分析法计提坏账准备0.25亿元。

但审计机构称，鉴于《天下长安》在2018年存在未按计划档期播出且至今仍未播出的情况，在审计过程中，无法获取充分、适当的审计证据以判断上述情况对应收账款可收回性的影响，因此无法确定是否有必要对《天下长安》相关应收账款的坏账准备做出调整，从而无法确定对欢瑞影视2018年度合并报表中归属于母公司的净利润，及扣除非经常性损益后归属于母公司净利润的影响金额。

最终，审计机构对公司2018年年报出具了保留意见审计报告，无法确定欢瑞世纪2018年度业绩承诺完成情况。

值得注意的是，2017年8月17日，欢瑞世纪就曾收到中国证监会《调查通知书》，公司涉嫌信息披露违法违规，截至目前上述立案调查仍在进行过程中，公司尚未收到相关的结论性意见或决定。

高额的应收账款更是导致欢瑞世纪经营性现金流连续六个季度净流出。

欢瑞世纪现主营业务为影视剧的制作发行、艺人经纪、游戏及影视周边衍生业务。公司2018年影视剧及衍生品业务收入11.14亿元，较上年下滑24.36%，艺人经纪业务收入2.11亿元，较上年增加135.39%，总营业收入13.28亿元，较上年同期下降15.23%。

公司称，营业收入的下滑及期间费用的增加导致了归母净利润下滑，销售回款进度受到影响，以致经营活动产生的现金流入减少，2018年经营活动产生的现金流量净额为-6.49亿元，较上年下滑50.05%。

截至2019年第一季度，欢瑞世纪的经营性现金流量净额已连续六个季度大幅流出，2017年第四季度至2019年一季度，其经营性现金流量净额分别为-316.83万元、-3.03亿元、-2.95亿元、-3 679.38

万元、-1 405.08 万元、-4 722.38 万元。

（资料来源：长江商报，https：//baijiahao.baidu.com/s?id=1639804368877043637&wfr=spider&for=pc，2019 年 7 月 23 日。）

6.3 盈利能力分析

派克和多宾斯曾经说过，企业的兴衰与其说是依靠其评估各种投资机会的能力，还不如说是取决于创造盈利能力的机会。澳洲航空CEO 阿兰·乔伊斯（Alan Joyce）用通俗的语言解释了盈利能力的重要性："提高盈利能力是十分重要的，否则我们将没有能力更换旧飞机。"那么究竟什么是盈利能力？盈利能力分析包括哪些内容？如何衡量企业的盈利能力呢？

6.3.1 盈利能力的含义

一般而言，盈利能力是指企业在一定期间内运用其所支配的资源开展经营活动，从中赚取利润的能力。是不是企业的利润越大，其盈利能力就越强呢？答案显然是否定的。因为利润是一个综合性极强的指标，它受企业投入资本、资产规模、行业、地域、管理水平等多种因素共同影响。所以，难以用利润多少这一简单形式对比。

从盈利能力的含义中可以看出，盈利能力是企业在其所支配的经济资源、开展经营活动的基础上赚取利润的能力。因此，在分析企业的盈利能力时，应当从企业利用经济资源创造利润和开展经营活动创造利润两个角度进行分析。

企业所支配的最大范围的经济资源就是企业拥有或控制的可以给企业带来经济利益流入的资产，所以盈利能力分析的第一个基础就是资产。企业的资产是由两类不同要求权的投资者投入的，一类是享有固定回报要求权的债权人，另一类则是享有剩余回报要求权的股东。对债权人而言，他们的投资将获得信贷合同约定的固定利率，因此他们不需要重新计算自己投入部分的盈利能力。但是对股东而言，他们享有的是剩余回报要求权。企业的剩余回报是多少？作为股东，他们投资部分的盈利能力如何？这将是股东所关心的。因此盈利能力分析的第二个基础是"股东权益"，此处，我们简称为"资本"。

企业的利润是在开展商品经营活动的基础上赚取的，以商品经营为基础的盈利能力分析可以帮助我们评价企业的经营管理效率，因此盈利能力分析的第三个基础即为"商品经营"。

综上所述，企业盈利能力分析应分别建立在"资产""资本"和"商品经营"的基础之上，为此，盈利能力分析的内容应当包括"资产经营盈利能力分析""资本经营盈利能力分析""商品经营盈利能力分析"。

盈利能力分析

6.3.2 资产经营盈利能力分析

资产盈利能力是指企业运营资产所产生的获取利润的能力，可以从占用资产的获利能力、消耗资产的获利能力和资产管理效率对资产获利能力的影响等方面进行分析。

1. 总资产报酬率

总资产报酬率是从企业占用资产的角度反映资产获利能力的指标。

总资产报酬率从投资者和债权人的角度来考察企业全部资产的获利能力，并反映企业管理者对所控制的所有资源管理好坏的程度。其计算公式如下：

$$总资产报酬率 = \frac{息税前利润}{平均总资产}$$

$$= \frac{息税前利润}{营业收入} \times \frac{营业收入}{平均总资产}$$

$$= 营业息税前利润率 \times 总资产周转率$$

从上述公式可以看出，总资产报酬率受营业息税前利润率和总资产周转率两个指标的影响，企业要提高总资产报酬率，一方面要提高商品经营盈利能力，也就是提高每一元营业收入所获得的息税前利润，另一方面要提高资产管理效益，也就是提高每一元资产投资额所获得的营业收入。

由于总资产报酬率是一项综合性指标，分析时要注意以下几点：

（1）总资产报酬率指标集中体现了资产运用效率和资金利用效果之间的关系。资金流动越快，资产的占用总额越小，而实现的业务量就越大，从而表现为较少的资产投入能够获得较多的利润。通过总资产报酬率的分析，能使企业管理者形成一个较为完整的资产与利润关系的概念，把资产运用与利润实现挂起钩来。企业要想创造高额利润，就必须重视"所得"和"所费"的比例关系，从而促使企业重视资产管理：只有合理使用资金，降低消耗，提高资产运用效率，避免资产闲置、资金沉淀、资产损失浪费等，方能提高总资产报酬率。

(2) 在企业资产总额一定的情况下,利润的多少便决定着总资产报酬率的高低,利润的波动必然引起总资产报酬率的波动,利用总资产报酬率指标可以分析企业盈利的稳定性和持久性,确定企业面临的风险。盈利的稳定性表明企业盈利水平变动的基本态势;盈利的持久性是指企业在相当长的时期内,盈利水平维持固定或按一定的比例持续增长的状况。它们受企业的收支稳定性、业务结构变化、产品结构及收支习性等因素的影响。对总资产报酬率进行分析,还将促使企业重视改善资产结构,增强其盈利性和流动性。

(3) 总资产报酬率指标还可反映企业综合经营管理水平的高低。由于总资产报酬率是一个综合性较强的指标,企业经营管理的各个方面都与其相关,所以总资产报酬率的高低可以折射出企业综合管理水平的高低:企业综合经营管理水平越高,则企业各部门、各环节的工作效率和工作质量越高,资产运用越得当,费用控制越严格,利润水平越高,总资产报酬率也越高。

无疑,企业的总资产报酬率越高,表明其资产管理的效益越好,企业的财务管理水平越高,企业整体资产的投资报酬也越高。反之,资产收益率越低,说明企业资产的利用效率不高,利用资产创造的利润越少,企业整体资产的投资报酬也就越差,财务管理水平也越低。

2. 资产净利率

资产净利率也是从企业占用资产的角度反映资产获利能力的指标,反映企业资产总额与净利润实现之间的关系,用以评价企业使用资产获取净利润的能力。其计算公式如下:

$$资产净利率 = 净利润 \div 平均资产总额$$

3. 成本费用利润率

成本费用利润率是从企业耗用资源的角度反映的资产获利能力。

成本费用是企业取得利润所消耗的经济资源,与利润有着此消彼长的关系。总资产报酬率和资产净利率都是从占用资源的角度反映资产的获利能力,但占用的资源不等于消耗的资源。成本费用利润率则从耗用资源的角度反映了资产的获利能力,是揭示企业投入与产出、所耗与所得对比关系的一项经济指标。计算公式如下:

$$成本费用利润率 = 利润总额 \div 成本费用总额$$

式中的成本费用总额包括营业成本、税金及附加、销售费用、管理费用和财务费用等。

【例 6-6】根据青岛啤酒财务报表数据(见表 6-6),计算其资产获利能力财务指标,见表 6-7。

表6-6　　　　　　　青岛啤酒部分财务报表数据　　　　　　单位：万元

项目	2015年	2016年	2017年	2018年
资产总额	2 850 059	3 007 716	3 097 471	3 407 527
利润总额		212 344	210 482	237 977
利息费用		1 346	1 054	1 371
净利润		110 570	138 226	156 101
成本费用总额*		2 420 921	2 459 034	2 466 016

注：*成本费用=营业成本+税金及附加+销售费用+管理费用+研发费用+财务费用。

表6-7　　　　　　　青岛啤酒资产获利能力财务指标　　　　　　单位：%

项目	2016年	2017年	2018年
总资产报酬率	$\dfrac{212\,344+1\,346}{(2\,850\,059+3\,007\,716)\div 2}=7.30$	$\dfrac{210\,482+1\,054}{(3\,007\,716+3\,097\,471)\div 2}=6.93$	$\dfrac{237\,977+1\,371}{(3\,097\,471+3\,407\,527)\div 2}=7.36$
资产净利率	$\dfrac{110\,570}{(2\,850\,059+3\,007\,716)\div 2}=3.78$	$\dfrac{138\,226}{(3\,007\,716+3\,097\,471)\div 2}=4.53$	$\dfrac{156\,101}{(3\,097\,471+3\,407\,527)\div 2}=4.80$
成本费用利润率	$\dfrac{212\,344}{2\,420\,921}=8.77$	$\dfrac{210\,482}{2\,459\,034}=8.56$	$\dfrac{237\,977}{2\,466\,016}=9.65$

从表6-7计算结果可知，青岛啤酒的总资产报酬率和成本费用利润率指标均呈现先抑后扬的特点，且2018年的指标值大于2016年，公司的资产净利率持续增长，说明公司的整体资产获利能力有所增强。和同行企业相比，青岛啤酒的资产获利能力指标值均远远高于华润啤酒和燕京啤酒，说明青岛啤酒有着较强的资产获利能力。

6.3.3　资本经营盈利能力

资本经营盈利能力是指企业在所有者权益的基础上赚取利润的能力，其衡量指标为净资产收益率（或称股东权益报酬率、所有者权益报酬率）。该指标从投资者角度对企业盈利能力进行评价，反映投资者对企业进行投资的真正回报情况。其计算公式如下：

净资产收益率＝净利润÷平均（或期末）所有者权益

因为净资产收益率衡量的是股东投资的获利能力，在我国实务中，式中的净利润一般为归属于母公司所有者的净利润，所有者权益一般使用归属于母公司所有者权益。即：

净资产收益率 = 归属于母公司所有者的净利润 ÷ 平均（或期末）归属于母公司所有者权益

如果股东想要考察企业赚取全面综合收益的能力，此处的净利润形式就应当为利润表中的综合收益总额。如果股东要考察企业持续赚取利润的能力，此处的净利润形式就要将非经常性损益予以扣除。

为了客观地反映一定期间内投资者投入资本赚取利润的能力，如果企业在该期间内没有增发或回购股票等特殊活动，分母中的所有者权益应当是这一期间所有者权益期初和期末余额的算术平均数。如果企业年内发生发行或回购股票等财务活动，所有者权益就可能在年内发生较大幅度的变化，此时，可以考虑用所有者权益发生变化的时点为分界点，根据分界点确认时间权重，对期初所有者权益和期末所有者权益进行加权平均。为此，净资产收益率分为三种形式：以算术平均所有者权益作为分母的净资产收益率称为"平均净资产收益率"，以加权平均所有者权益作为分母的净资产收益率称为"加权净资产收益率"，以期末所有者权益作为分母的净资产收益率称为"摊薄净资产收益率"。

【例6-7】根据青岛啤酒财务报表的相关数据（见表6-8），计算其2016~2018年的净资产收益率，见表6-9。

表6-8　　　　　　　　青岛啤酒部分财务报表数据　　　　　　　单位：万元

项目	2015年	2016年	2017年	2018年
归属于母公司所有者权益	1 645 806	1 631 395	1 714 523	1 797 047
归属于母公司所有者的净利润	171 313	104 349	126 302	142 220

表6-9　　　　　　　　青岛啤酒净资产收益率　　　　　　　单位：%

财务比率	2016年	2017年	2018年
平均/加权净资产收益率	$\frac{104\,349}{(1\,645\,806+1\,631\,395)\div 2}=6.37$	$\frac{126\,302}{(1\,631\,395+1\,714\,523)\div 2}=7.55$	$\frac{142\,220}{(1\,714\,523+1\,797\,047)\div 2}=8.10$
摊薄净资产收益率	$\frac{104\,349}{1\,631\,395}=6.40$	$\frac{126\,302}{1\,714\,523}=7.37$	$\frac{142\,220}{1\,797\,047}=7.91$

从表6-9的计算结果可知，青岛啤酒的净资产收益率稳步提高。再看同行企业，华润啤酒近三年的加权平均净资产收益率分别为

4.44%、6.52%和5.24%，燕京啤酒分别为2.45%、1.26%和1.39%，均远低于青岛啤酒。由此可见，青岛啤酒以净资产收益率衡量的盈利能力明显强于主要竞争对手，且盈利能力不断改善。

6.3.4 商品经营盈利能力

商品经营盈利能力是指企业在商品经营的基础上赚取利润的能力。由于利润的计算口径不同，衡量企业商品经营盈利能力的指标一般包括：

1. 销售毛利率

销售毛利率是企业毛利额与营业收入的比值。其计算公式如下：

$$销售毛利率 = 营业毛利额 \div 营业收入$$

销售毛利率是销售净利率的主要影响因素，销售净利率的高低取决于销售毛利率的高低，销售毛利率的高低又主要取决于销售成本率的高低。也就是说：其他条件一定的情况下，销售成本率越低，销售毛利率将越高，销售净利率也就越高。可见，要提高销售净利率，首先必须降低销售成本率，以提高销售毛利率。

2. 销售利润率

销售利润率是企业利润总额或营业利润与营业收入的比值。其计算公式如下：

$$销售利润率 = 利润总额或营业利润 \div 营业收入$$

销售利润率反映企业一定时期内营业收入与利润获取之间的关系，即说明企业通过市场销售获取利润的能力。

3. 销售净利率

销售净利率是企业一定时期的净利润与营业收入的比值。其计算公式如下：

$$销售净利率 = 净利润 \div 营业收入$$

销售净利率反映企业收入实现获取净利润的能力。

有关商品经营获利能力指标都属于正向指标，即指标值越高越好。信息使用者在分析时，应当根据不同的分析目的和分析要求，确定适当的标准值，例如可选用行业标准、地区标准、国家标准等，以保证分析的客观性和准确性。

【例6-8】根据青岛啤酒利润表的相关数据（见表6-10），计算其2016~2018年的商品获利能力财务比率，见表6-11。表6-12为华润啤酒和燕京啤酒2016~2018年商品获利能力财务比率。

表 6-10　　　　　　　青岛啤酒利润表部分数据　　　　　　　单位：万元

项目	2016 年	2017 年	2018 年
营业收入	2 610 634	2 627 705	2 657 526
营业成本	1 526 528	1 562 213	1 655 577
营业利润	141 671	211 496	237 756
利润总额	212 344	210 482	237 977
净利润	110 570	138 226	156 101

表 6-11　　　　　　青岛啤酒商品获利能力财务比率　　　　　　单位：%

项目	2016 年	2017 年	2018 年
销售毛利率	$\dfrac{2\,610\,634 - 1\,526\,528}{2\,610\,634} = 41.53$	$\dfrac{2\,627\,705 - 1\,562\,213}{2\,627\,705} = 40.55$	$\dfrac{2\,657\,526 - 1\,655\,577}{2\,657\,526} = 37.70$
销售利润率（以利润总额计算）	$\dfrac{212\,344}{2\,610\,634} = 8.13$	$\dfrac{210\,482}{2\,627\,705} = 8.01$	$\dfrac{237\,977}{2\,657\,526} = 8.95$
销售利润率（以营业利润计算）	$\dfrac{141\,671}{2\,610\,634} = 5.43$	$\dfrac{211\,496}{2\,627\,705} = 8.05$	$\dfrac{237\,756}{2\,657\,526} = 8.95$
销售净利率	$\dfrac{110\,570}{2\,610\,634} = 4.24$	$\dfrac{138\,226}{2\,627\,705} = 5.26$	$\dfrac{156\,101}{2\,657\,526} = 5.87$

表 6-12　　华润啤酒和燕京啤酒商品获利能力财务比率　　单位：%

项目	华润啤酒			燕京啤酒		
	2016 年	2017 年	2018 年	2016 年	2017 年	2018 年
销售毛利率	33.71	33.73	35.14	39.70	36.32	38.53
销售利润率（以营业利润计算）	5.52	5.11	3.65	3.09	3.26	3.38
销售净利率	4.86	3.92	3.03	2.76	1.54	1.98

根据表 6-11 的计算结果和表 6-12 可知，虽然青岛啤酒的毛利率仍处于较高水平，但却逐年下降（毛利率由 2016 年的 41.53% 下降到 2018 年的 37.70%），和竞争对手的差距越来越小，2018 年的毛利率甚至已低于燕京啤酒。不过从销售利润率和销售净利率指标来看，华润啤酒和燕京啤酒的指标值基本都是下降的，而青岛啤酒的指标值不但远高于两个竞争对手，还逐年稳步提高，说明青岛啤酒有着

较强的盈利能力。

案 例 链 接

终极一战——回顾国内啤酒行业
2012～2017年竞争的得失

成因：行业盲目乐观，行业座次不定

2003～2012年，白酒、红酒、软饮料、乳制品、调味品等复合年均增长率（CAGR）高达15%以上，啤酒行业增速近8%，此时的啤酒行业CR5低于50%，此时的消费行业普遍比较乐观，新增产能较多。外资、内资忙于跑马圈地，行业座次不定，竞争无序。

供应：供应不断增加，需求下行。2012～2017年期间，产业新增产能较多，加上并购的产能，百威、华润、青岛、燕京新增产能分别为614万吨、593万吨、408万吨、75万吨，此时关厂比较少。到2016年，行业新增产能不足200万吨，考虑到关厂，实际新增的有效产能不足100万吨。行业龙头华润啤酒的产能停止增长，稳定在2 200万千升，这也是华润啤酒自2010年以来首次停止增加产能。而需求在2013年达到顶峰之后，销量呈现了连续四年的下滑。

整合：整合加速，并购成为主旋律。在此阶段，行业加速集中，并购成为主要的逻辑。2010年之前，CR5不足50%，而到了2017年，CR5近80%。华润和百威市场份额提升最为明显，其次是青岛啤酒。

结果：销售费用率不断走高，利润率处于偏低水平。毛利率和净利润率不断走低。由于供应的增加，厂家普遍比较看中市场份额，一度曾出现"不计成本的买店"行为。在此期间，青岛啤酒的毛利率一度由43%以上回落至38%以下。而燕京和青岛啤酒的净利润率不断走低，从7%～8%的净利润率水平回落至4%～5%。

期间费用率、销售费用率不断走高。2011～2016年期间，由于竞争的加剧，行业一度非理性发展，销售费用率不断地走高，青岛啤酒销售费用率由19%逐步提升至23%，期间费用率由23%提升至27%。燕京啤酒的销售费用率和期间费用率也出现了显著的提升，反映行业的竞争格局趋于紧张。

后市的影响

竞争格局逐步明朗。燕京和青岛啤酒被超越了。从市场份额来看，华润和百威啤酒一路高歌猛进，华润进一步夯实第一的地位。百威凭借优秀的资本运作和品牌运作能力，缩小了与青岛啤酒的差距，燕京啤酒在此期间市占率变化不大。从销售收入来看，华润啤酒在2015年的收入超过青岛啤酒，成为名副其实的第一名。而燕京以及青岛啤酒与华润的差距越拉越大。70%以上的省份座次已定，竞争有望逐步有序起来。几年的价格战下来，行业呈现了加速集中，70%的省份行业的第一名和第二名已经变得很清晰，竞争变得理性起来。

行业量增比较困难，价格增长空间较大。人口红利结束，量增转价增。啤酒消费的主力人群年龄集中在20~50岁，在老龄化趋势下，该年龄段人口占比不断下降。欧睿数据显示，2011~2017年，我国20~50岁人口占比从51.74%降至48.53%。预计到2020年，这个年龄段人口占比可能降至45.7%，人口老龄化制约了啤酒消费量的增长。2017年我国人均啤酒消费量达到32升，高于全球均值25.9升，低于日韩以及欧美，高于我国台湾地区。纵向比较，我国人均啤酒消费量2013年达到峰值，随后开始下降。

国内吨酒价格、吨酒利润均处于较低的水平，价格有望成为新的增长点。国内长期的低价竞争，使得产品的出厂价格总体偏低，出厂价45元的"勇闯天涯"折算下来出厂价不足2元，基本是买一送一，对比国际，我国吨酒价格还有2倍以上的成长空间；很难想象一瓶终端价格为5元的产品（以华润的勇闯天涯为例），厂家仅挣7~8分，而同样价格的六个核桃一瓶可挣0.6~0.7元，背后的原因主要是买赠较多以及买店的成本偏高。行业量增不明朗的当下，寻得新的增长点主要靠价格。

（资料来源：中泰证券，https://pdf.dfcfw.com/pdf/H3_AP201802071088568590_1.pdf?1518021181000.pdf，2018年2月8日。）

6.3.5 企业获取现金的能力

盈利能力分析一般在权责发生制的基础上对企业赚取利润的能力进行分析。企业的盈利能力分析还可以以收付实现制为基础，考察企业获取现金的能力。

1. 从资产经营角度考察企业获取现金的能力

从资产经营角度考察企业获取现金能力的指标为全部资产现金回收率。

全部资产现金回收率为经营活动现金净流量与平均总资产之间的比率。计算公式如下：

$$全部资产现金回收率 = 经营活动现金净流量 \div 平均总资产$$

现金流量表中包含三种不同的现金流量：经营活动现金净流量、投资活动现金净流量和筹资活动现金净流量，只有经营活动现金净流量才是企业自身经营获取的稳定的、持续的现金流量，因此，在考察企业获取现金能力时，能够反映企业获取现金能力的现金流量指标为经营活动现金净流量。

2. 从资本经营角度考察企业获取现金的能力

从资本经营角度考察企业获取现金能力的指标为净资产现金回收率。

净资产现金回收率为经营活动现金净流量与平均所有者权益之间的比率。计算公式如下：

$$净资产现金回收率 = 经营活动现金净流量 \div 平均所有者权益$$

与全部资产现金回收率相同，此处在考察净资产获取现金能力时，能够反映企业获取现金能力的现金流量指标仍为经营活动现金净流量。

3. 从商品经营角度考察企业获取现金的能力

从商品经营角度考察企业获取现金能力的指标为销售获现率。

销售获现率为经营活动现金净流量与营业收入之间的比率。计算公式如下：

$$销售获现率 = 经营活动现金净流量 \div 营业收入$$

【例6-9】根据青岛啤酒财务报表数据（见表6-13），计算其获现能力指标，见表6-14。

表6-13　　　　青岛啤酒部分财务报表数据　　　　单位：万元

项目	2015年	2016年	2017年	2018年
资产总额	2 850 059	3 007 716	3 097 471	3 407 527
股东权益	1 616 601	1 687 914	1 777 450	1 868 995
营业收入		2 610 634	2 627 705	2 657 526
经营活动现金净流量		297 089	231 219	399 201

表 6-14　　　　　　　　　青岛啤酒获现能力指标　　　　　　　单位：%

项目	2016 年	2017 年	2018 年
全部资产现金回收率	$\dfrac{297\ 089}{(2\ 850\ 059+3\ 007\ 716)\div 2}$ $=10.14$	$\dfrac{231\ 219}{(3\ 007\ 716+3\ 097\ 471)\div 2}$ $=7.57$	$\dfrac{399\ 201}{(3\ 097\ 471+3\ 407\ 527)\div 2}$ $=12.27$
净资产现金回收率	$\dfrac{297\ 089}{(1\ 616\ 601+1\ 687\ 914)\div 2}$ $=17.98$	$\dfrac{231\ 219}{(1\ 687\ 914+1\ 777\ 450)\div 2}$ $=13.34$	$\dfrac{399\ 201}{(1\ 777\ 450+1\ 868\ 995)\div 2}$ $=21.90$
销售获现率	$\dfrac{297\ 089}{2\ 610\ 634}=11.38$	$\dfrac{231\ 219}{2\ 627\ 705}=8.80$	$\dfrac{399\ 201}{2\ 657\ 526}=15.02$

从表 6-14 的计算结果可以看到，青岛啤酒的三个获现能力指标在 2017 年均下降，原因是当年购买商品、接受劳务支付的现金同比增加导致其经营活动现金净流量同比减少 25.16%。2018 年，销售商品、提供劳务收到的现金同比增加，使其经营活动产生的现金流量净额同比增加 72.65%，从而导致获现能力指标都大幅增加。

6.3.6　上市公司盈利能力分析

1. 每股收益分析

（1）每股收益内涵。每股收益是从基本股权份额的角度，进一步评价所有者权益的投资回报。

每股收益是评价上市公司投资报酬的基本和核心指标，因为它具有引导投资、增加市场评价功能、简化财务指标体系的作用。具体说来就是：

①每股收益指标具有联结资产负债表和利润表的功能，是两张财务报表之间的"桥梁"。每股收益这一单一指标具有反映两张报表的综合数值的特点，即每股收益是企业的多种因素综合作用形成的结果的表现形式，这就使企业的财务评价通过分析这一指标而变得简单易行。

②每股收益指标较好地反映了股东的投资收益，决定了股东的收益水平。每股收益值越高，股东投资的收益能力越强，股东的投资收益就越高，每一股份所得的利润一般也越多。

③每股收益还是确定企业股票价格的主要参考指标。在其他因素不变的情况下，每股收益越高，该股票的市价上升空间就越大。

（2）每股收益的计算。每股收益是归属于普通股股东的净利润或者净亏损除以发行在外的普通股股份数。其计算方法有两种：

①基本每股收益。基本每股收益的计算公式如下：

> 每股收益：
> 企业净收益与发行在外普通股股份数的比率，是普通股股东每持有一股所能享有的企业净利润或需承担的企业净亏损。

$$\text{基本每股收益} = \frac{\text{归属于普通股股东的当期净利润}}{\text{当期发行在外普通股的加权平均数}}$$

从公式中可以看出,计算基本每股收益的关键是确定归属于普通股股东的当期净利润和当期发行在外普通股的加权平均数。在计算归属于普通股股东的当期净利润时,应当考虑公司是否存在优先股。如果不存在优先股,公司当期净利润就是归属于普通股股东的当期净利润。如果存在优先股,在优先股是非累积优先股的情况下,应从公司当期净利润中扣除当期已支付或宣告的优先股股利;在优先股是累积优先股的情况下,公司净利润中应扣除至本期止应支付的股利。

如果以合并财务报表为基础计算基本每股收益,分子应当是归属于母公司普通股股东的当期合并净利润,即扣减少数股东损益后的余额。如果与合并财务报表一同提供的母公司财务报表中企业自行选择列报每股收益的,以母公司个别财务报表为基础计算的基本每股收益,分子应当是归属于母公司全部普通股股东的当期净利润。

知识拓展

加权平均普通股数计算

新发行普通股股数,应当根据发行合同的具体条款,从应收对价之日(一般为股票发行日)起计算确定。当期发行在外的普通股可能处于不断的变化中,所以在计算每股收益时应计算其加权平均数。其计算公式如下:

$$\text{当期发行在外普通股加权平均数} = \text{期初发行在外普通股股数} + \text{当期新发行普通股股数} \times \text{发行在外时间} \div \text{报告期时间} - \text{当期回购普通股股数} \times \text{已回购时间} \div \text{报告期时间}$$

在计算当期发行在外普通股加权平均数时,权数可以按天数来计算,在不影响计算结果合理性的前提下,也可以按月来计算。

在计算当期发行在外普通股的加权平均数时,有两个问题值得注意:第一,在企业合并采用权益结合法处理的情况下(同一控制下的企业合并),应根据合并过程中发行或取消的股票数调整加权平均数;第二,在发生不改变企业资源但将引起当期发行在外普通股股数发生变动的情况(如派发股票股利、公积金转增股本、拆股和并股)下,需重新计算所有列报期间的股份数,并追溯调整所有列报期间的每股收益。

> 在计算流通在外普通股加权平均数时，特别要注意的是企业合并中所采取的核算方法，核算方法不同，外发普通股在外流通的时间也不相同。非同一控制下的企业合并应采用购买法核算。在购买法下，被合并企业的合并前的净利润不包括在合并企业的净利润中，只有合并以后的利润才包括在合并企业的净利润中，所以在购买法下，因合并而发行的股票流通在外的时间应从股票发行的时间开始计算。同一控制下的企业合并应采用权益结合法核算。

【例6-10】假定红海公司2019年初发行在外的普通股为25 000万股，4月30日新发行普通股6 000万股，12月1日回购普通股3 600万股，以备奖励员工。公司当年的净利润为4 140万元。请计算红海公司2019年的基本每股收益。

红海公司当期发行在外的普通股股份数为：

$$25\ 000 + 6\ 000 \times \frac{8}{12} - 3\ 600 \times \frac{1}{12} = 20\ 700（万股）$$

红海公司基本每股收益为：

$4\ 140 \div 20\ 700 = 0.2$（元/股）

②稀释每股收益。计算稀释每股收益一般分为两个步骤进行：

第一，潜在普通股是否具有稀释性的判别。如果公司存在潜在普通股，首先应判断潜在普通股是否具有稀释性。如果潜在普通股不具有稀释性，那么公司只需计算基本每股收益；如果潜在普通股具有稀释性，公司还应当根据具有稀释性的潜在普通股的影响，分别调整归属于普通股股东的当期净利润以及当期发行在外普通股的加权平均数，据以计算稀释每股收益。

第二，稀释每股收益的计算。计算稀释每股收益时，应对基本每股收益的分子和分母进行调整。就分子而言，当期归属于普通股股东的净利润应根据下列事项的税后影响进行调整：①当期已确认为费用的稀释性潜在普通股的利息；②稀释性潜在普通股转换时将产生的收益或费用。这里主要是指可转换公司债券。就分母而言，普通股加权平均股数为计算基本每股收益时的加权平均股份数加上全部稀释性潜在普通股转换成普通股时将发行的普通股的加权平均数量。以前发行的稀释性潜在普通股应视为已在当期期初转换为普通股，本期发行的潜在普通股应视为在发行日转换成普通股。对分母的调整主要涉及股票期权和认股权证。具有稀释性的期权和认股权证不影响归属于普通

延伸阅读：
潜在普通股是否具有稀释性的判定

股的净利润,只影响普通股的加权平均数。只有当行权价格低于平均市场价格时,股票期权和认股权证才具有稀释性。计算时,应假定已行使该期权,因此发行的普通股股数包括两部分:①按当期平均市场价格发行的普通股,不具有稀释性,计算稀释每股收益时不必考虑;②未取得对价而发行的普通股,具有稀释性,计算稀释每股收益时应当加到普通股股数中。调整增加的普通股股数用公式表示如下:

$$
\text{调整增加的普通股股数} = \text{拟行权时转换的普通股股数} - \text{行权价格} \times \text{拟行权时转换的普通股股数} \div \text{平均市场价格}
$$

【例6-11】假定红海公司2019年归属于普通股股东的净利润为12 000万元,期初发行在外普通股股数10 000万股,年内普通股股数未发生变化。2019年1月1日,公司按面值发行2 000万元的三年期可转换公司债券,债券每张面值100元,票面固定年利率为4%,每年支付一次利息。该批可转换公司债券自发行结束后满12个月即可转换为公司股票,每100元债券可转换为10股面值为1元的普通股。债券利息不符合资本化条件,直接计入当期损益,所得税税率为25%。

假设不考虑可转换公司债券在负债和权益成分的分拆,且债券票面利率等于实际利率。

基本每股收益 = 12 000 ÷ 10 000 = 1.2(元/股)
假设转换所增加的净利润 = 2 000 × 4% × (1 - 25%) = 60(万元)
假设转换所增加的普通股股数 = 2 000 ÷ 100 × 10 = 200(万股)
增量股的每股收益 = 60 ÷ 200 = 0.3(元/股)
稀释每股收益 = (12 000 + 60) ÷ (10 000 + 200) = 1.18(元/股)

【例6-12】假定红海公司2019年归属于普通股股东的净利润为12 000万元,期初发行在外普通股股数10 000万股,年内普通股股数未发生变化。2019年1月1日红海公司发行2 000万份认股权证,行权价格为4元,该公司普通股平均市场价格为5元。

基本每股收益 = 12 000 ÷ 10 000 = 1.2(元/股)
调整增加的普通股股数 = 2 000 - 2 000 × 4 ÷ 5 = 400(万股)
稀释每股收益 = 12 000 ÷ (10 000 + 400) = 1.15(元/股)

信息使用者运用每股收益进行分析评价时需要注意以下问题:(1)每股收益仅仅反映上市公司过去期间的盈利能力,不能反映该上市公司所面临的风险;(2)每股收益反映每一股股份赚取利润或者承担亏损的能力,而股份仅仅是一个份额的概念,由于不同公司股票的价格不同,即股东对每一股股份的投入量不同,从而限制了公司间每股收益的可比性;(3)每股收益只是反映普通股股东每持有一股普通股所能享有的企业净利润或需承担的企业净亏损,不能反映企业的股利分配情况,因为企业的具体分红取决于其股利政策。

做一做: 与同学们一起动手查阅某行业上市公司三年财务数据,对其进行每股收益分析,写一份专题报告。

案 例 链 接

沪深上市公司2018年三季报分析:业绩同比增幅收窄,五成多持股集中度上升

上市公司2018年三季报加权平均每股收益、加权平均净资产收益率分别为0.454元和7.53%,和2017年三季报的0.429元和7.54%相比,分别增长了5.83%和微减了0.13%。上市公司整体业绩保持增长趋势,但增幅收窄。归属母公司股东净利润额最高的前20名上市公司的净利润额之和,占上市公司净利润总额的49.70%,集中度同比、环比均下降,2017年三季报这一数据为51.09%,2018年半年报的这一数据为50.41%。

2018年三季报亏损的有359家,占上市公司总数的10.05%,2018年半年报这两个数据为370家和10.40%,2017年三季报为275家和8.03%,显示亏损面同比上升、环比下降。亏损额最高的前20名上市公司的亏损额之和,占已披露三季报亏损上市公司亏损总额的49.56%,集中度环比、同比均下降,2017年三季报这一数据为51.33%,2018年半年报的数据为54.81%。

归属母公司股东净利润同比实现增长的有2 252家,所占比例为63.05%,2017年三季报这两个数据为2 372家和69.24%。其中增幅在50%以上的有805家,比例为22.54%,2017年三季报这两个数据为1 019家和29.74%。这805家净利润同比大幅增加的公司中,每股收益大于或等于0.30元的有345家,所占比例为9.66%,2017年三季报这两个数据为404家和11.79%。

3 572家上市公司中2018年三季报每股收益在0.10元至0.20元的公司有615家,2017年三季报为667家;0.20元至0.30元的有493家,2017年三季报为488家;0.30元至0.40元的有361家,2017年三季报为347家;0.40元至0.50元的有265家,2017年三季报为279家;0.50元至0.60元的有196家,2017年三季报为199家。0.60元以上的有594家,2017年三季报为508家。2018年三季

报绩优股公司的顶级数量多于2017年三季报。

根据Wind系统统计,截至2018年10月31日,沪深两市共有3 572家上市公司已经披露了2018年三季报业绩。这些上市公司2018年三季报加权平均每股收益、加权平均净资产收益率分别为0.454元和7.53%,和2017年三季报的0.429元和7.54%相比,分别增长了5.83%和微减了0.13%。此前2018年半年报加权平均每股收益、加权平均净资产收益率分别为0.307元和5.25%,与2017年同期相比分别增长了8.87%和增长了2.54%。上市公司整体业绩保持增长趋势,但增幅收窄。

(资料来源:金融界,http://istock.jrj.com.cn/article,yanbao,30583820.html,2018年11月30日。)

2. 每股净资产

每股净资产反映的是每一股普通股在企业所享有的权益。普通股所享有的权益为所有者权益,由于所有者权益是一个时点指标,因此,为了反映每一股普通股在该特定时点享有的权益,只需要考虑该时点普通股股份数即可。每股净资产的计算公式如下:

$$每股净资产 = 年末所有者权益 \div 年末普通股股份数$$

每股净资产反映每一股普通股在特定时点享有的账面权益,因此,在进行投资分析时要注意:(1)该指标反映的是每股的账面权益,而账面价值是用历史成本计算的,既不能反映净资产的变现价值,也不能反映净资产的产出能力,所以分析时要有限使用该指标;(2)每股净资产在理论上提供了股票的最低价值。也就是说,如果公司的股票价格低于每股净资产,意味着公司已经没有存续的必要,清算是公司股东的最佳选择。

3. 每股股利

每股股利反映的是每一股普通股在公司所分得的现金股利。其计算公式如下:

$$每股股利 = 股利总额 \div 年末普通股股份数$$

每股股利反映普通股股东实际收到的股利情况。每股股利的高低除了受公司盈利能力影响外,还会受到公司股利政策的影响。

4. 股利支付率

股利支付率是指实际支付给股东的股利在属于股东的经营成果净利润中所占的份额,也可以根据每一股普通股所分得的股利在每股收益中所占的比例来计算。其计算公式如下:

$$股利支付率 = 股利总额 \div 净利润 = 每股股利 \div 每股收益$$

股利支付率反映公司的股利分配情况，这一指标受公司发展战略、融资需求以及股利政策的影响。

5. 留存收益率

留存收益率反映属于股东的经营成果净利润留存在公司用于扩大再生产的份额。其计算公式如下：

$$留存收益率 = (净利润 - 股利总额) \div 净利润$$

留存收益率与股利支付率具有互补性，两者之和等于100%，同样也是受到公司投资预算、融资需求以及股利政策的影响。

6. 股票获利率

股票获利率是股票持有人每投资一元钱所赚取股利的能力，即每股股利与每股市价的比值。其计算公式如下：

$$股票获利率 = 每股股利 \div 每股市价$$

股票获利率反映股利和股价的比例关系。股东的投资收益包括两部分：一是股利；二是股价上涨的收益。只有投资者预期股价将上涨，才可能会接受较低的股票获利率。如果预期股价不能上涨，股票获利率就成了衡量股票投资价值的主要依据。显然，股票获利率一方面受到公司股利政策的影响，另一方面受到股票市价的影响，因此，股票获利率这个指标只能反映投资者的投资回收情况。然而投资者的投资回报除了股利外，还有资本增值，所以，这一指标并不能说明投资者全部的投资收益状况。

使用该指标的局限性在于，如果公司采用非常稳健的股利政策，留存大量的净利润用于扩张，在这种情况下，股票获利率仅仅是股票投资价值非常保守的估计，分析股价的未来趋势便成为评价股票投资价值的主要依据。

股票获利率主要应用于非上市公司的少数股权。在这种情况下，股东难以出售其股票，也没有能力影响股利分配政策。他们持有股票的主要动机在于获得稳定的股利收益。

7. 市盈率

市盈率（简称 P/E）是公司普通股市价与每股收益的比率。计算公式如下：

$$市盈率 = 每股市价 \div 每股收益$$

市盈率是投资者普遍关注的指标，有关证券刊物每天都要报道各类股票的市盈率。市盈率反映投资人对每元净利润所愿支付的价格，可以用来估计股票的投资收益和风险。市盈率是市场对公司的共同期望指标，市盈率越高，表明市场越看好公司的未来。在市价确定的情况下，每股收益越高，市盈率越低，投资风险越小。在每股收益确定的情况下,市价越高,市盈率越高,风险越大。仅从市盈率高低的横向比较看,高市盈率说明公司能够获得社会信赖,具有良好的前景。

使用市盈率指标时应注意以下问题:该指标不能用于不同行业公司的比较,充满扩展机会的新兴行业市盈率普遍较高,而成熟行业的市盈率普遍较低,这并不能说明前者的股票更具有投资价值;市盈率高低受净利润的影响,而净利润受可选择的会计政策的影响,从而使得公司间的比较受到限制;在每股收益很小或亏损时,市价不会降至零,此时过高的市盈率往往不能说明任何问题;市盈率的高低受市价的影响,市价变动的影响因素很多,包括投机炒作等,因此观察市盈率的长期趋势很重要。

想一想: 有人说:"中国资本市场市盈率过高,主要是投机因素导致的。"这种说法你同意吗?为什么?

案 例 链 接

沪市 2018 年报披露时间表出炉,市盈率仅 2.5 倍的企业拔得头筹

在 2017 年 12 月 27 日晚间,上交所公布了 2018 年年报预约披露时间表,兰州民百先拔头筹,其将于 2019 年的 1 月 25 日披露 2018 年年报,成为沪市第一家敢于吃螃蟹的企业。

兰州民百是一家位于甘肃省兰州市,主营商品零售、批发业务的上市民营企业,2018 年前三季度的业绩十分优良,实现净利润 12.52 亿元,同比增长逾 10 倍(1 042.98%),公司目前的 PE 只有 2.51 倍,是 A 股市场上目前市盈率最低的企业。如此的三季报也为该企业的年报的同比大幅增长埋下了伏笔,实际来说,兰州民百 2018 年业绩的大爆发,可不是什么主业高速增长,而是公司出售公司股权确认投资收益,在扣除非经常性损益事项后兰州民百的净利润只有 9 806.98 万元,同比下降 11.10%。

(资料来源:搜狐网,http://www.sohu.com/a/285037527_381221,2018 年 12 月 28 日。)

8. 市净率

市净率(简称 P/B)是公司普通股每股市价与每股净资产的比率。计算公式如下:

$$市净率 = 每股市价 \div 每股净资产$$

对市净率的分析主要从两个角度进行：（1）市价是投资者的投资成本，而账面价值是根据会计原则确认的投资者权益，因为会计原则中包括可靠性原则、谨慎性原则等，所以会计中确认的账面价值相对稳健。如果每股市价越接近每股净资产，即市净率越小，则说明投资者投资风险相对较小；（2）市价是投资者对未来的预期，由于会计准则的限制，账面价值无法反映那些给公司带来超额收益的不确定、不能可靠计量的资产的价值，所以，市净率高说明投资者对公司未来的发展具有良好的评价。但是，未来具有较大的不确定性，从而该指标越大，说明投资者的投资风险越大。

进行投资分析时应该注意：（1）市价会受市场环境的影响，账面价值会受到会计政策的影响，所以分析市净率时同样需要考虑市场环境、会计政策等因素的影响；（2）当公司严重亏损导致净资产很小或者净资产为负时，该指标计算的结果就不再有意义；（3）市净率主要应用在公司的估值上。由于不同行业给企业带来经济利益流入的资产的价值与会计根据会计准则确认的资产价值之间的关系不同，因此，不能利用不同行业公司的市净率判断公司估价的合理性。

想一想：如果一家公司的市净率低于每股净资产，这意味着什么？实务中有无这种情况出现？请举例说明。

主要名词和术语

利润质量	资产减值损失	信用减值损失
公允价值变动损益	净利润现金比率	总资产报酬率
资产净利率	净资产收益率	每股收益
基本每股收益	稀释每股收益	每股净资产
股票获利率	留存盈利比率	市盈率
市净率		

本 章 小 结

利润是一个企业最终经营成绩的综合体现。本章介绍了利润质量的概念与影响因素，描述了利润质量衡量标准，阐述了分析利润质量高低的方法与应用。介绍了企业盈利能力财务指标的应用及上市公司盈利指标的评价。具体内容包括：

1. 利润质量一般可以从狭义和广义的角度进行分析。狭义的利润质量一般表现为会计利润与现金流量之间的比例关系。广义的利润质量表现为企业在各会计期间实现利润的稳定性，以及利润与企业未来增长趋势间的关系。

2. 评价利润质量高低的重要标准是会计利润的可靠性,也就是会计利润反映企业实际情况的程度。

3. 利润质量分析与评价可以从利润形成过程和利润结果两方面进行。

4. 企业盈利能力分析主要包括资产经营盈利能力分析、资本经营盈利能力分析、商品经营盈利能力分析。

5. 反映资产经营盈利能力的财务指标包括总资产报酬率、净资产收益率、销售净利率等。

6. 反映资本经营盈利能力的财务指标包括净资产收益率(权益报酬率)等。

7. 反映商品经营盈利能力的财务指标包括营业毛利率、营业净利率、营业利润率等。

8. 反映上市公司盈利能力的财务指标包括每股收益、市净率、市盈率等。

第 7 章 现金流量分析

学习目的与要求

学习本章后,您应该做到:
1. 了解现金流量表分析目的;
2. 掌握现金流量表分析的内容;
3. 掌握现金流量表三大基本项目的分析与评价;
4. 熟悉现金流量表的比较分析;
5. 掌握现金流量表的结构分析;
6. 熟悉现金流量表的具体项目分析。

重点与难点

现金流量表分析主要内容;经营活动现金流量项目理解与分析;投资活动现金流量项目理解与分析;筹资活动现金流量项目与分析;现金流量结构分析与应用。

7.1 现金流量表分析内容

7.1.1 现金流量表分析目的

利润表从权责发生制角度向信息使用者提供了企业一定期间经营成果的相关信息。但是,权责发生制建立在相关收入费用应归属期间的基础上,而这些收入费用是否实际收到与支付并未反映出来。现金才是企业的血液,如果企业经营成果中只有应该收到的"应收账款",没有实际收到的"现金",如此的经营成果可能会导致企业的资金链出现问题,进而就会导致经营失败。现金流量表就是向信息使用者提供一定期间内企业现金流入和现金流出信息的报表。

现金流量表分析是以现金流量表为主要信息来源,利用多种分析方法,进一步揭示企业现金流量的信息,并从现金流量角度对企业的财务状况和经营业绩做出评价。不同的信息使用者在阅读和分析现金流量表时的目的是不一样的,例如投资者可以通过对企业现金流量获取的金额、时间以及不确定性进行分析,可以对企业价值进行评估;债权人通过对企业现金流的持续性、稳定性的分析来评价企业的偿债能力;经营管理者通过掌握现金流量形成规律和内在结构,科学地评估企业资产的流动性和财务弹性,评价企业的收益能力和财务风险,以保证企业财务行为的最优化。

> 现金流量表:反映一定时期内企业经营活动、投资活动和筹资活动对其现金及现金等价物所产生影响的财务报表。

知识拓展

现金流量表能回答的问题

在对资产负债表和利润表的分析中,经常会遇到一些无法进一步解释的问题。而这些问题通过对现金流量表的分析,便可以得到确切的答案。美国注册会计师协会出版的《会计研究文集》,曾列举了通过现金流量表的分析所能回答的12个问题:

(1) 企业的利润到哪里去了?
(2) 为什么股利不能更多些?
(3) 为什么可以超过本期利润或是在本期有亏损的情况下分发股利?
(4) 为什么企业净收益增加了,现金周转却出现了困难?
(5) 为什么报告期是亏损,但现金净额还会增加?
(6) 为什么当购置固定资产的金额低于净收益和折旧时,须借款以供应这笔资金?
(7) 企业扩展厂房所需的资金是从哪里来的?
(8) 企业收缩经营而出售的固定资产的资金是如何处置的?
(9) 企业的债务是如何偿付的?
(10) 增加发行的股票所得的资金到哪里去了?
(11) 发行债券所得的资金到哪里去了?
(12) 现金的增加是如何筹措的?

> 对于这些问题，在进行单期或短期现金流量表的分析后，便可以得到准确的答案。如果将企业较长时期的现金流量表进行比较，还可以进一步观察和评价投资者利润的支付、资本性支出所需资金的筹措、企业债券的使用和管理以及企业股利分配政策等所采取的方针和运用的理财方式。

想一想：除了上述现金流量分析发现的问题外，你认为还可能有哪些问题？与同学们一起讨论。

7.1.2 现金流量表分析的基本内容

1. 解读现金流量表

要对现金流量表进行全面、客观、完整的分析，首先要了解和认识现金流量表的结构和主要内容。解读现金流量表主要包括以下内容：

（1）企业本期现金流的来源。即企业本期现金流有多少来自经营活动，又有多少来自投资活动和筹资活动，这些现金流由哪些业务形成，从而了解企业现金来自何处。

（2）企业本期现金流的去向。即企业本期经营活动用了多少现金，投资活动和筹资活动又用了多少现金，进而了解企业当期的现金用在何处。

（3）企业本期现金净流量。现金流量表除了反映现金的来龙去脉，还反映企业本期现金余额的增减变化及其原因，进而了解企业当期现金余额发生了什么变化。

2. 现金流量表基本情况分析

在对现金流量表的内容进行解读之后，可以先通过对现金流量的影响因素进行分析，在了解影响企业现金流量现状的客观原因之后，再通过现金流量表的比较报表和共同比报表对现金流量表进行增减变动和结构变动分析，对企业的现金流量的基本情况进行初步了解，进而找出进一步分析的方向。

现金流量表分析的基本内容

3. 现金流量表具体项目分析

在对现金流量表进行基本情况分析之后，根据现金流量增减变动和结构变动的分析结果对现金流量表的具体项目进行分析，以便找出各类活动以及各项目变动的真实原因，并针对其原因提出建议或结论。

进行具体项目分析时，要了解现金流量的变化结果与变化过程的关系。在现金流量表中，根据各类活动的现金流量最终确定当期现金流量净增加额。对任何一个企业而言，其现金流量净增加额不外乎有三种情况：一是现金流量净增加额大于零；二是现金流量净增加额小于零；三是现金流量净增加额等于零。不论出现哪种结果，均不能简单地得出企业现金流动状况好转、恶化或维持不变的结论。这种期末与期初数量的简单对比，并不足以说明企业更多的财务状况问题，要揭示现金流转的变动原因，需要分析各因素对现金流量影响的具体原因。因此，对现金流量变化过程的分析远比对现金流量变化结果的分析更为重要。

4. 结合资产负债表、利润表以及现金流量比率等做进一步分析

现金流量涉及企业的方方面面，要想全面考察、评价企业现金流量总体情况，还要结合资产负债表中的有关现金类项目、负债与所有者权益中与现金有关的项目进行分析。同时，结合利润表中的营业收入、成本结构与费用支出进行分析评价。

7.1.3　现金流量分析影响因素

1. 生命周期

产品生命周期理论假设，具体的产品（货物和服务）通常会依次经过四个阶段——导入期、成长期、成熟期和衰退期。产品处于不同生命周期，其收入变化趋势不尽相同。收入与生命周期之间的关系如图7-1所示。

延伸阅读：
产品生命
周期理论

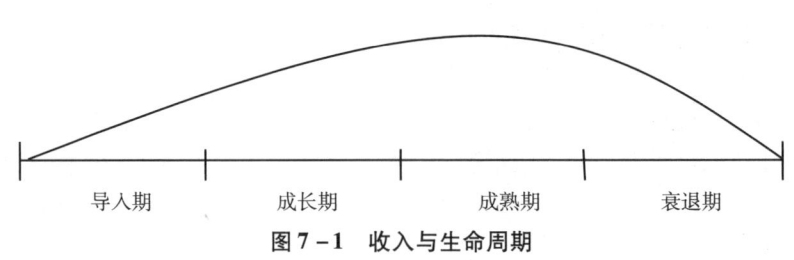

图 7-1　收入与生命周期

在产品生命周期四个阶段，公司从经营活动、投资活动和筹资活动中获得的现金流量情况也不尽相同（见图7-2）。

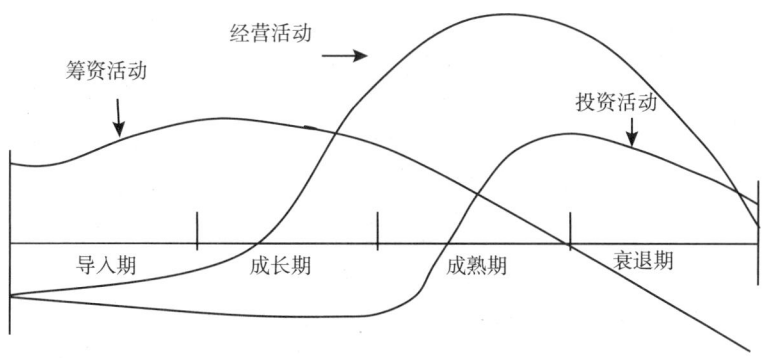

图 7-2　现金流量与生命周期

在导入期和成长期的早期阶段，由于企业需要为推出新产品支付大量现金，因此经营活动现金流量通常为负值。在这些早期阶段，投资活动现金流量通常也为负值，因为企业要投资于生产设施的建设。投资活动产生的负现金流量的大小取决于相应业务的资本密集程度。为了满足投资活动和经营活动资金的需求，在这些早期阶段，企业必须从外部渠道即通过借债和股权融资获得现金，所以此阶段企业筹资活动现金流量通常为正值。

随着成长阶段的进展，企业经营活动盈利状况不断改善，并开始产生正的现金流量。成长阶段行业迅速增长，企业也需要继续投资以进行扩大再生产，所以此阶段投资活动现金流量依然为负值。与导入期和成长期早期阶段相似，此阶段投资活动现金流量负值的大小取决于企业的增长率以及资本密集程度。正如在导入期和成长期早期阶段，企业还是从外部资源获得所需的大部分现金，即该阶段企业的筹资活动现金流量依然为正值。

随着产品发展进入成熟期，现金流量格局发生变化。经营活动会带来正的现金流量，这一方面是因为市场已经接受了相应的产品，使得企业对营运资本的需求趋于平稳；另一方面也是因为随着销售收入的增加，企业只需要使用和维持而不是增加生产能力。在成熟期的后期阶段，由于企业可能会出售不再需要的厂房和设备，因此投资活动的现金流量可能会变成正值。企业可以利用从经营活动甚至从投资活动中获得的多余现金来归还在导入期和成长期阶段所借入的债务，也可以支付现金红利。企业的这一行为可能会使公司筹资活动的现金流量变成负值。

在衰退期，伴随着销售收入的减少，经营活动现金流量也逐渐减少。与此同时，企业可能会采用收缩战略，如此会导致企业的投资活动现金流量为正。企业可以继续利用经营活动产生的现金流量和收缩规模过程中投资活动产生的现金流量归还其债务，从而会使企业筹资活动现金流量为负值。

上述产品生命周期模型提供了具体产品的收入、经营活动现金流量、投资活动现金流量和筹资活动现金流量在产品生命周期的不同阶段的相关特征。然而，很少有企业会生产单一的产品，大部分企业会同时生产处于不同生命周期阶段的一系列产品。因此，现金流量表所报告的企业的现金流量数额是所有产品的总额，而不是针对某一产品的现金流量数额。如果要运用产品生命周期理论来解释现金流量表，还需要对多产品的企业生命周期进行分析。

进行多产品企业生命周期分析的一种方式是综合考虑企业各种产品在其生命周期阶段的位置，然后确定企业处于生命周期阶段的平均位置。例如，在技术驱动行业中的典型企业，如生物技术行业，尽管这类企业中的某些产品刚开始研发，另一些产品随着新技术的出现而处于衰退期，但是这类企业的绝大多数产品还是处于高增长的成长期，因此，就整个企业而言处于成长期。尽管绝大多数的消费食品企业会在其原有的产品不能很好地满足消费者需求时，考虑向市场推出新产品，但是这类企业会依靠合理的产品质量控制和促销手段，使其产品保持在成熟期阶段，所以该类企业处于成熟期。由于国际竞争和技术更新的影响，某些行业比如纺织行业和钢铁行业，也许已经处于衰退期的早期阶段，但在这些行业中，有些企业购置了技术上更为先进的生产设备以便在国际竞争中取得有利的地位，进而延长其产品的成熟期，这类企业就可能处于成熟期。还有一些企业则采取多样化战略，将企业的资源部分地转移到处于成长期的行业，因此，这类企业很可能处于成长期。

不同生命周期阶段，企业的现金流特征不同，因此，在进行现金流量表分析、评价企业获取现金的能力时，只有结合企业的生命周期对现金流量的影响，才能做出正确的评价。

案 例 链 接

终极一战——回顾国内啤酒行业
2012~2017年竞争的得失

中国啤酒行业发展经过了以下几个阶段：

导入期（1900~1978年）。特点是酿造技术和设备主要依靠从国外引进，产品质量比较低，成本高，价格高，发展迅速。产业的进入壁垒主要来自技术壁垒和政策壁垒。1949 年之前，中国大约只有 10 家啤酒厂，年产量 1 万吨左右。1967~1979 年，全国啤酒厂总数达到 90 多家，啤酒产量达 37 万吨，中国啤酒产业开始初步形成。

快速发展时期（1979~1989 年）。1978 年以后，啤酒开始由计划生产转向市场机制，政策鼓励和进入障碍的进一步降低，大量企业涌入啤酒产业。该时期啤酒产量 CAGR 高达 33%。1988 年，已形成 813 家啤酒企业，产量仅次于美国、德国。此时市场处于卖方市场，啤酒市场基本供不应求，企业经营目标是如何提高产量以满足市场的需求。该阶段啤酒市场基本不存在直接竞争。

积极调整时期（1990~1998 年）。这一阶段由于价格战、缺乏创新等因素，导致不符合市场竞争优势的企业被淘汰，啤酒总产量以 CAGR14% 的速度继续增长，1994 年成为仅次于美国的世界第二大啤酒生产国，外资开始抢滩中国市场。

加速整合时期（1999~2011 年）。1998 年开始，青岛（00168）、华润和燕京三大啤酒集团开始在全国拉开了全国市场战略竞争和行业大整合进程，中小企业成为兼并、收购的对象，同时啤酒消费开始进入低增长时期。2002 年以后，外资卷土重来，缺乏领导品牌，行业座次不定，竞争无序。

下滑期（2012~2017 年上半年）。2013 年国内的销量达到历史高点之后，行业进入了四年的销量下滑期，2016~2017 年下滑量收窄，下滑幅度都在 1% 以内。在此阶段行业龙头竞争激烈，投资意愿逐步回落，新增产能与并购意愿下降。2015 年华润销售收入超过青岛啤酒，成为名副其实的行业第一名。

开启新一轮的成长（2017 年下半年以后）。70% 的省份行业第一、第二的座次已定；龙头企业华润、百威等转为要利润，缩减低端产品的广告投放与促销，产品结构有望不断走高。2018 年初华润、百威、青岛、燕京、重庆啤酒相继提价，新一轮的成长周期开启。

2012~2017 年的竞争，奠定了现在的成长基础。我们将此阶段称为啤酒行业的终极一战，在此阶段是三周期的叠加，第一是供应不断增加，竞争一度无序；第二是需求量的变化，销量连续四年下滑，竞争加剧；第三是叠加 2016~2017 年包装材料的大幅上涨。三重周期的叠加迫使部分企业开始关掉"拖腿"的产能，走差异化的路线，研究 2012~2017 年的产业变迁，对于后市的发展颇有借鉴价值。

（资料来源：中泰证券，https://pdf.dfcfw.com/pdf/H3_AP201802071088568590_1.pdf?1518021181000.pdf，2018 年 2 月 8 日。）

想一想：你是如何理解收入、利润、现金流量与企业生命周期关系的？与同学们一起讨论四者之间的关系。

2. 经营特点

不同企业以及同一企业不同的时期，其经营特点可能不同。不同的经营特点会对企业的现金流量产生相应的影响。比如，实行对外扩张战略的企业，投资活动在企业中占有一定的地位，企业会根据投资项目效益的好坏和投资资金的需求状况决定投资活动现金流量和筹资活动现金流量比重的大小，此时，经营活动所获取现金流量的比重不一定是居于主要地位。实行内部发展战略的企业，主要通过内部挖潜、提高产品的技术含量来提高企业的竞争优势。此时，企业的现金流量主要取决于自身经营活动获取现金的能力，而投资活动和筹资活动取得现金的能力居于次要地位。因此，在进行现金流量表分析时，要结合企业的经营特点进行。

3. 市场环境

市场环境是决定企业经营状况的重要因素之一，也会对企业现金流量产生一定影响。当市场环境处于经济循环的收缩阶段时，市场衰落，产品销售下降，经营活动支出减少，与此同时，随着企业清理应收账款收回现金、廉价处理存货，经营活动的现金流量得以提高。此外，企业新增或重置固定资产的现金流出会相应减少。所以，当市场处于收缩阶段时，企业现金流量的来源仍以经营活动现金流量为主。当市场环境处于经济恢复并进入扩张阶段时，产品销售增长，经营活动支出增加；同时，受繁荣和经济景气的刺激，对新固定资产的投资支出也将大大增加，即投资活动的现金流出会大幅度增加，为了满足投资的资金需求，企业筹资活动的现金流入也会相应增加。因此，市场环境也是现金流量分析需要考虑的一项重要因素。

7.2 现金流量表整体分析

7.2.1 现金流量表比较分析

在解读现金流量表时，首先关注的是企业的现金及现金等价物净增加额。对任何一个企业而言，其现金流量净增加额不外乎有三种情况：一是现金流量净增加额大于零；二是现金流量净增加额小于零；

三是现金流量净增加额等于零。应当如何对企业现金及现金等价物净增加额进行评价呢?是不是企业现金及现金等价物净增加额一定要为正数并且越大越好?为了回答上述问题,本节根据青岛啤酒财务报表资料,计算整理2016~2018年比较现金流量表(见表7-1)。

表 7-1　　　　　　青岛啤酒比较现金流量表　　　　　　单位:万元

项目	2016 年	2017 年	2018 年
一、经营活动产生的现金流量			
销售商品、提供劳务收到的现金	2 927 708	2 961 914	3 188 060
收到的税费返还	2 281	2 817	2 976
收到其他与经营活动有关的现金	98 721	88 596	166 502
经营活动现金流入小计	3 028 710	3 053 327	3 357 538
购买商品、接受劳务支付的现金	1 391 524	1 453 306	1 576 980
支付给职工以及为职工支付的现金	429 009	432 658	461 651
支付的各项税费	526 120	528 340	501 613
支付其他与经营活动有关的现金	384 968	407 804	418 093
经营活动现金流出小计	2 731 621	2 822 108	2 958 337
经营活动产生的现金流量净额	297 089	231 219	399 201
二、投资活动产生的现金流量			
收回投资收到的现金	297 047	194 091	154 980
取得投资收益收到的现金	4 505	6 173	5 481
处置固定资产、无形资产和其他长期资产收回的现金净额	2 687	852	5 856
收到其他与投资活动有关的现金	60 746	41 127	44 491
投资活动现金流入小计	364 984	242 243	210 808
购建固定无形资产、无形资产和其他长期资产支付的现金	85 587	88 819	76 180
投资支付的现金	325 990	201 090	197 480
取得子公司及其他营业单位支付的现金净额	57 206	3 119	
支付其他与投资活动有关的现金	1 260	8 447	18 823
投资活动现金流出小计	481 385	301 475	292 483
投资活动产生的现金流量净额	-116 402	-59 233	-81 674

续表

项目	2016年	2017年	2018年
三、筹资活动产生的现金流量			
吸收投资收到的现金		240	
取得借款收到的现金	4 600	32 929	27 459
筹资活动现金流入小计	4 600	33 169	27 459
偿还债务支付的现金	91 854	32 968	27 501
分配股利、利润或偿付利息支付的现金	59 730	53 473	63 918
支付其他与筹资活动有关的现金	58	45	113
筹资活动现金流出小计	151 642	86 486	91 532
筹资活动产生的现金流量净额	-147 042	-53 317	-64 073
四、汇率变动对现金及现金等价物的影响	1 764	-1 426	1 685
五、现金及现金等价物净增加额	35 410	117 244	255 138
加：年初现金及现金等价物余额	757 537	792 947	910 191
六、期末现金及现金等价物余额	792 947	910 191	1 165 329

从表7-1中数据可知，青岛啤酒2017年和2018年的现金及现金等价物净增加额都大幅提高，从而使得期末现金及现金等价物余额逐年增加，这说明公司创造现金的能力较强。

从现金及现金等价物净增加额的形成过程上看，现金及现金等价物净增加额等于经营活动产生的现金流量净额、投资活动产生的现金流量净额及筹资活动产生的现金流量净额之和。2016~2018年，在投资活动产生的现金流量净额和筹资活动产生的现金流量净额均为负值的情况下，青岛啤酒的现金及现金等价物净增加额却均为正值，说明公司经营活动创造现金流量的能力很强，经营活动产生的现金流量净额在满足公司投资需求后还有大量剩余，从而可以满足公司高额派现股利政策的需要。从另一个角度看，此种结构的现金流量构成意味着公司已处于行业生命周期的成熟阶段。

需要注意的是，从数值上看，现金及现金等价物的净增加额是一种"动态的"变化，我们一般不能通过这种"动态的"变化简单地评价企业现金流量状况的好转、恶化或维持不变。企业的现金及现金等价物净增加额是企业各种活动综合产生的结果，既包括反映企业自身创造持续稳定现金能力的经营活动产生的现金流量净额，也包括反映企业外部筹集资金能力的筹资活动产生的现金流量净额，还包括反映企业投资扩张的投资活动产生的现金流量净额。因此，不能简单地依据现金及现金等价物的净增加额的数值评价企业创造现金的能力，而应对企业现金流量变化过程进行详细分析。

7.2.2 现金流量结构分析

现金流量结构分析包括现金流量总体结构分析和现金流量内部结构分析两部分内容。其中，现金流量总体结构分析是通过计算企业各现金流入量占现金总流入量的比重，以及各项现金流出量占现金总流出量的比重，揭示企业经营活动、投资活动和筹资活动对企业现金流量的影响程度，从而找出企业现金流量管理的重点。现金流量内部结构分析则是通过计算经营活动、投资活动、筹资活动等各项业务活动现金流入量或流出量中具体项目占各项业务活动现金流入量或流出量小计的比重，以揭示企业各项业务活动内部现金流入或流出结构。

现金流量结构分析主要包括现金流入结构分析和现金流出结构分析两个方面。

1. 现金流入结构分析

现金流入结构反映企业各项业务活动现金流入量在现金总流入量中的比重，即经营活动、投资活动和筹资活动的现金流入量在全部现金流入量中所占的比重，以及各项业务活动现金流入量中具体项目的构成情况，包括现金流入总体结构和内部结构两项内容。

通过现金流入量的结构分析可以明确企业现金流量的来源。一般而言，由于企业经营活动现金流量的稳定性和再生性较强，因此在企业经营活动产生的现金流入量总额中，经营活动产生的现金流入量应占有较大的比重，特别是营业活动产生的现金流入量应明显高于其他活动产生的现金流入量。当然，企业因所处生命周期的阶段、经营特点以及市场环境不同，这一结构也会存在一定的差异。

【例7-1】根据青岛啤酒的现金流量表，计算整理青岛啤酒2018年的现金流入结构，见表7-2。

表7-2　　　　　　青岛啤酒现金流入结构分析

项目	金额（万元）	结构百分比（%）	
		总体结构	内部结构
一、经营活动产生的现金流量			
销售商品、提供劳务收到的现金	3 188 060	88.66	94.95
收到的税费返还	2 976	0.08	0.09

续表

项目	金额（万元）	结构百分比（%）	
		总体结构	内部结构
收到其他与经营活动有关的现金	166 502	4.63	4.96
经营活动现金流入小计	3 357 538	93.37	100.00
二、投资活动产生的现金流量			
收回投资收到的现金	154 980	4.31	73.52
取得投资收益收到的现金	5 481	0.15	2.60
处置固定资产、无形资产和其他长期资产收回的现金净额	5 856	0.16	2.78
收到其他与投资活动有关的现金	44 491	1.24	21.10
投资活动现金流入小计	210 808	5.86	100.00
三、筹资活动产生的现金流量			
取得借款收到的现金	27 459	0.76	100.00
筹资活动现金流入小计	27 459	0.76	100.00
四、现金流入合计	3 595 805	100.00	

由表7-2可以看出，青岛啤酒2018年的经营活动产生的现金流入占比为93.37%，投资活动产生的现金流入和筹资活动产生的现金流入的占比分别为5.86%和0.76%，可见公司2018年的现金流入量主要是由经营活动产生的，投资活动和筹资活动产生的现金流入量都较少。

在经营活动产生的现金流入中，销售商品、提供劳务收到的现金占经营活动现金流入的比重高达94.95%。在投资活动产生的现金流入中，收回投资收到的现金和收到其他与投资活动有关的现金所占比重较大，分别为73.52%和21.10%，前者主要是公司之全资子公司财务公司的理财收入，后者主要是财务公司存款利息收入。筹资活动产生的现金流入全部来自取得借款收到的现金。

由此可以看到，青岛啤酒现金流入主要来自经营活动，特别是通过销售商品、提供劳务收到的现金流入，也就说明青岛啤酒主要依赖于其自身创造现金流的能力。

2. 现金流出结构分析

现金流出结构反映企业各项业务活动现金流出量在现金总流出量

的比重,即经营活动、投资活动和筹资活动的现金流出量在全部现金流出量中所占的比重,以及各项业务活动现金流出量中具体项目的构成情况,包括现金流出总体结构和内部结构两个内容。

通过分析现金流出结构可以明确企业的现金用于哪些方面。一般而言,企业经营活动产生的现金流出量在企业总现金流出量中所占比重较大,而且具有一定的稳定性,各期变化幅度不会太大,而投资活动和筹资活动产生的现金流出量结构,则会因企业所处生命周期的阶段、经营特点以及市场环境不同而产生一定的差异。

【例7-2】根据青岛啤酒的现金流量表,计算整理青岛啤酒2018年的现金流出结构,见表7-3。

表7-3 青岛啤酒现金流出结构分析

项目	金额（万元）	结构百分比（%）	
		总体结构	内部结构
一、经营活动产生的现金流量			
购买商品、接受劳务支付的现金	1 576 980	47.18	53.31
支付给职工以及为职工支付的现金	461 651	13.81	15.61
支付的各项税费	501 613	15.01	16.96
支付其他与经营活动有关的现金	418 093	12.51	14.13
经营活动现金流出小计	2 958 337	88.51	100.00
二、投资活动产生的现金流量			
购建固定无形资产、无形资产和其他长期资产支付的现金	76 180	2.28	26.05
投资支付的现金	197 480	5.91	67.52
支付其他与投资活动有关的现金	18 823	0.56	6.44
投资活动现金流入小计	292 483	8.75	100.00
三、筹资活动产生的现金流量			
偿还债务支付的现金	27 501	0.82	30.05
分配股利、利润或偿付利息支付的现金	63 918	1.91	69.83
支付其他与筹资活动有关的现金	113	0.00	0.12
筹资活动现金流出小计	91 532	2.74	100.00
四、现金流出合计	3 342 352	100.00	

注:因计算时进行四舍五入,项目结构百分比之和与小计或合计可能略有差异。

由表7-3可以看出，青岛啤酒2018年的经营活动产生的现金流出占比为88.51%，投资活动产生的现金流出和筹资活动产生的现金流出所占比重分别仅为8.75%和2.74%，可见公司的现金流出主要用于经营活动，其次用于投资活动。

在经营活动产生的现金流出中，购买商品、接受劳务支付的现金所占比重最大，达到53.31%，其余三项流出占比差别不大。在投资活动产生的现金流出中，财务公司用于理财投资支付的现金高达67.52%，购建固定资产、无形资产和其他长期资产支付的现金只占26.05%。在筹资活动产生的现金流出中，69.83%的部分用于分配股利和偿付利息，偿还债务本金支付的现金为30.05%。

由此可以看到，青岛啤酒现金流出主要用于经营活动，特别是购买商品、接受劳务支付的现金流出。

7.2.3 经营活动现金流量分析

经营活动现金流量评价

对企业经营活动现金净流量进行分析时，需要将经营活动现金流入量和经营活动现金流出量结合分析。将企业经营活动现金流入量与流出量结合起来进行分析的实质就是对企业经营活动现金流量的质量加以分析。现金流量的质量是指企业的现金流量能够按照预期的目标进行运转的质量。它一方面应体现企业发展的战略要求，另一方面应与企业经营活动产生的利润有一定的对应关系。正常情况下，企业从经营活动中获取的现金流入，首先应该满足生产经营活动的支出，如有剩余再安排扩大投资和偿还债务。经营活动现金流入量与现金流出量对比结果一般有以下三种情况：

1. 经营活动现金流入量大于经营活动现金流出量

付现成本：亦称"现金支出成本"，指那些由于未来某项决策所引起的需要在将来动用现金支付的成本。

如果企业经营活动现金流入量大于现金流出量，表明企业经营活动获取现金的能力较强，说明企业通过正常的经营活动所带来的现金流入量不但能满足经营活动本身支出的需要，而且还有一定的能力进行投资或偿还债务。企业产品适销对路，市场占有率较高，应收账款收账速度较快，企业的付现成本和费用控制在一个相对适宜的水平上，这些表现是企业经营活动现金流量运行的良好状态，如果能持续下去，将对企业经营活动的稳定和发展、扩大再投资起到重要的促进作用。

分析企业经营活动现金流量时需要注意，企业经营活动的支出分为现金支出和非现金支出。

如果企业经营活动产生的现金流量净额大于零，但不足以弥补非付现成本，意味着企业通过正常的经营活动所带来的现金流入量足够支付经营活动引起的现金流出量，而且还有一定的余力来补偿一部分当期的非现金成本。在这种情况下，企业所面临的现金需求压力较小。但从长远分析来看，这种状态如果持续下去，企业则不可能维持经营活动的货币"简单再生产"。因此，如果企业在正常生产经营期间持续出现这种状态，对于企业经营活动现金流量质量并不能给予较高的评价。

如果经营活动产生的现金流量大于零，并刚好能弥补非付现成本，意味着企业通过正常的经营活动所带来的现金流入量不但能够弥补经营活动所需的现金流出量，而且还可以全部补偿非付现成本。在这种情况下，企业所面临的现金需求压力解脱，企业经营活动产生的现金流量能够维持经营活动的货币"简单再生产"，但是无法为企业的发展提供资金来源。

如果经营活动产生的现金流量大于零，在弥补非付现成本后还有剩余，意味着企业通过正常的经营活动所带来的现金流入量不但能补偿经营活动所需的现金流出量和非付现成本，而且还有余力为企业的投资活动和现金股利的发放提供现金流量支持。这种状况说明企业获取现金流量的能力相当强。如果这种状态持续下去，将对企业经营活动的发展、投资规模的扩大起到重要的作用。

2. 经营活动现金流入量等于经营活动现金流出量

如果企业经营活动现金流入量等于现金流出量，表明企业正常的经营活动现金流入刚好能弥补经营活动引起的现金流出，现金收支处于平衡状态，企业经营活动没有多余的现金用于投资和偿还债务。

但是，由于企业的成本包括付现成本和非付现成本，当经营活动产生的现金流量等于零时，企业的经营活动产生的现金流量不能为非付现成本提供货币补偿。在这种情况下，从短期现金流转来分析，企业只能支付日常开支，如果经营风险加大或资产消耗到一定程度，那么企业将面临严重的财务问题。从长期现金流转来分析，当经营活动产生的现金流量等于零时，企业不可能维持简单再生产。因此，如果企业在正常经营期间持续出现这种状态，则表明其经营活动现金流量质量较差。

3. 经营活动现金流入量小于经营活动现金流出量

如果企业经营活动现金流入量小于现金流出量，说明企业正常的经营活动获取的现金不足以支付经营活动所需的现金支出。经营活动现金流量的不足可以通过以下方法来解决：耗用目前企业的货币积累；挤占用于投资活动的资金，使企业推迟投资；进行额外的负债融资；拖欠货款或增加经营活动负债。在企业处于成长阶段时，企业为了开拓市场需要投入大量资金，再加上各个生产环节尚未完善，因此有可能导致在这一时期经营活动的现金流入量小于现金流出量，这其实是企业在发展过程中不可避免的现象。但是，如果在企业正常的经营活动中出现这种情况，则说明企业经营活动产生的现金流量质量不高、获取现金的能力较弱，企业必须采取一定的措施补充现金的不足，而这种状态下企业的筹资能力是相当有限的。

【例7-3】根据青岛啤酒现金流量表编制经营活动现金流量表，见表7-4。

表7-4　　　　　　青岛啤酒经营活动现金流量　　　　　单位：万元

项目	2016年	2017年	2018年
一、经营活动产生的现金流量			
经营活动现金流入小计	3 028 710	3 053 327	3 357 538
经营活动现金流出小计	2 731 621	2 822 108	2 958 337
经营活动产生的现金流量净额	297 089	231 219	399 201

根据表7-4数据可知，2016～2018年青岛啤酒经营活动产生的现金流量净额连续三年都大于零，即该公司连续三年经营活动现金流入大于现金流出，说明企业经营活动获取现金的能力较强，企业通过正常的经营活动带来的现金流入量不但能满足经营活动本身的支出的需要，还有一定的能力进行投资或者偿还债务、发放股利。但公司2017年的经营活动产生的现金流量净额出现了下滑，是由购买商品、接受劳务支付现金同比增加所致。2018年经营活动产生的现金流量净额同比增加72.65%，主要是由本年度销售商品、提供劳务收到的现金同比增加所致。

想一想：经营活动现金流量是企业现金流量的主体，你认为企业经营现金流量处于何种分布是正常的？

案 例 链 接

香飘飘2019年上半年主业净利仅为2万
现金流持续为负

2019年8月12日晚间，香飘飘发布了2019年半年度报告，实现营业收入接近 13.77 亿元,与上年同期不到 8.7 亿元相比,增幅在 58% 以上;归属于上市公司股东的净利润约为 0.24 亿元,而 2018 年上半年则为负数,约为 -0.55 亿元;归属于上市公司股东的扣除非经常性损益的净利润仅为 2 万元,而 2018 年上半年则为负数,约为 -0.69 亿元。

对此,香飘飘方面表示,报告期内,公司积极开拓果汁茶的销售机会,在做好果汁茶产品销售推广的同时,加大了对相关生产设备的技术攻关及改造,实现了果汁茶产品产能瓶颈的有效突破。在公司管理层及全体员工的共同努力下,公司实现了营业收入稳健增长。

中国食品行业分析师朱丹蓬则表示,食品行业竞争激烈,香飘飘奶茶要想继续稳坐"奶茶第一股"的宝座,仍需要加强新品研发投入和渠道拓展,以保证其行业竞争力。

从财务指标来看,香飘飘的业绩正在改善之中,但是,主业盈利能力依然较低,2019 年上半年主业净赚 2 万元,遭到股民调侃。而在著名经济学家宋清辉看来,扣非后归属净利润更能反映一家公司主营业务情况。

与此同时,2019 年上半年,香飘飘经营活动产生的现金流量净额约为 -1.36 亿元,与 2018 年上半年约为 -4.64 亿元相比,改善幅度在 70% 以上,但依然为负数。

宋清辉直言,经营活动现金流量净额代表了一个企业的造血能力,该数值为负值在一定程度上说明公司经营资金紧张。

(资料来源:五谷财经,https://www.sohu.com/a/333311403_270752,2019 年 8 月 13 日。)

7.2.4　投资活动现金流量分析

1. 投资活动现金流入量和投资活动现金流出量结合分析

(1)投资活动现金流入量大于投资活动现金流出量。如果企业在一定时期的投资活动现金流入量大于现金流出量,则意味着企业在投资活动中获取的现金收入大于支付的现金,应对企业这种投资活动的现金流量原因进行具体分析。

第一,如果这种现象是由大量处置固定资产等其他长期资产或子公司及其他营业单位造成的,而所出售的固定资产等其他长期资产是企业多余或闲置的,处置子公司及其他营业单位要改变战略结构,这种变现有利于企业的经营和理财;如果企业出售固定资产等其他长期资产或子公司及其他营业单位的目的是为了偿还债务,则说明企业

投资活动现金
流量评价

经营出了问题或偿债能力低下，所以不得不变卖资产或公司以维持经营或用于偿债。对于这种情况，必须就其产生现金流量的原因具体分析。

第二，如果这种现象是由收到投资收益造成的，则说明企业的前期投资在本期产生了回报。

（2）投资活动现金流入量等于投资活动现金流出量。如果企业投资活动的现金流入量等于现金流出量，说明企业投资活动创造的现金流量全部用于投资，投资活动现金净流量为零，这种现象一般很少出现。

（3）投资活动现金流入量小于投资活动现金流出量。如果企业投资活动现金流入量小于现金流出量，意味着企业在对内长期投资和对外证券投资方面支付的现金流出量大于企业取得投资收益或收回投资、处置长期资产收到的现金流入量。这说明企业实施了投资扩张的政策，可能企业又有新的投资机会，这将有利于企业未来的发展和获利。在进行分析时，应重点考察企业投资活动是否符合企业长期规划和短期计划，是否反映企业经营活动的发展和企业扩张的内在需要，以及投资效益如何。在企业投资活动符合企业的长期规划和短期计划的条件下，现金流量净额小于零说明了企业经营活动发展和企业扩张的内在需要，也反映了企业在扩张方面的努力和尝试。

2. 投资活动现金流量中属于投资收益的部分与利润表中的投资收益进行比较分析

现金流量表中投资收益收回的现金占利润表中投资收益项目的比重越大，说明企业实现的变现投资收益越高。分析时，还应该考虑企业长期股权投资核算的方法。如果企业对投资收益的核算采用成本法，一般是在实际收到现金股利时确认为投资收益，两者适应性较好。而采用权益法核算投资收益时，对于被投资单位当年实现的利润，投资单位就可以按股权比例确认为投资收益，故企业投资收益的变现含量较低。

3. 从投资活动的现金净流量分析企业的理财和投资策略

如果企业采取投资和经营扩张的策略，往往导致投资活动的现金净流出量较大，这说明企业面临新的投资和发展机遇。如果企业采取投资和经营紧缩策略，则企业投资活动现金净流入量较大，说明企业内部经营出现问题，或企业开始调整经营战略，或投资环境变化，对外投资出现困难等。

当企业扩大规模或开发新的利润增长点时，需要大量的现金投入，如果投资活动产生的现金流入量补偿不了流出量，则投资活动现金净流量为负数。如果企业投资有效,将会用未来产生的现金净流入量来偿还债务,企业则不会有偿债困难。因此,分析投资活动现金流量应结合企业目前的投资项目进行,不能简单地以投资活动现金流量是正数还是负数论其优劣。

【例 7-4】根据青岛啤酒流量表编制投资活动现金流量表,见表 7-5。

表 7-5　　　　　青岛啤酒投资活动现金流量　　　　　单位:万元

项目	2016 年	2017 年	2018 年
二、投资活动产生的现金流量			
投资活动现金流入小计	364 983	242 243	210 808
投资活动现金流出小计	481 385	301 475	292 483
投资活动产生的现金流量净额	-116 402	-59 232	-81 675

由表 7-5 可知,2016~2018 年青岛啤酒连续三年的投资活动现金流出均大于现金流入,即投资活动产生的现金流量净额都小于零,但总体趋势是上升的。公司 2017 年投资活动现金流出和现金流入都出现了大幅下滑,共同作用的结果是投资活动产生的现金流量净额同比增加 56.73%,主要原因是公司的全资子公司财务公司当年的理财净投入同比减少,以及 2016 年公司支付股权转让款所致。由于财务公司理财净投入同比增加,青岛啤酒 2018 年投资活动产生的现金流量净额同比减少了 37.89%。

7.2.5　筹资活动现金流量分析

1. 将筹资活动现金流入量和筹资活动现金流出量结合分析

(1) 筹资活动现金流入量大于筹资活动现金流出量。如果企业筹资活动现金流入量大于现金流出量,说明企业通过银行或资本市场筹措资金的能力较强。现金流入量超出现金流出量较多,则表明企业吸收资本或举债的步伐加快。但应与资金使用效果联系起来分析,应防止企业未来无法支付到期债务而陷入财务危机之中。如果投资活动现金流出量较大,则表明企业投资和经营扩张加快,使企业具有新的投资机会,有助于提高企业的盈利能力。如果经营活动现金流出量较大,意味着企业可能通过筹集资金去弥补经营活动现金的不足,可能是企业经营活动在现金方面出现问题。

筹资活动现金流量评价

在企业处于发展时期时,投资需要大量的资金,因为经营活动创造现金流量的能力不强,所以企业的现金流量需求主要通过筹资活动来解决。因此,当筹资活动现金流量大于零时,应结合企业长期发展规划,分析是企业的主动筹资行为还是被动筹资行为。

(2)筹资活动现金流入量等于筹资活动现金流出量。如果企业筹资活动现金流入量等于现金流出量,说明企业筹资活动的现金流量平衡,筹集到的资金全部用来偿还债务本金和利息或用于发放股利。出现这种现象,可能是借新债还旧债,也有可能是企业现金短缺,又不得不发放现金股利而采取的举债行为。

(3)筹资活动现金流入量小于筹资活动现金流出量。如果企业筹资活动现金流入量小于现金流出量,说明企业当期偿还负债或分配股利的数额较大,有可能是企业经营活动或投资活动在现金流转方面运转较好,具有一定的偿债能力。但也要注意,筹资活动现金流入量小于现金流出量,可能意味着企业筹资能力减弱,或没有更好的扩张机会。

【例7-5】根据青岛啤酒流量表编制筹资活动现金流量表,见表7-6。

表7-6　　　　　青岛啤酒筹资活动现金流量　　　　单位:万元

项目	2016年	2017年	2018年
三、筹资活动产生的现金流量			
筹资活动现金流入小计	4 600	33 169	27 459
筹资活动现金流出小计	151 642	86 486	91 532
筹资活动产生的现金流量净额	-147 042	-53 317	-64 073

根据表7-6可知,青岛啤酒2016~2018年筹资活动产生的现金流量净额均为负值,表现为净流出。结合公司经营活动产生的现金流量净额和投资活动产生的现金流量净额进行分析,青岛啤酒经营活动创造现金流量的能力很强,在满足公司投资需求后还有大量现金流量用来满足公司高派现的需要,同时也说明公司可能已处于行业生命周期的成熟阶段,没有好的投资机会。

公司2017年筹资活动产生的现金流量净额同比增加63.74%,主要原因是个别子公司取得借款收到的现金同比增加,以及偿还债务支付的现金同比减少。2018年,由于公司发放的现金股利增加,从而造成筹资活动产生的现金流量净额同比减少20.17%。

2. 将筹资活动现金流量净额与企业理财政策结合起来分析

企业采取不同的股利分配政策对于筹资活动现金流量净额的影响不同。将本期股利分配的现金流出与前期实现的净利润相比,如果比例较小,说明企业实施的是低利润分配的政策,但也可能是企业的投资压力较大。

筹资活动属于企业的理财活动,也意味着企业存在一定的风险。企业加大对外举债,就必须承担定期支付利息、到期还本的责任。如果企业到期不能履行偿债责任,必然会陷入财务危机之中。企业发行股票,可能存在股票跌价损失的风险。因此,企业理财活动越大,风险越大。一般来说,筹资活动产生的现金净流量越大,企业面临的偿债压力越大,但如果现金净流入量主要来自企业吸收的权益性资本,则不存在偿债压力。因此,在进行分析时,可将吸收权益性资本收到的现金与筹资活动现金总流入量进行比较。如果前者所占比重大,说明企业资金实力强,财务风险低。

7.3 现金流量表项目分析

7.3.1 经营活动现金流量项目分析

1. 销售商品、提供劳务收到的现金

销售商品、提供劳务收到的现金是指企业销售商品、提供劳务实际收到的现金,包括本期销售收到的现金、前期销售本期收回的现金、向购买者收取的增值税销项税额、本期预收的销货款等。但是,对于本期销售本期退回的商品和前期销售本期退回的商品支付的现金应从该项目中扣除。企业销售材料和代购代销业务收到的现金也包括在本项目中,这些项目将会增加企业本期的现金。该项目的现金流量构成经营活动现金流入的主要部分。

销售商品、提供劳务收到的现金项目发生增减变动的原因可能有:企业的销售策略发生变化、市场供求关系发生变化、企业信用政策发生变化、企业收账政策发生变化等。分析时应结合企业利润表和有关的财务报表附注加以分析。

为了进一步说明企业经营活动现金流入量的情况,可以将销售商品、提供劳务收到的现金与利润表中营业收入项目的数据结合起来进行分析，来判断企业销售货物的收现质量。注意，销售商品、提供劳务收到的现金中包含了向购买者收取的增值税销项税额，而营业收入是不含税收入，所以，在将销售商品、提供劳务收到的现金与营业收入项目相结合进行分析时，需要根据增值税税率对营业收入进行调整。如果企业本期销售商品、提供劳务收到的现金与调整后本期的营业收入基本一致，说明企业的信用政策稳定，销售回款情况良好；如果企业本期销售商品、提供劳务收到的现金大于调整后本期的营业收入，说明销售货物的收现质量比较好，也可能是企业的信用政策比较严格，这时需注意分析企业是否会因为严格的信用政策而导致营业收入减少；如果企业本期销售商品、提供劳务收到的现金小于调整后本期的营业收入，则需要关注企业营业收入的变现能力以及应收账款的质量。

2. 收到的税费返还

收到的税费返还是指企业收到返还的增值税、消费税、所得税、关税和教育费附加等各种税费的返还款。这一项目只包括企业上交后由税务机关等政府部门返还的款项，不包括其他方面的补贴和返还款。企业收到的与非税费有关的现金，应在"收到的其他与经营活动有关的现金"项目中反映。

该项目发生增减变动的原因与国家税收政策有关，分析时应结合税收政策的变化。这部分现金流量的变化不具有持续性，不能代表企业具有获取现金的正常能力。

3. 收到其他与经营活动有关的现金

收到的其他与经营活动有关的现金包括企业收到的经营租赁租金、收到的押金、收到退回的备用金、收到的罚款收入等。由于这一项目不具有持续性和稳定性，因此不能反映企业持续获取现金的能力。

4. 购买商品、接受劳务支付的现金

购买商品、接受劳务支付的现金是指企业购买材料、商品、接受劳务实际支付的现金，包括本期购买商品、接受劳务支付的货款，与货款一并支付的增值税进项税额，前期购买商品、接受劳务本期偿付的应付款项以及预付的购货款等。但是，对于本期发生的购货退回收到的现金应从该项目中扣除。该项目的现金流量是经营活动现金流出的主要部分。

购买商品、接受劳务支付现金项目发生增减变动的原因可能有：企业销售市场的变化导致存货需求的增减变动；企业应付账款管理政策的变化导致应付账款的增减变动等。分析时应结合企业利润表及有关的财务报表附注加以分析。

对于购买商品、接受劳务支付的现金进行分析时,可以将其与利润表中的营业成本进行比较,来判断企业营业成本的付现情况。如果企业本期购买商品、接受劳务支付的现金与本期营业成本基本一致,说明购买商品、提供劳务的付款政策基本稳定。如果企业本期购买商品、接受劳务支付的现金大于营业成本,表明企业采用了较为积极的付款政策,这将会减少企业当期的现金余额,企业应当分析是否充分利用供应商提供的付款政策。如果企业本期购买商品、接受劳务支付的现金小于营业成本,表明企业采用了较消极的付款政策,如此会减少企业当期的现金流出,提高企业自身现金的利用效率,但会增加企业的负债,加大未来的偿债压力,这就需要进一步分析企业这种消极付款政策是因为企业现金流出现了问题,还是由于企业有较高的信用,因此供应商主动提供宽松的信用政策等。

案 例 链 接

帝尔激光:利润含金量存疑　存货攀升吞噬现金流

帝尔激光日前披露了上市后首份财报:2019年上半年,公司营收3.41亿元,归母净利润1.48亿元,营收及归母净利润同比增速分别为116.15%及94.13%。

值得一提的是,在利润大幅上涨的同时,公司经营性净现金流出现显著下滑。根据半年报数据,2019年上半年,公司经营性净现金流仅有约58.44万元,不足同期归母净利润的1%。

公司经营性净现金流为什么大幅下降?利润含金量如何?

营收现金含量降低,预收比例下降

从经营性现金流入端看,近年来公司营收持续增长,但销售商品、提供劳务收到的现金增速要低于营收增速,营收现金含量(销售商品、提供劳务收到的现金/营收)呈下滑态势,而今年上半年降幅尤其明显。

根据财报,2019年上半年,公司总营收3.41亿元,而销售商品、提供劳务收到的现金仅有2.99亿元;营收现金含量为0.88,要大幅低于2018年度的1.3。

帝尔激光主营业务集中在太阳能电池的激光设备领域,主要产品为PERC激光消融设备、SE激光掺杂设备等。在设备发货前,客户通常预付部分款项,但中报显示公司预收款比例有所降低。这或在一定程度上影响营收现金含量。

存货持续攀升

从经营性现金流出端看,购买商品、接受劳务支付的现金大幅增长,存货持续攀升是影响经营性净现金流的另外一大关键因素。

数据显示,2016年底、2017年底及2018年底,公司存货账面价值分别约0.59亿元、1.53亿元及4.61亿元,占总资产的比例分别为36.17%、39.87%和52.10%。公司期末存货账面价值相对较高,且逐年增加,在2018年底存货规模甚至超过当年总营收。

2019年中报,公司存货值进一步扩大。截至2019年6月30日,存货账面值约6.97亿元,较2018年底增加约2.36亿元,增幅51.28%,公司存货周转天数达到689天。

招股书的资料显示,存货值较高主要因产品送达客户指定地点后需要进行安装和调试,并经客户验收后公司方可确认收入,存货中存在较多的发出商品。2019年中报显示,在6.97亿元的存货中有5.38亿元是发出商品,发出商品占比达到77.26%。

(资料来源:面包财经,https://finance.sina.com.cn/stock/s/2019-08-21/doc-ihytcern2341066.shtml,2019年8月21日。)

5. 支付给职工以及为职工支付的现金

支付给职工以及为职工支付的现金是指企业实际支付给职工的现金以及为职工支付的现金,包括本期实际支付给职工的工资、奖金、各种津贴和补贴以及为职工支付的其他费用如养老、失业等社会保险基金、住房公积金、支付给职工的住房困难补助等。该项目不包括支付给离退休人员和在建工程人员的现金。对于支付给职工以及为职工支付的现金项目,应结合企业的工资发展水平、企业的经济效益加以分析。

6. 支付的各项税费

支付的各项税费是指企业在本期发生并支付、以前各期发生并支付以及预交的各种税费,包括所得税、增值税、消费税、印花税、房产税、土地增值税、车船使用税、教育费附加、矿产资源补偿费等。本项目不包含与投资活动有关的税金支出。此外,本期退回的增值税、所得税也不包含在内。

该项目发生增减变动的原因与国家税收政策有关,分析时应考虑税收政策的变化。

7.3.2 投资活动现金流量项目分析

1. 收回投资所收到的现金

收回投资所收到的现金是指企业出售、转让或到期收回除现金等价物以外的交易性金融资产、长期股权投资而收到的现金，以及收回债权投资本金而收到的现金，不包括债权投资收回的利息以及收回的非现金资产。

收回投资所收到的现金项目发生增减变动可能的原因有：企业为了收缩对外投资规模而减少股权投资；为解决短期资金的需求而出售交易性金融资产收回现金；企业前期购买的债权投资到期收回等。

如果企业资金周转不畅、资金严重短缺，为了弥补经营活动现金不足而收回股权投资，一旦这种现象持续发展下去，将会影响企业对外扩张。如果企业是由于投资环境的改变或被投资单位经营状况不佳而收回股权投资，说明企业在重新调整投资策略，这有利于企业未来的发展。

企业进行交易性金融资产投资的目的，主要是利用暂时闲置的资金购入能够随时变现的有价证券，以获得高于银行存款利率的收益。当企业收回交易性金融资产时，可能说明企业通过交易性金融资产的变现来满足货币资金的需求；但需要注意的是，这也可能是企业为了赚取差价而将交易性金融资产出售，并可以进行其他交易性金融资产投资。

2. 取得投资收益所收到的现金

取得投资收益所收到的现金是指因股权投资和债权投资而获得的现金股利、利息以及从子公司、联营企业和合营企业分回利润而收到的现金，不包括股票股利。这部分现金流入表明企业前期投资在本期所获得的收益，应与利润表中的投资收益结合起来进行分析。

3. 处置固定资产、无形资产和其他长期资产所收回的现金

处置固定资产、无形资产和其他长期资产所收回的现金，是指企业处置这些资产所取得的现金减去为处置这些资产而支付的有关费用后的净额。固定资产报废、毁损的变卖收益和由于自然灾害所造成的固定资产等长期资产损失收到的保险赔偿收入也包括在本项目中。

处置固定资产、无形资产和其他长期资产所收到的现金增减变动的原因可能包括：一是企业将闲置或多余的固定资产等进行变现，说明企业积极处置那些不能再给企业带来经济利益的资产，这种情况对于企业的经营和理财是有利的；二是由于企业经营或偿债方面出现了困难，不得不靠变卖固定资产等长期资产维持生产经营活动或偿还到期债务，或者是由于经营困难、环境变化不得不开始收缩投资战线，集中资金以克服经营困难或解决其他问题。这种情况的出现将影响企业未来的发展。

4. 处置子公司及其他营业单位收到的现金净额

处置子公司及其他营业单位收到的现金净额是指企业处置子公司及其他营业单位所取得的现金减去相关处置费用后的净额。

处置子公司及其他营业单位可能的原因有：由于子公司或其他营业单位的经营方向与企业未来发展战略不符，企业考虑改变投资方向，而将子公司或其他营业单位的股权予以处置；为了解决资金需求，不得已处置子公司或其他营业单位的股权。前者说明企业在调整发展战略，后者则说明企业发展受限。

5. 购建固定资产、无形资产和其他长期资产所支付的现金

购建固定资产、无形资产和其他长期资产所支付的现金是指企业取得这些资产时所支付的现金，包括购买设备所支付的现金及增值税款、建造工程支付的现金、支付在建工程人员的工资、购入或自创取得各种无形资产的实际现金支出等，不包括为购建固定资产而发生的借款利息资本化的部分，以及融资租入固定资产支付的租赁费。这两部分应在筹资活动产生的现金流量中单独反映。

购建固定资产、无形资产和其他长期资产所支付的现金反映了企业扩大再生产的情况。分析时，应对连续几个会计期间的数据加以比较来分析企业对内投资的情况。如果持续增长，其原因可能是企业扩张速度增快，说明企业处于成长期，有较多的投资机会；如果保持稳定或持续减少，其原因可能是企业处于成熟期，投资机会减少，企业在保持稳定的经营战略。在分析时应结合企业的长期规划和短期计划进行评价。

6. 投资所支付的现金

投资所支付的现金是指企业进行权益性投资和债权性投资支付的现金，包括企业取得除现金等价物以外的交易性金融资产、债权投资和长期股权投资支付的现金以及支付的佣金、手续费等附加费用。

投资所支付的现金是企业进行的对外投资，其规模的大小应和企业的经营特点以及资金来源的情况相适应，还要考虑国家宏观经济环境和企业投资环境的变化，并结合投资收益进行分析。

7. 取得子公司及其他营业单位支付的现金净额

取得子公司及其他营业单位支付的现金净额是企业购买子公司及其他营业单位购买出价中以现金支付的部分，减去子公司或其他营业单位持有的现金和现金等价物后的净额。企业支付的该项现金净额反映了企业外部扩张战略。

8. 收到其他与投资活动有关的现金、支付其他与投资活动有关的现金

收到其他与投资活动有关的现金、支付其他与投资活动有关的现金反映了企业除上述项目以外收到或支付的其他与投资活动有关的现金流入或流出。

案 例 链 接

现金流量表相关问题

根据企业会计准则及相关规定,现金流量表中的投资活动,是指企业长期资产的购建和不包括在现金等价物范围的投资及其处置活动。筹资活动,是指导致企业资本及债务规模和构成发生变化的活动。经营活动,是指企业投资活动和筹资活动以外的所有交易和事项。

年报分析发现,部分上市公司在编制现金流量表时存在以下问题:一是未将划分为持有待售类别子公司的非受限货币资金包括在现金和现金等价物中;二是将收到的与资产相关的政府补助、代扣代缴个税手续费返还分类为投资活动现金流量,未分类为经营活动现金流量;三是将与定期存单存入或到期相关的资金收付分类为经营活动现金流量,未分类为投资活动现金流量;四是未综合考虑与关联企业之间是否存在业务往来等因素,简单将与关联企业之间的资金往来全部分类为经营活动现金流量;五是在合并报表中将购买子公司少数股权支付的现金分类为投资活动现金流量,未分类为筹资活动现金流量。

(资料来源:2018 年上市公司年报会计监管报告,http://www.csrc.gov.cn/newsite/kjb/gzdt/202001/t20200115_369816.html,2020年1月15日。)

7.3.3 筹资活动现金流量项目分析

1. 吸收投资所收到的现金

吸收投资所收到的现金是指企业收到的投资者投入的现金,包括以发行股票、债券等方式筹集资金实际收到的款项净额,即发行收入减去支付的佣金等发行费用后的净额。企业发行股票、债券等由企业直接支付的审计费、咨询费、宣传费、印花税等费用，在"支付的其他与筹资活动有关的现金"项目中反映。此项目反映企业通过股权融资的能力。

2. 借款收到的现金

借款收到的现金是指企业举借各种长短期借款所收到的现金。此项目反映企业债权融资的能力。

吸收投资所收到的现金和借款收到的现金均属于企业外部筹集资金获取的现金，其规模的大小与企业经营活动和投资活动资金需求有关，也与企业的理财政策以及外部筹资能力相关。

吸收投资所收到的现金和借款收到的现金项目发生增减变动的原因可能有：企业正处于成长期，投资机会较多，需要大量资金，因此会加快吸收资本和举债的速度，表现为吸收投资所收到的现金和借款收到的现金处于快速增长态势；如企业处于成熟期，其投资机会明显减少，这时对外筹集资金的速度会放慢，吸收投资收到的现金和借款收到的现金项目将会表现为规模逐渐萎缩。

分析时应结合投资活动、经营活动的现金净流量进行评价。如果投资活动现金流出较大，说明企业具有扩张获利的机会，企业能够通过外部筹集资金满足投资和经营扩张的步伐。如果经营活动现金流出较大，说明企业经营活动现金短缺，经营活动创造现金流量的能力不足，所以通过依靠外部筹集资金来满足经营活动现金流出的需要。如果这种经营活动创造现金流量的能力不足而带来的资金短缺是暂时的，企业可以通过合理地安排筹集资金来解决；如果这种资金短缺是持续的，其原因是经营不当造成的，则会对企业影响较大，不加强管理的话，企业在筹资方面将面临很大的困难。

3. 偿还债务所支付的现金

偿还债务所支付的现金是指企业以现金偿还债务的本金，包括偿还银行或其他金融机构等的借款本金、偿还债券本金等。企业偿还的借款利息、债券利息应在"分配股利、利润和偿付利息所支付的现金"项目中反映。

此项目可以反映企业偿还债务本金的情况，结合企业吸收投资所收到的现金和借款收到的现金两个项目，可以分析企业资本结构的变化原因。

4. 分配股利、利润或偿付利息所支付的现金

分配股利、利润或偿付利息所支付的现金是指企业实际支付的现金股利、支付给其他投资单位的利润以及支付的借款利息、债券利息。

此项目可以反映企业的股利政策以及利息支付能力。

5. 收到其他与筹资活动有关的现金、支付其他与筹资活动有关的现金

收到其他与筹资活动有关的现金、支付其他与筹资活动有关的现金反映企业除上述项目以外,收到或支付的其他与筹资活动有关的现金流入或流出,包括企业发行股票、债券等由企业直接支付的审计费、咨询费、宣传费、印花税等费用,购建固定资产而发生的借款利息资本化的部分,融资租入固定资产支付的租赁费以及分期付款方式购建固定资产以后各期支付的现金等。

案 例 链 接

东方通信股价暴涨6倍 经营现金流6年为负 盈利能力弱

乘着5G东风,龙头企业东方通信备受二级市场投资者追捧。春节开市(2019年2月11日)以来的9个交易日,东方通信有8个交易日股价涨停。近4个月内收23个涨停板,累计涨幅高达610.46%。

然而,暴涨的股价与东方通信的经营业绩严重背离。近10年来,公司净利润一直在1亿元左右徘徊,起伏不定。而其营业收入也在20亿元与35亿元左右波动,盈利能力不强可见一斑。

不仅如此,2012年以来,公司经营现金流大多处于净流出状态,而应收账款和存货接连攀升且处于高位,种种迹象表明,公司盈利能力较弱。

有意思的是,上市23年,虽然公司仅在2000年定增融资一次,但至今公司仍然不缺钱。而这一诡异的现象背后,是公司靠处置资产回流资金,即"啃老本"。2000年,公司总资产接近80亿元,而2018年9月末,仅剩下36.23亿元。

通常情况下,股价应与经营业绩相关联,但东方通信的经营业绩与漂亮的K线图完全不能媲美。2018年前三季度,公司实现营业收入、净利润为15.62亿元、7 670.17万元,同比增幅为-2.16%、11.14%。

拉长报告期,2009年至2017年,其营业收入波动频繁,最高37亿元,最低只有19.80亿元。而在2006年,其营业收入还曾达到195.99亿元,历经连续4年大跌,现在跌入30亿元以内。而其综合毛利率长期在20%以内徘徊。

同期,净利润数据也不好看。2008年至2017年的10年间,净利润在接近1亿元至接近2亿元之间起伏,最高1.94亿元,最低0.92亿元。扣除非经常性损益的净利润更难看,2016年仅有0.43亿元。

东方通信业绩不仅不能与股价匹配,且其基本上靠变卖资产维持运营。

东方通信历年财报数据显示,2009年以来,除了2010年、2011年、2014年经营现金流勉强为正数外,其余年度均为负数,2018年前三季度净流出2.99亿元。如果以2018年三季度至2017年三季度这样往前推,则公司连续6年经营现金流为负数。

不仅经营现金流为负,东方通信的应收账款和存货也在接连上升。截至2018年9月底,公司应收账款和存货分别为8.96亿元、8.75亿元,二者合计占流动资产的64.33%。

综合上述数据发现,东方通信的主营业务盈利能力明显不足,其净利润的成色也不足。

实际上,近年来,公司净利润大部分来自投资收益。近10年来,公司年度投资净收益均超过5 000万元,2011年、2012年还超过亿元。2016年、2017年及2018年前三季度,东方通信的投资收益分别为5 630.67万元、5 970.28万元和6 142.63万元,分别占同期净利润的61.45%、50.6%和80.08%。

其投资收益主要来自委托贷款。2013年至2016年,其通过委托贷款获得的投资收益分别为4 300万元、4 900万元、3 400万元、4 400万元。

值得一提的是,上市以来,除了首发及2000年定增外,东方通信未再实施过其他融资,就连长短期银行借款也没有。但是,公司货币资金依然很充足,长期保持有7亿元左右现金。

这些资金来源于哪里呢?出售资产!

2017年、2018年前9个月,东方通信靠出售子公司股权分别实现3 100万元、4 000万元投资收益。如2018年3月16日,以6 279.31万元价格出售了湖州东信36.75%股权。

东方通信总资产大幅减少也足以说明其频频处置资产。2000年,公司总资产为79.46亿元,到2008年还有41.11亿元,如今只剩下36.23亿元,不足2000年的一半。2000年至今,公司投资净收益长期占净利润30%至50%,甚至超过50%。

(资料来源:长江商报,https://finance.sina.com.cn/stock/s/2019-02-22/doc-ihqfskcp7436399.shtml,2019年2月22日。)

想一想:你如何看待企业的"造血功能"(创造现金流量的能

力)与"输血功能"(从外部融资)的关系?与同学们讨论。

主要名词和术语

现金流量表　　　　产品生命周期　　　　市场环境
经营活动现金流量　投资活动现金流量　　筹资活动现金流量
现金流量结构　　　现金流入结构　　　　现金流出结构

本 章 小 结

现金流量表越来越受到信息使用者的关注,通过对现金流量进行分析,可以帮助信息使用者了解以前各期的现金流入、流出及结余情况,正确评价企业当前及未来的偿债能力和支付能力,发现企业财务方面存在的问题;正确评价企业当期及以前各期取得的利润的质量,科学预测企业未来的财务状况,从而为科学决策提供充分的、有效的依据。主要内容包括:

1. 现金流量表是反映一定时期内企业经营活动、投资活动和筹资活动对其现金及现金等价物所产生影响的财务报表。

2. 现金流量表分析的内容包括(1)解读企业现金流量表;(2)现金流量基本情况分析;(3)现金流量具体项目分析;(4)结合资产负债表、利润表以及现金流量比率进一步分析。

3. 现金流量分析的影响因素有(1)生命周期;(2)经营特点;(3)市场环境。

4. 现金流量表整体分析包括(1)现金流量表比较分析;(2)现金流量结构分析;(3)现金流量分类分析。

5. 现金流量表项目分析包括(1)经营活动现金流量项目分析;(2)投资活动现金流量项目分析;(3)筹资活动现金流量项目分析。

第 8 章 成本费用分析

学习目的与要求

学习本章后，您应该做到：
1. 熟悉成本的内涵；
2. 掌握成本费用的不同分类与特征；
3. 理解并掌握作业动因和作业分析法原理；
4. 掌握生命周期成本法的基本原理；
5. 掌握标准成本制定与成本差异分析方法及应用；
6. 掌握期间费用构成与分析。

重点与难点

成本费用不同分类；作业成本法原理；标准成本制定；成本差异分析；期间费用分析。

8.1 成本费用内涵

8.1.1 成本内涵

成本贯穿于企业经济活动全过程，每位与企业打交道的人都知道成本，但并非每个人都能准确地解释成本①，因为成本是企业管理与决策的灵魂，成本在不同管理要求下的表述各不相同。

一般而言，成本是为达到某一特定目的而耗用或放弃的资源。传统财务会计涉及的成本一般是为取得某项资产或提供劳务所垫支的、以货币表现的耗费。成本对象是可以对外提供，并换取收入的产出，包括有形产品和无形劳务。前者如房屋、电视机、食品、饮料，或者是可以对外销售的生产资料、零部件，如水泥、玻璃、轮胎等；后者如运输、美容、医疗、法律援助等服务。按照"谁受益，谁承担"的原则进行成本核算，为计算利润和成本管理服务。从企业管理角度讲，企业决策所涉及的成本则因管理目标的多样化和多层次而异彩纷呈。从企业长远战略管理角度出发，需要衡量产品寿命周期成本。产品寿命周期是指从产品研究开发到退出市场所经历的全部时期，包括研究、开发、进入市场、成熟发展、退出市场等阶段。产品寿命周期成本包括研究开发成本、生产经营成本和废弃成本。从企业短期战术管理角度出发，可以只关注生产经营成本，即生产、销售和售后服务的成本。

成本：企业生产和销售一定种类与数量产品以耗费资源用货币计量的经济价值。

从具体管理目标看，如果某阶段企业管理的重点是改进质量，就要获取质量成本；如果管理的重点是人员调整，就要搜集人力资源成本。另外，如责任成本、机会成本、资本成本等均是服务于不同管理目的的成本概念，不一而足。可以说，管理目的不同，成本含义也不同。所以，从管理角度来看，一般将成本解释为"企业在生产过程中对象化的、以货币计量的、为实现一定目的而牺牲或放弃的经济资源的价值牺牲或代价"。

在实际工作中，成本与费用是两个既相联系又有区别的概念。它们的联系之处在于成本与费用都是达到某一特定目的而耗用的资源，但两者又有一定的区别。成本是企业为取得资产或劳务所付出的代价，而费用则是为取得收入而发生的自用耗费的金额。成本是对象化了的费用，它是指某个对象发生的耗费，与特定产品或劳务相关，即确认是哪种产品、哪项业务发生了这些耗费。而费用则是指一定期间内发生的耗费，与一定期间相联系。并且企业发生一定的劳动耗费在没有予以对象化之前，我们一般称之为费用，而一旦将其予以对象化之后，则会称之为成本。

当成本在产生收入的过程中被消耗，就说它们已消逝了，已消逝

---

① 这里讲的成本是广义的，不仅仅限于经济领域，人们可以根据自己的理解对成本进行定义。

的成本被称为费用。在每个会计期间的利润表中用费用来抵销收入以确定期间利润。损失是未产生任何收入的已消逝成本,例如在地震中毁坏的未保险存货在利润表中作为损失。许多成本在一个给定期间中并没有消逝,这些未消逝成本作为资产列示在资产负债表中。计算机和工厂建筑物等就是持续时间超过一个期间的资产。

想一想: 你是如何理解成本概念的?从管理者角度你认为成本概念应该如何定义?可以与同学们一起讨论。

8.1.2 成本分类

成本信息服务于各项管理目标,服务于决策、计划、控制等各个管理环节。成本管理会计系统能及时提供吗?成本准确吗?这些都是管理向会计信息系统提出的要求。现代成本管理致力于改进成本信息的质量、内容、相关性和及时性,不断满足更多的管理要求。近年来,作业成本计算法的兴起,管理会计在服务业中的应用,都显示了这一发展趋势。

选择不同的标准可以将成本划分成不同的类型,不同类型的成本可以满足企业管理的不同需求。

1. 按成本的经济用途分类

(1) 生产成本。又称制造成本,主要包括直接材料、直接人工和制造费用三个成本项目。

①直接材料:指在生产中直接用于产品生产、构成产品实体的原材料、主要材料、外购半成品以及有助于产品形成的辅助材料成本。比如,汽车耗用的钢板、玻璃,衣服耗用的布料,蛋糕耗用的面粉、牛奶、糖等。

②直接人工:指在生产中直接参加对原材料进行加工制成产品所耗用的人工的工资、奖金和各种津贴等人工费用。

③制造费用:指在生产中发生的不能归入上述两个成本项目的所有其他成本支出,又称工厂间接费用。这个项目还可再细分为:间接材料,指在生产中耗用,但不易归属某一特定产品的材料成本,如组织管理生产发生的各种消耗性材料、维修用料等;间接人工,指不直接进行产品生产加工的人工成本,如技术人员、维修人员、服务人员的工资等;其他制造费用,指除以上两种之外的其他各种间接费用,如厂房机器设备的折旧费、修理费、保险等。

(2) 非生产成本。又称非制造成本、期间成本,包括销售成本和一般行政及管理成本,是指不属于生产领域但仍为企业服务所发生

生产成本:
生产单位为生产产品或提供劳务而发生的各项生产费用,包括各项直接支出和制造费用。

的一些成本。

①销售成本：指企业为将已生产或装配的产品最终销售出去所发生的各种费用，如推销员的工资、差旅费、广告费、运输费、售后服务费等。

②管理成本：指企业管理部门为组织企业生产所发生的成本，如管理人员的工资、办公费、邮电费、保险费和有关固定资产的折旧费等。

想一想：按成本的经济用途分类可分为哪几类？该分类的主要作用是什么？实务中企业是如何对成本进行分类的？

2. 按成本实际发生的时态分类

（1）实际成本：是指在某一特定时期内为制造某种产品或进行某种业务所实际发生的成本。

（2）预计成本：是指在事前测算的成本，它实际上是一种成本目标和控制成本，如估算成本、预算成本、标准成本等。

估算成本是事先在生产经营过程中对产品成本或某项费用的估计数；预算成本是指按照企业预算编制的成本；标准成本是指按某种标准条件制定的产品成本和费用额度，用于对产品成本和费用进行控制而使之保持应有水平，故又称为"应有成本"。

3. 按成本的受益对象分类

（1）直接成本（又称直接计入费用）：指与特定产品具有直接联系，可直接归属于某个成本计算对象的费用，即指在会计实务中，凡有客观依据可以明确并直接归属于其受益对象的各项成本或费用。直接材料和直接人工一般都是直接成本。如生产轿车耗用的钢板、轮胎，能够通过计量、计数方式直接归属于轿车这一成本对象。有些材料虽然用于多种产品，如木材同时用于生产桌子和椅子，但可以根据耗材这一客观标准准确分配，也属于直接成本。

（2）间接成本（又称间接计入费用）：指可以同时使若干对象共同受益，与特定产品没有直接联系，又无法确认受益程度，无法客观地、直接地归属于具体对象或者不易直接计入产品成本的费用。

企业在生产多种产品的情况下，制造费用属于间接成本；企业在生产单一产品的情况下，制造费用又都属于直接成本。间接成本需要按一定的标准在各受益对象之间进行分配。

成本按受益对象分类，主要是为了满足成本核算的需要。这种分类可以帮助会计人员按照"谁受益、谁承担"的原则将制造成本在不同产品和对象之间分配，确认某一具体产品或核算对象的总成本和单位成本，进而确认某项具体业务的损益。

4. 按成本的可控性分类

（1）可控成本。可控成本是指责任单位在会计期间内可以预计、计量、采取措施施加影响和落实责任的成本。

（2）不可控成本。不可控成本是指在会计期间内责任单位无法采取措施进行调控的成本。

成本是否可控，应从一定的时间范围和空间范围出发，时间范围一般是指"会计期间"，空间范围一般是指能对成本施加影响的人或单位。可控成本与不可控成本的划分，有利于区分成本控制责任。

案 例 链 接

受市场需求不足等因素影响 2019年工业企业利润有所下降

据国家统计局2月3日消息，国家统计局工业司高级统计师朱虹解读工业企业利润数据表示，2019年，面对国内外风险挑战明显上升的复杂环境，全国工业经济战线深入贯彻落实党中央、国务院各项决策部署，扎实推进供给侧结构性改革，工业销售实现增长，效益状况结构性改善。但受市场需求不足、工业品价格下降、成本上升等因素影响，工业企业利润有所下降。

2019年，规模以上工业企业实现利润总额61 995.5亿元，比上年下降3.3%，主要受以下因素影响：一是工业产品销售增速回落。2019年，规模以上工业企业营业收入增长3.8%，增速比上年回落4.8个百分点。二是成本上升挤压利润空间。2019年，规模以上工业企业每百元营业收入中的成本为84.08元，比上年增加0.18元，主要是原材料、用工成本上升。三是钢铁、石化、汽车等重点行业利润下降拉动作用明显。2019年，钢铁、化工、汽车、石油加工行业利润比上年分别下降37.6%、25.6%、15.9%和42.5%，合计影响规模以上工业企业利润增速比上年下降7.4个百分点。四是个别行业及企业大幅计提资产减值损失。经测算，个别行业及企业2019年大幅计提资产减值损失，影响规模以上工业企业利润增速比上年下降1.2个百分点。

（资料来源：中国证券网，https：//news.e-works.net.cn/category6/news85970.htm，2020年2月6日。）

8.1.3 费用

1. 费用的内涵

我国《企业会计准则——基本准则》对于费用做出如下说明：

（1）费用只有在经济利益很可能流出从而导致企业资产减少或者负债增加且经济利益的流出额能够可靠计量时才能予以确认。

费用（expense）：企业在日常活动中发生的会导致所有者权益减少的、与向所有者分配利润无关的经济利益的总流出。

（2）企业为生产产品、提供劳务等发生的可归属于产品成本、劳务成本等的费用，应当在确认产品销售收入、劳务收入等时，将已销售产品、已提供劳务的成本等计入当期损益。

（3）企业发生的支出不产生经济利益的，或者即使能够产生经济利益但不符合或者不再符合资产确认条件的，应当在发生时确认为费用，计入当期损益。

（4）企业发生的交易或者事项导致其承担了一项负债而又不确认为一项资产的，应当在发生时确认为费用，计入当期损益。

2. 费用确认条件

在对费用进行确认时应当划清三个界限：

（1）在确认费用时，首先应当划分生产费用与非生产费用的界限。生产费用是指与企业日常生产经营活动有关的费用，如生产产品所发生的原材料费用、人工费用等；非生产费用是指不属于生产费用的费用，如用于购建固定资产所发生的费用，不属于生产费用。

（2）应当分清生产费用与产品成本的界限。生产费用与一定的期间相联系，而与生产的产品无关；产品成本与一定品种和数量的产品相联系，且不论发生在哪一期。

（3）应当分清生产费用与期间费用的界限。生产费用应当计入产品成本，而期间费用直接计入当期损益。

费用的确认除了应当符合定义外，也应当满足严格的条件，即费用只有在经济利益很可能流出从而导致企业资产减少或者负债增加，并且经济利益的流出额能够可靠计量时才能予以确认。

因此，费用的确认至少应当符合以下条件：

一是与费用相关的经济利益应当很可能流出企业；

二是经济利益流出企业的结果会导致资产的减少或者负债的增加；

三是经济利益的流出额能够可靠计量。

3. 费用的特征

无论费用是否包括损失，都应具有以下特征：

第一，费用最终会导致企业资源的减少，这种减少具体表现为企业的资金支出。从这个意义上说，费用本质是一种资源流出企业，它与资源流入企业所形成的收入相反，它也可理解为资产的耗费，其目的是取得收入，从而获得更多资产。

第二，费用最终会减少企业的所有者权益。一般而言，企业的所有者权益会随着收入的增长而增加；相反，费用的增加会减少所有者权益。但是所有者权益减少也不一定都列入费用，如企业偿债性支出和向投资者分配利润，显然减少了所有者权益，但不能归入费用。

第三，费用可能表现为资产的减少，或负债的增加，或者二者兼而有之。

4. 费用的分类

（1）按经济内容分类。费用可以分为以下费用要素：外购材料；外购燃料、动力；工资及职工福利费；折旧费；利息支出；税金；其他费用，是指不属于以上各种费用要素的费用支出。

按上列费用要素反映的费用就称为要素费用。

（2）按照经济用途分类。费用可以分为生产成本和期间费用。

生产成本是指企业为生产一定种类和数量的产品所发生的费用，即产品成本项目直接材料、直接人工和制造费用的总和。主要包括直接材料、直接人工、制造费用。

期间费用是指不计入产品生产成本、直接计入发生当期损益的费用，包括管理费用、财务费用和销售费用。

企业一定期间所发生的不能直接归属于某个特定产品的生产成本费用，归属于制造费用，在发生时直接计入当期损益。

8.2 标准成本分析

产品的成本是由直接材料、直接人工和制造费用组成的，所以产品的标准成本一般也按照直接材料、直接人工和制造费用三个项目分别制定。无论是哪一个项目，都需要分别确定其用量标准和价格标准，据此得出正常的标准成本。

8.2.1 标准成本制定

延伸阅读：
正常标准成本与
理想标准成本

1. 直接材料标准成本的制定

（1）数量标准。数量标准是指企业在现有生产技术条件下，生产单位产品所需要的直接材料数量。包括构成产品主体的材料、生产中必要的耗费和不可避免的损失等。直接材料数量标准可以根据历史经验、工艺研究和操作人员的意见来制定。历史数据可以为制定标准提供初始依据,但可能包含过去的低效率;工艺研究能确定高效率的标准,但可能无法达到;操作人员的意见往往可以从中调和,最终确定适宜的标准。

(2) 价格标准。价格标准是指企业事先确定的购买直接材料所支付的价格,包括买价、运杂费、检验费、正常损耗等。直接材料价格标准应该能体现生产对材料质量的要求。直接材料价格受外部因素影响较大,属于不可控成本,企业很难对其实施有效的控制。尽管如此,利用直接材料价格标准,仍然有助于检查直接材料成本的高低,通过价格变动对成本和利润的影响来考评采购部门的工作绩效。

标准成本制定

根据直接材料的数量标准和价格标准,即可确定直接材料的标准成本:

$$直接材料标准成本 = \sum (价格标准 \times 数量标准)$$

【例 8 - 1】海天公司产销甲产品,其消耗的直接材料标准成本的制定见表 8 - 1。

表 8 - 1　　　　　　　　　直接材料标准成本

产品:甲产品

标准	A 材料	B 材料
价格标准:		
发票单价	3.00 元	5.00 元
运杂费	0.40 元	0.60 元
装卸检验费	0.60 元	0.40 元
每千克标准价格	4.00 元	6.00 元
用量标准:		
设计用量	3.80 千克	5.20 千克
允许损耗量	0.20 千克	0.30 千克
单位产品标准用量	4.00 千克	5.50 千克
材料标准成本	4.00 × 4.00 = 16.00(元)	6.00 × 5.50 = 33.00(元)
单位产品材料标准成本	16.00 + 33.00 = 49.00(元)	

2. 直接人工标准成本的制定

（1）数量标准。数量标准是指在现有的生产技术条件下，生产单位产品所需要的作业时间，也称工时标准。包括作业时间、必要的休息时间、适当的停工时间以及生产废品所消耗的时间。工时标准要依据历史经验、工艺与动作研究和操作人员的意见综合制定。

（2）价格标准。价格标准是指每工时应支付的工资，也称小时工资率。小时工资率取决于企业所采用的工资制度。如果企业采用的是计件工资制，小时工资率就是预定的每件产品支付的工资除以标准工时；如果企业采用的是计时工资制，小时工资率就是预计生产工人工资总额除以标准总工时。其中，标准总工时是指企业在现有的生产技术条件下，生产能力允许下的产量所消耗的全部工时。如企业有一条生产线，每月可生产 20 000 件产品，单位产品的工时标准为 3 小时/件，则标准总工时为 60 000 小时（20 000 ×3）。

根据直接人工的数量标准和价格标准，即可确定直接人工的标准成本：

$$直接人工标准成本 = \sum（小时工资率 \times 工时标准）$$

【例 8 – 2】海天公司产销甲产品，其直接人工标准成本的制定见表 8 – 2。

表 8 – 2　　　　　　　　　直接人工标准成本

产品：甲产品

标准	第一工序	第二工序
小时工资率：		
每月工资总额	15 000 元	20 000 元
标准总工时	3 000 小时	5 000 小时
每小时工资	5 元	4 元
工时标准：		
理想作业时间	1.80 小时	1.20 小时
调整设备时间	0.20 小时	0.10 小时
工间休息	0.10 小时	0.10 小时
其他	0.10 小时	0.10 小时
单位产品工时合计	2.20 小时	1.50 小时
标准成本	5×2.20＝11.00（元）	4×1.50＝6.00（元）
直接人工标准成本	11.00＋6.00＝17.00（元）	

3. 制造费用标准成本的制定

制造费用是指生产过程中发生的除直接材料和直接人工以外的所有费用，包括间接材料、间接人工、修理、检验、折旧等费用，在传统财务会计中一般采用一个较为合理的标准在各种成本对象间进行分配。制造费用标准成本是按部门分别编制，然后将同一产品所涉及的各部门的单位制造费用标准加以汇总后得出的整个产品的制造费用标准成本。由于制造费用按成本性态分为变动制造费用和固定制造费用，因而制造费用标准成本也分为变动制造费用标准成本和固定制造费用标准成本两部分，并分别制定价格标准（如分配率）和数量标准（如工时）。

（1）变动制造费用标准成本。变动制造费用的数量标准与直接人工标准成本制定中所确定的单位产品的工时标准相同；而价格标准是和变动制造费用预算联系在一起的，可以用变动制造费用预算总额除以标准总工时来确定。

根据变动制造费用的数量标准和价格标准，即可确定变动制造费用的标准成本：

$$\text{变动制造费用标准分配率} = \frac{\text{变动制造费用预算总数}}{\text{直接人工标准总工时}}$$

确定数量标准和价格标准之后，两者相乘即可得出变动制造费用标准成本：

$$\text{变动制造费用标准成本} = \text{单位产品直接人工的标准工时} \times \text{每小时变动制造费用的标准分配率}$$

各车间变动制造费用标准成本确定之后，可汇总出单位产品的变动制造费用标准成本。

【例8-3】海天公司产销甲产品，其变动制造费用标准成本的制定见表8-3。

表8-3　　　　　　　　　　变动制造费用标准成本

产品：甲产品

项目	第一工序	第二工序
变动制造费用预算：		
间接材料	5 000元	3 000元
间接人工	3 000元	5 000元
燃料费	1 000元	2 000元

续表

项目	第一工序	第二工序
小计	9 000 元	10 000 元
直接人工标准总工时	3 000 小时	5 000 小时
变动制造费用小时分配率	3 元	2 元
工时标准	2.20 小时	1.50 小时
变动制造费用标准成本	3×2.20=6.60（元）	2×1.50=3.00（元）
单位产品标准变动制造费用	6.60+3.00=9.60（元）	

（2）固定制造费用标准成本。固定制造费用标准成本的制定要视企业的成本计算方法而定。如果企业采用的是变动成本法，固定制造费用被视为"期间费用"，作为边际贡献的扣减项目，产品成本中不包括固定制造费用，因而单位产品的标准成本中也不包括固定制造费用的标准成本。在这种情况下，自然不需要制定固定制造费用的标准成本。如果企业采用的是完全成本法，产品成本中包括固定制造费用，所以就需要制定固定制造费用标准成本。

固定制造费用标准成本的制定与变动制造费用标准成本的制定基本相同。固定制造费用的数量标准仍然是单位产品的工时标准；而价格标准则是用固定制造费用预算总额除以标准总工时来确定。

根据固定制造费用的数量标准和价格标准，即可确定固定制造费用的标准成本：

$$\frac{\text{固定制造费用}}{\text{标准分配率}} = \frac{\text{固定制造费用预算总数}}{\text{直接人工标准总工时}}$$

确定了用量标准和价格标准之后，两者相乘，即可得出固定制造费用的标准成本：

$$\frac{\text{固定制造费用}}{\text{标准成本}} = \frac{\text{单位产品直接}}{\text{人工的标准工时}} \times \frac{\text{每小时固定制造}}{\text{费用的标准分配率}}$$

各车间固定制造费用的标准成本确定之后，可汇总出单位产品的固定制造费用标准成本。

【例 8-4】海天公司产销甲产品，其固定制造费用标准成本的制定见表 8-4。

表8-4 固定制造费用标准成本

产品：甲产品

项目	第一工序	第二工序
固定制造费用预算：		
折旧费	5 000元	6 000元
保险费	2 000元	3 000元
间接人工	1 000元	1 600元
车间管理人员工资	2 500元	3 400元
其他	1 500元	1 000元
小计	12 000元	15 000元
直接人工标准总工时	3 000小时	5 000小时
变动制造费用小时分配率	4元	3元
工时标准	2.20小时	1.50小时
部门固定制造费用标准成本	4×2.20=8.80（元）	3×1.50=4.50（元）
单位产品标准固定制造费用	8.80+4.50=13.30（元）	

如果企业采用作业成本计算法，可以制定每一作业的价格标准（分配率）和单位产品的作业数量标准，两者相乘即得到单位作业成本。如电费的数量标准和价格标准可分别确定为机器工时标准和每工时电费，也可分别确定为度数标准和每度电价。

【例8-5】根据【例8-1】至【例8-4】相关资料，计算确定海天公司甲产品标准成本（见表8-5）。

表8-5 标准成本

产品：甲产品

成本项目	价格标准	用量标准	标准成本
直接材料：			
A材料	4.00元	4.00千克	16.00元
B材料	6.00元	5.50千克	33.00元
小计			49.00元
直接人工：			
第一工序	5.00元	2.20小时	11.00元
第二工序	4.00元	1.50小时	6.00元
小计			17.00元

续表

成本项目	价格标准	用量标准	标准成本
制造费用：			
变动制造费用（第一工序）	3.00 元	2.20 小时	6.60 元
变动制造费用（第二工序）	2.00 元	1.50 小时	3.00 元
小计			9.60 元
固定制造费用（第一工序）	4.00 元	2.20 小时	8.80 元
固定制造费用（第二工序）	3.00 元	1.50 小时	4.50 元
小计			13.30 元
单位产品标准成本	49.00 + 17.00 + 9.60 + 13.30 = 88.90（元）		

需要注意的是，企业制定的标准成本并不是一成不变的，应当根据企业内外环境的变化及时修订。价格上涨、生产方式的改变等都应及时反映到新的标准成本中。

试一试：就近走访一家制造企业，调查企业是如何开展标准成本制定的？企业制定标准成本的原理与我们学习的一样吗？根据调查结果写一份分析报告。

8.2.2 成本差异计算与分析

成本差异：在标准成本控制系统中，成本实际发生额与标准成本之间的差额。

标准成本是企业管理层制定的预期成本水平。在生产经营过程中，由于各种原因，实际发生额会高于或低于标准成本，其间的差额即为成本差异。成本差异是反映实际成本脱离预定目标程度的信息。为了消除这种差异，要对产生的成本差异进行分析，找出原因和对策，以便采取措施加以纠正。

1. 变动成本差异的分析

直接材料、直接人工和变动制造费用都属于变动成本，其成本差异分析的基本方法相同。由于它们的实际成本高低取决于实际用量和实际价格，标准成本的高低取决于标准用量和标准价格，所以其成本差异可以归结为价格脱离标准造成的价格差异与用量脱离标准造成的数量差异两类。

成本差异 = 实际成本 − 标准成本
　　　　 = 实际数量 × 实际价格 − 标准数量 × 标准价格
　　　　 = 实际数量 × 实际价格 − 实际数量 × 标准价格
　　　　 ＋ 实际数量 × 标准价格 − 标准数量 × 标准价格

变动成本差异的计算与分析

$$= 实际数量 \times (实际价格 - 标准价格) + (实际数量 - 标准数量) \times 标准价格$$
$$= 价格差异 + 数量差异$$

成本差异的构成见图 8-1。

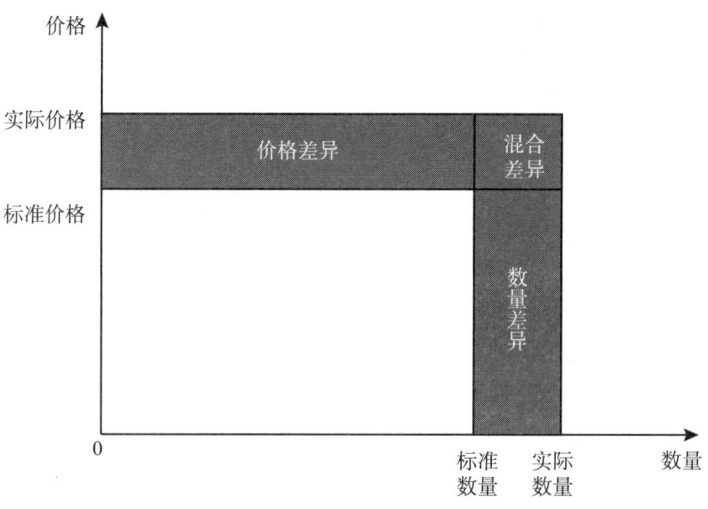

图 8-1 成本差异构成

图 8-1 中内矩形面积表示按实际产量确定的标准成本，外矩形面积表示实际成本，两者差额（灰底部分）为成本差异，是数量差异、混合差异和价格差异之和。由于混合差异数量小，单独确认不符合成本效益原则，所以习惯上并入价格差异。这是因为价格中包含较多不可控因素，不是企业成本控制的重点。

所以，用量差异和价格差异应分别按照下式计算：

$$数量差异 = 标准价格 \times (实际用量 - 标准用量)$$
$$价格差异 = 实际用量 \times (实际价格 - 标准价格)$$

（1）直接材料成本差异的计算与分析。直接材料成本差异形成的原因主要有两个：一是价格脱离标准；二是数量脱离标准。前者按实际用量计算，称为价格差异；后者按标准价格计算，称为数量差异。其计算公式如下：

$$直接材料价格差异 = 实际数量 \times (实际价格 - 标准价格)$$
$$直接材料数量差异 = 标准价格 \times (实际数量 - 标准数量)$$

【例 8-6】华胜公司产销单一 A 产品，计划全月产量为 1 000 件，预计全月标准工时为 3 000 小时，A 产品单位标准成本见表 8-6。

数量差异：反映由于直接材料、直接人工和变动性制造费用等要素实际用量消耗与标准用量消耗不一致而产生的成本差异。

价格差异：反映由于直接材料、直接人工和变动性制造费用等要素实际价格水平与标准价格水平不一致而产生的成本差异。

表8-6　　　　　　　　　　A产品单位标准成本

成本项目	价格标准	用量标准	标准成本
直接材料	3元/千克	5千克	15元
直接人工	5元/工时	3工时	15元
变动制造费用	4元/工时	3工时	12元
合计			42元

该公司本月实际生产A产品1 000件，实际耗用工时3 500小时，其他资料为：

①购进并耗用直接材料5 500千克，材料单价3.50元；

②耗用直接人工费用18 200元；

③支付变动制造费用13 650元。

根据上述资料，计算直接材料价格差异和数量差异如下：

直接材料价格差异 = 5 500 × (3.50 − 3.00) = 2 750(元)

直接材料数量差异 = 3 × (5 500 − 5 × 1 000) = 1 500(元)

验算：

直接材料成本差异 = 价格差异 + 数量差异 = 2 750 + 1 500 = 4 250(元)

直接材料成本差异 = 实际成本 − 标准成本 = 5 500 × 3.50 − 5 × 1 000 × 3 = 19 250 − 15 000 = 4 250（元）

即直接材料价格差异和数量差异之和，等于直接材料成本总差异。

材料价格差异是在采购过程中形成的，不应由耗用材料的生产部门负责，而应由采购部门对其做出说明。采购部门未能按标准价格进货的原因有很多，如供应商调整价格、未按经济采购批量进货、因缺货而紧急采购使成本上升、供货地点和厂家的变化、违反合同被罚款、折扣期内延期付款而丧失优惠、不必要的快速运输方式等，对此需要具体分析和调查，最终明确责任归属。

材料数量差异产生于材料领用耗费过程，它反映生产部门的成本控制绩效。本例中材料的耗用数量等于采购数量。在现代企业追求"适时生产"（JIT）管理方式的情况下，企业能销售多少就生产多少，生产需要多少材料就购进多少材料，尽可能减少存货，这样材料采购量和耗用量的差异会逐渐缩小。导致材料发生数量差异的原因也很多，例如操作疏忽造成废品和废料增多、工人用料不精心、生产技术改进而节约材料、新员工上岗造成多用料、设备效率降低或提高使用料数量变化、工艺流程变更而用料标准未变等。有时多用料并非生产部门的责任,如购入材料质量低劣、规格不符也会使用料超过标准;又如工艺变更、检验过严也会使数量差异加大。因此,企业对此也要具体分析才能明确责任归属。

(2) 直接人工差异的计算与分析。直接人工成本差异,是指直接人工实际成本与标准成本之间的差额。同样,它也包括价格差异和数量差异,即工资率差异和人工效率差异。工资率差异是指实际工资率脱离标准工资率的差异;人工效率差异是指实际工时脱离标准工时的差异。

直接人工成本差异的计算公式如下:

工资率差异 = 实际工时 × (实际工资率 − 标准工资率)

人工效率差异 = 标准工资率 × (实际工时 − 标准工时)

【例8−7】资料见【例8−6】,分别计算工资率差异和人工效率差异如下:

实际工资率 = 18 200 ÷ 3 500 = 5.2(元/工时)

工资率差异 = 3 500 × (5.2 − 5) = 700(元)

人工效率差异 = 5 × (3 500 − 3 000) = 2 500(元)

验算:

直接人工成本差异 = 价格差异 + 数量差异 = 700 + 2 500 = 3 200(元)

直接人工成本差异 = 实际人工成本 − 标准人工成本 = 18 200 − 3 × 5 × 1 000 = 18 200 − 15 000 = 3 200(元)

即直接人工价格差异和数量差异之和等于直接人工成本总差异。

工资率差异形成的原因包括工人等级使用不当、工资变动而标准未调、奖励机制未见效、季节性或紧急性生产、工资计算方法变更等。对此,企业应结合责任中心的划分查找原因,提出改进措施。

人工效率差异形成的原因包括工作环境不良、工人生产技术不熟练、工人调动频繁、材料供应不及时造成浪费工时、设备出现故障、作业计划安排不当、材料质量低劣、产品批量过小、员工工作情绪不佳等。一般而言,导致人工效率差异的责任主要在生产部门,但这不是绝对的。

(3) 变动制造费用差异的计算与分析。变动制造费用差异是指实际变动制造费用与标准变动制造费用之间的差额。它也包括价格差异和数量差异,即耗费差异和效率差异。耗费差异是指变动制造费用的实际小时分配率脱离标准而按实际工时计算确定的金额,它反映耗费水平的高低;效率差异是实际工时脱离标准工时,按标准小时分配率计算确定的金额,它反映工作效率变化引起的费用节约或超支。

变动制造费用差异的计算公式如下:

变动制造费用耗费差异 = 实际工时 × (实际分配率 − 标准分配率)

变动制造费用效率差异 = 标准分配率 × (实际工时 − 标准工时)

【例 8−8】资料见【例 8−6】,分别计算变动制造费用耗费差异和效率差异如下:

实际分配率 = 13 650 ÷ 3 500 = 3.9(元/工时)

变动制造费用耗费差异 = 3 500 × (3.9 − 4) = −350(元)

变动制造费用效率差异 = 4 × (3 500 − 3 000) = 2 000(元)

验算:

变动制造费用成本差异 = 价格差异 + 数量差异 = 2 000 − 350 = 1 650(元)

变动制造费用成本差异 = 实际变动制造费用 − 标准变动制造费用 = 13 650 − 4 × 3 000 = 1 650(元)

变动制造费用包含多种费用项目,其耗费差异形成的原因较为复杂。主要原因有:各费用项目的价格变动,如水费、电费的价格调整;各费用项目的用量变动,如循环用水节约了用水量;或者预算失误等。

变动制造费用效率差异,是由于实际工时脱离了标准,多用工时或者少用工时而形成的制造费用变化,因此其形成原因与直接人工效率差异相同。

2. 固定制造费用差异的计算与分析

固定制造费用主要是同生产能力的形成和日常维护相联系的费用,如折旧费、管理人员工资、保险费等。它具有在相关范围内总额固定不变的特性,它是通过编制预算进行成本控制的。即主要考虑实际发生的固定制造费用与事先预计的固定制造费用之间是否相同,以评价企业固定制造费用支出是否超出了预算水平、企业设备规模是否适当、设备和生产能力是否得到有效利用。

由于固定制造费用相对稳定,一般不受产量影响,因此,产量的变动只会对单位产品中的固定制造费用产生影响。产量增加时,单位产品负担的固定制造费用会减少;产量减少时,单位产品负担的固定制造费用会增加。也就是说,实际产量与设计生产能力所规定的产量或计划产量的差异会对单位产品应负担的固定制造费用产生影响。因此固定制造费用的差异分析与直接材料、直接人工和变动制造费用的差异分析不同,其分析方法有"二因素分析法"和"三因素分析法"。

(1) 二因素分析法。二因素分析法是将固定制造费用成本差异分为耗费差异和能量差异。

固定制造费用差异的计算与分析

耗费差异是指固定制造费用实际金额与固定制造费用预算金额之间的差额，由于固定制造费用的许多项目在短期内是不会改变的，而且固定制造费用总额受生产水平的影响比较小，所以固定制造费用耗费差异一般比较小。其计算公式如下：

$$\text{固定制造费用耗费差异} = \text{固定制造费用实际数} - \text{固定制造费用预算数}$$

能量差异是指固定制造费用预算金额与固定制造费用标准成本之间的差额，或者说是实际业务量的标准工时与生产能量的差额用标准分配率计算的金额。它反映未能充分利用现有生产能量而造成的损失。其计算公式如下：

$$\begin{aligned}\text{固定制造费用能量差异} &= \text{固定制造费用预算数} - \text{固定制造费用标准成本}\\ &= \text{固定制造费用标准分配率} \times \text{生产能量} - \text{固定制造费用标准分配率} \times \text{实际产量标准工时}\\ &= \left(\text{生产能量} - \text{实际产量标准工时}\right) \times \text{固定制造费用标准分配率}\end{aligned}$$

【例 8-9】大华公司本月实际产量为 900 件，发生固定制造费用 11 500 元，实际工时为 2 800 小时；企业生产能量为 1 000 件，每件产品标准工时为 3 小时，固定制造费用标准分配率为 4 元/小时。

根据上面的数据，计算固定制造费用耗费差异和能量差异如下：
固定制造费用耗费差异 = 11 500 - 1 000 × 3 × 4 = -500（元）
固定制造费用能量差异 = 4 × (1 000 × 3 - 900 × 3) = 1 200（元）
验算：
固定制造费用成本差异 = 耗费差异 + 能量差异 = -500 + 1 200 = 700（元）
固定制造费用成本差异 = 固定制造费用实际数 - 固定制造费用标准成本 = 11 500 - 900 × 3 × 4 = 700（元）

（2）三因素分析法。三因素分析法是将固定制造费用成本差异分为耗费差异、效率差异和闲置能量差异三部分。耗费差异的计算与二因素分析法相同。不同的是要将二因素分析法中的"能量差异"进一步分为两部分：一部分是实际工时未达到标准能量而形成的闲置能量差异；另一部分是实际工时脱离标准工时而形成的效率差异。其计算公式如下：

$$\begin{aligned}\text{固定制造费用闲置能量差异} &= \text{固定制造费用预算} - \text{实际工时} \times \text{固定制造费用标准分配率}\\ &= (\text{生产能量} - \text{实际工时}) \times \text{固定制造费用标准分配率}\end{aligned}$$

$$\begin{aligned}\text{固定制造费用效率差异} &= \text{实际工时} \times \text{固定制造费用标准分配率} - \text{实际产量标准工时} \times \text{固定制造费用标准分配率} \\ &= \left(\text{实际工时} - \text{实际产量标准工时}\right) \times \text{固定制造费用标准分配率}\end{aligned}$$

将【例 8-9】的资料代入公式中可得：
固定制造费用耗费差异 = 11 500 - 1 000 × 3 × 4 = -500（元）
固定制造费用效率差异 = (2 800 - 900 × 3) × 4 = 400（元）
固定制造费用闲置能量差异 = (3 000 - 2 800) × 4 = 800（元）

三因素分析法中的闲置能量差异与效率差异之和正好是 1 200 元，与二因素分析法中的能量差异数额相同。

固定制造费用耗费差异一般是由各费用项目变动引起的，主要包括管理人员工资变动、折旧方法改变、修理费增加、租赁保险费调整、公共事业费上升等。

固定制造费用能量差异形成的原因包括市场萎缩导致开工不足、供应不足出现停工待料、设备出现问题而停工、燃料能源短缺、人员技术水平有限等。在大多数情况下，固定制造费用成本差异的责任应由企业管理部门承担。

做一做：企业在进行成本差异分析时，习惯于将混合成本差异并入哪里？为什么？通常属于生产部门责任的产品成本差异有哪些？

8.3 期间费用分析

期间费用，也称期间成本，是指企业在生产经营过程中发生的，与产品生产活动没有直接的联系，而是按发生时的时间归集，不计入产品成本而是直接计入当期损益的费用，包括管理费用、销售费用和财务费用。因此，期间费用的分析包括管理费用分析、销售费用分析和财务费用分析。

管理费用：企业行政管理部门为组织和管理生产经营活动而发生的各种费用。

8.3.1 管理费用分析

管理费用主要包括企业的董事会和行政管理部门在企业的经营管理中发生的，或者应当由企业统一负担的经费。应当由企业统一负担的经费通常包括行政管理部门职工工资及福利费、修理费、物料消耗、低值易耗品摊销、办公费、差旅费、工会经费、待业保险费、劳动保险费、聘请中介机构费、咨询费、诉讼费、业务招待费、房产税、车船税、土地使用税、印花税、技术转让费等。

由于管理费用有多种费用项目，各种费用项目的经济内容和用途不同，引起其变动的原因也是多种多样，因而管理费用应按费用类别来分析，结合相关的资料和情况，查明其变动的原因，做出具体评价。

想一想：你认为对管理费用控制的关键是什么？我国在实务中管理费用控制存在什么问题？

1. 管理性费用

管理性费用包括企业行政管理部门职工工资及福利费、办公费、差旅费、办公用品消耗、低值易耗品摊销、董事会费等。这类费用支出的多少与企业的经营活动没有直接的关系，主要取决于企业管理系统的设置情况，因此，可以采用预算控制法。企业首先制定合理的预算，一旦超过预算就说明企业费用控制存在问题。分析时，需要分析超出预算的原因，还应从紧缩开支、提高工作效率的要求出发，检查企业精简机构、压缩人员等措施的执行情况。

2. 业务性费用

业务性费用包括业务招待费、仓库保管费等。这类费用支出的多少与企业的生产规模和企业经营业务密切相关，是为生产经营的合理需要而支出的，因此，这类费用的变化没有规律性，分析时主要是查找出费用变动的原因，辨别出不合理支出。

3. 经营性费用

经营性费用包括审计费用、聘请中介机构费、咨询费、诉讼费等。这类费用是企业不能完全控制的，企业只能事前采取必要的措施，收集信息，避免不必要的开支，妥善处理好同有关部门或单位的关系。

4. 责任性费用

责任性费用包括工会经费、待业保险费、劳动保险费、房产税、车船税、土地使用税、印花税等其他税费。这类费用是企业要承担的社会责任，是不可避免和减少的，而且金额是不可控制的，对此，企业需要及时发现外部环境的变化，从而减少触犯法律的风险。

【例 8 - 10】 根据青岛啤酒 2015 ~ 2018 年财务报告数据资料，整理并计算其管理费用及管理费用与营业收入之比数据如表 8 - 7、图 8 - 2、图 8 - 3 所示。

表 8-7　　　　　　　　　青岛啤酒管理费用数据　　　　　　　单位：万元

项目	2015 年	2016 年	2017 年	2018 年
管理费用	141 244	134 054	124 426	140 614
营业收入	2 763 469	2 610 634	2 627 705	2 657 526

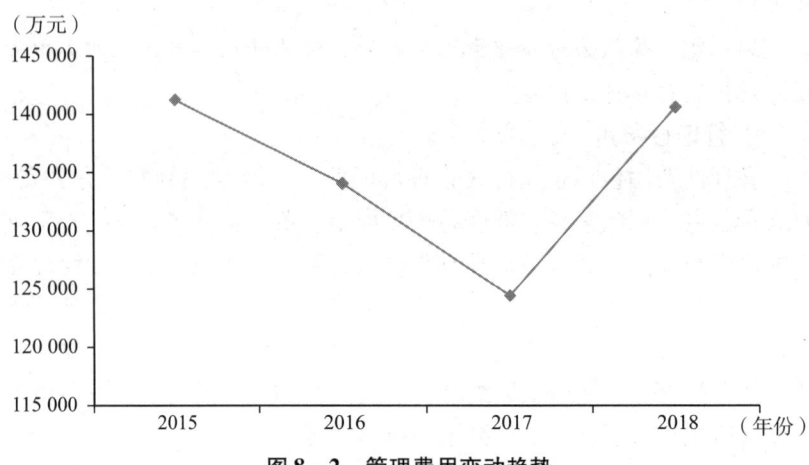

图 8-2　管理费用变动趋势

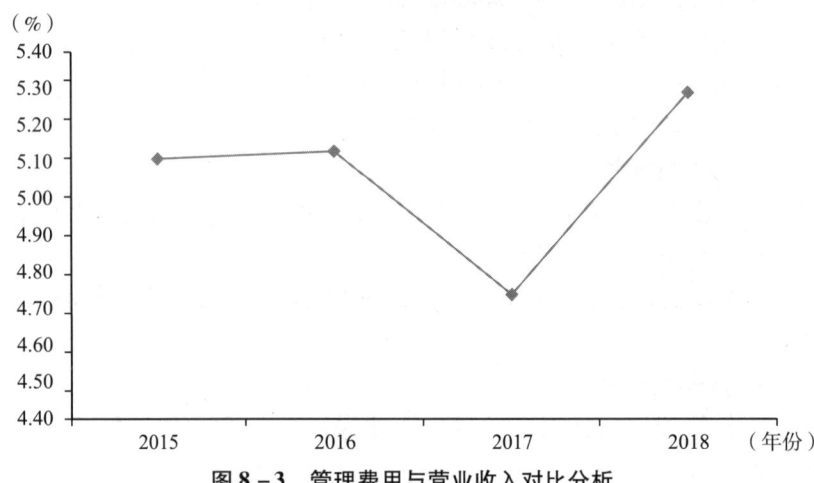

图 8-3　管理费用与营业收入对比分析

根据表 8-7、图 8-2、图 8-3 数据显示，青岛啤酒 2015～2018 年，管理费用支出基本在 12 亿～14 亿元（最高 14.1 亿元，最低为 12.4 亿元），总体保持平稳趋势。其管理费用与营业收入之比除 2017 年低于 5% 外，基本稳中略有增加。公司应该结合相关资料进一步分析管理费用支出的合理性。

案 例 链 接

上市公司三项费用有所增长　管理费用增幅最大

截至 2015 年 8 月 19 日,已有 930 家上市公司披露了半年报。已经披露半年报的上市公司财务、销售、管理三项费用合计近 2 122 亿元,同比增长 7.6%。其中,管理费用增幅达到 9.61%。

在三项费用中,管理费用增幅最大。已披露上市公司上半年管理费用合计 842 亿元,占期间费用超四成。涨幅超过 100% 的公司有 19 家,其中日发精机管理费用增幅最大,同比增长 279.58%,宝新能源、广宇发展分别位列第二、三位。

在具体分类项目中,职工工资及福利增幅明显,本期为 294.32 亿元,同比增长 10.1%,显示上市公司在改善职工待遇上投入有所提高。已披露半年报的上市公司中,636 家工资福利有所增加,其中宝新能源上半年职工工资及福利增长超 10 倍,达 1.43 亿元。招商证券分析师朱纯阳分析,该公司 6 月份推行了员工持股计划,如果扣除此因素,2015 年上半年的管理费用与上年同期持平。虽然管理费用大幅增加会影响上市公司当期业绩,但随着战略转型的加快,以及员工激励机制的完善,盈利预期也将随之提升。

(资料来源:经济日报,http://finance.ce.cn/rolling/201508/20/t20150820_6270953.shtml,2015 年 8 月 20 日。)

8.3.2　销售费用分析

销售费用包括企业销售产品过程中发生的运输费、装卸费、包装费、保险费、展览费和广告费,以及为销售本企业产品而专设的销售机构职工工资及福利费、业务费等,商品流通企业所发生的进货费用也包含在内。为了便于分析,也可按费用的经济内容和经济用途,将各费用归类研究。

1. 附加类费用

附加类费用包括销售过程中的运输费、装卸费、包装费、保险费等,这类费用是企业在销售产品时对客户附加的服务,它虽然消耗企业资源,但是对企业提高客户服务质量是不可缺少的。通常情况下,这类费用与企业的销售量成正比。进行分析时,一定要谨慎考虑它对企业产品质量和形象、企业市场竞争力的影响,不能妨碍企业正常的经营和销售。

> 销售费用:
> 企业销售商品和材料、提供劳务的过程中发生的各种费用。

2. 广告类费用

广告类费用包括展览费和广告费等。这类费用是为了宣传和介绍企业的产品用途、性能和使用方法而支出的费用。企业分析时，应针对产品及服务特点、目标市场的特点，谨慎制定广告策略，及时分析广告投入的有效性，并通过一定的效益比较来进行控制。

3. 专设机构费用

专设机构费用包括为销售本企业产品而专设的销售机构职工工资及福利费、业务费等。这类费用随着企业营业规模的扩大而呈阶梯状上升，分析时，可与该销售机构实现的销售收入、销售利润等进行本量利分析，判断其合理性。一般情况下，在专设的销售机构中，这类费用是固定的，一旦销售收入低于该专设销售机构保本点，则该专设机构将成为企业的负担。

此外，在商品流通企业进货过程中发生的各项费用的分析可以结合企业的采购频率、采购批量等进行综合分析，以努力减少进货支出。

【例8–11】根据青岛啤酒2015~2018年财务报告数据资料，整理并计算其销售费用及销售费用与营业收入之比数据如表8–8、图8–4、图8–5所示。

表8–8　　　　　　　青岛啤酒销售费用数据　　　　金额单位：万元

项目	2015年	2016年	2017年	2018年
销售费用	590 454	602 944	576 894	486 883
营业收入	2 763 469	2 610 634	2 627 705	2 657 526
销售费用/营业收入	21.37%	23.10%	21.95%	18.32%

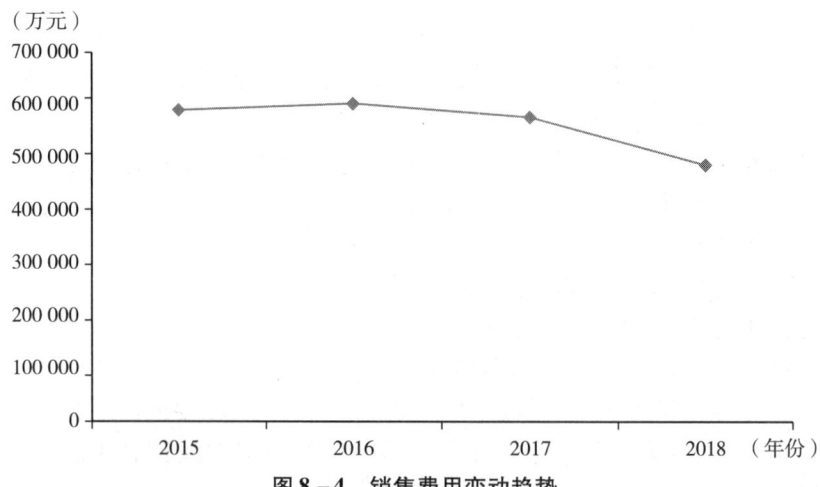

图8–4　销售费用变动趋势

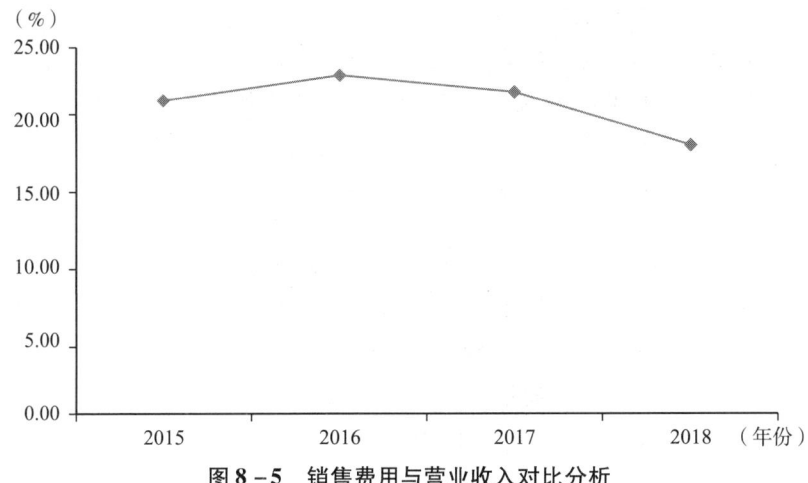

图 8-5 销售费用与营业收入对比分析

根据表 8-8、图 8-4、图 8-5 数据显示，青岛啤酒 2015~2018 年，销售费用总额四年间基本平稳，保持在 48 亿元至 60 亿元之间。结合营业收入来看，销售费用占营业收入的比重是稳中有降。特别是 2018 年销售费用与营业收入之比较上年有大幅降低，这说明该公司对销售费用的管理和控制效果是比较好的。

案 例 链 接

真视通股东套现过亿市值蒸发百亿
销售费用 6 年不变存蹊跷

应收账款持续大幅增长吞噬了不少利润，而真视通的销售费用几乎不增长，似乎调节了利润。

2012 年至 2018 年的年报显示，真视通实现的营业收入分别为 6.09 亿元、6.51 亿元、5.82 亿元、7.09 亿元、7.94 亿元、8.19 亿元、8.74 亿元，除了 2014 年下降 10.61% 外，其余年度均在增长。在此期间，公司的销售费用分别为 3 124.43 万元、3 023.94 万元、2 631.12 万元、2 990.12 万元、3 131.31 万元、3 277.68 万元、3 264.48 万元。2014 年最低，为 2 631.12 万元。

剔除 2014 年，2012 年至 2018 年的 6 个年度，真视通的销售费用基本上在 3 000 万元左右，最高是 2017 年，最低为 2015 年，最高与最低相差 287.56 万元，对应的营业收入相差 1.10 亿元。

综合对比上述年度营业收入和销售费用，2012 年其营业收入为

6.09 亿元，较 2018 年的 8.74 亿元增加了 2.65 亿元，但对应的销售费用为 3 124.43 万元、3 264.48 万元，仅增加 140.05 万元。而且，2018 年的营业收入较 2017 年增长了 6.79%，而销售费用反而减少了 13.20 万元。具体来看，销售费用主要有职工薪酬、办公费、招待费、差旅费、车辆费、会务费、业务宣传费、广告费及其他等项目构成。其中，办公费逐年增长，2012 年为 337.45 万元，2017 年为 643.87 万元，但在 2018 年为 554.01 万元，有所压缩。招待费 2012 年高于 2018 年，但 2015 年、2016 年均高于 2018 年。差旅费变动幅度不大，车辆费、广告费、会务费、业务宣传费总额都不高，变动幅度不大。

（资料来源：长江商报，https://finance.sina.cn/2019 - 07 - 30/detail - ihytcerm7219127.d.html，2019 年 7 月 30 日。）

8.3.3 财务费用分析

财务费用包括应当作为期间费用的利息支出（减利息收入）、汇兑损失（减汇兑收益）以及相关的手续费等。财务费用属于企业筹资活动的成本。

> 财务费用：企业为筹集生产经营所需的资金等而发生的费用。

1. 生产周转借款的利息支出

生产周转借款的利息支出取决于企业的销售收入、核定的资金利润率、现金的实际占有额等因素；结算借款的利息支出取决于托收余额和规定的折扣率。这类费用描述了企业的财务风险，可以采用计算利息保障倍数、财务杠杆系数等进行分析。

利息保障倍数 = 息税前利润 ÷ 利息费用

财务杠杆系数 = 普通股每股盈余变动百分比 ÷ 息税前利润变动的百分比
= 息税前利润 ÷（息税前利润 - 利息费用）

2. 利息收入是企业将闲置的资金存入银行所获得的利息

企业购买债券等积极投资行为所得到的利息属于投资收益，而不是此处的利息收入。通常情况下，银行存款利息率应远远低于企业的投资收益率，因此除保持流动性的现金外，将资金过多地存于银行说明企业的资金运用效率低下。

3. 汇兑损失和汇兑收益

汇兑损失和汇兑收益是指有外汇业务的企业因汇率变化而产生的外汇项目的增值或减值。企业虽无法控制汇率的变化，但可以通过对汇率变化的预测，及时调整相关的外汇资产，合理安排外汇负债期限，尽量减少汇兑损失，增加汇兑收益。

想一想：对企业管理而言，财务费用是固定费用还是变动费用？

解释其原因。

【例 8-12】 根据青岛啤酒 2015~2018 年财务报告数据资料,整理并计算其财务费用及财务费用与营业收入之比数据如表 8-9、图 8-6、图 8-7 所示。

表 8-9　　　　　　　青岛啤酒销售费用数据　　　　金额单位:万元

项目	2015 年	2016 年	2017 年	2018 年
财务费用	29 960	25 741	37 002	49 712
负债总额	1 233 458	1 319 802	1 320 021	1 538 531
财务费用/负债总额	2.43%	1.95%	2.80%	3.23%

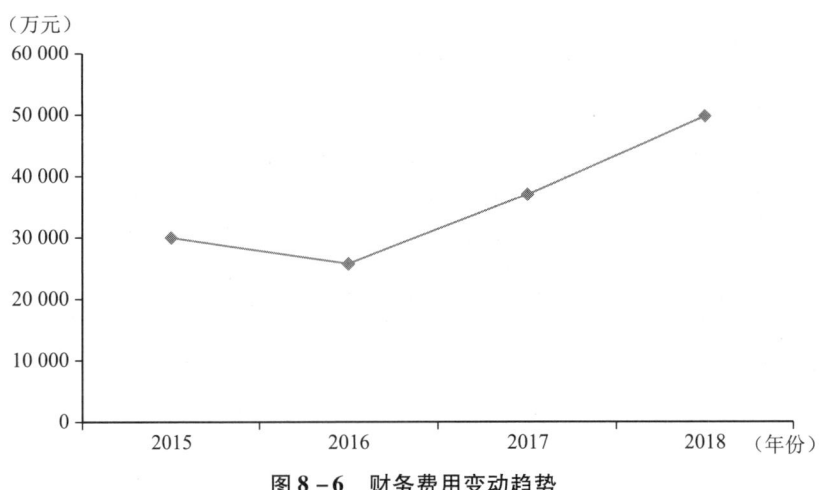

图 8-6　财务费用变动趋势

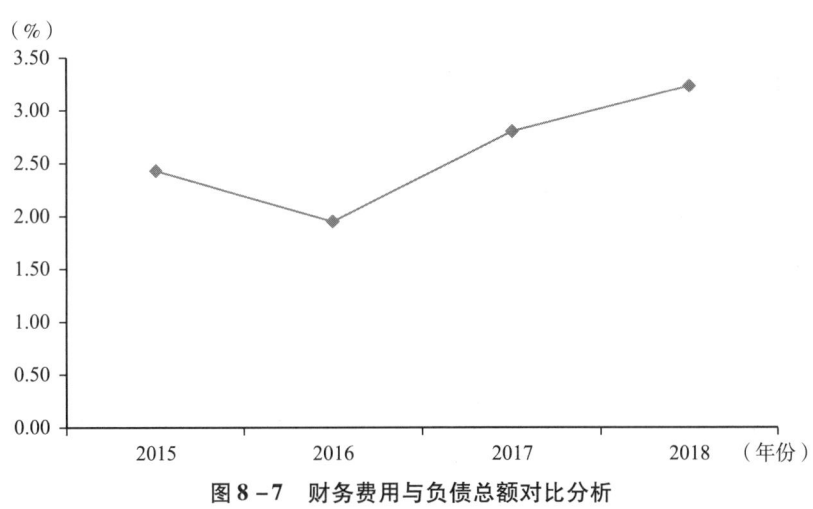

图 8-7　财务费用与负债总额对比分析

根据表 8-9、图 8-6、图 8-7 资料可知，青岛啤酒 2015~2018 年，财务费用总额除 2016 年外，基本保持在 3 亿元至 5 亿元之间。考虑到公司融资规模，财务费用与负债总额之比基本呈上升趋势，这意味着公司整体融资成本在增加。

案例链接

上市鲁企财务费用大盘点：43 家去年支出都上亿

近期不断爆出的企业债务违约，让越来越多的人把目光转向了企业债务以及随之产生的财务费用上。

山东财经报道统计 193 家山东 A 股上市公司发现，其中 156 家公司 2017 年有财务费用支出，合计金额 276.34 亿元，华电国际一家的财务费用就高达 50 亿元；与此相对，山东有 37 家上市公司财务费用为负，这表示这些公司利息收入或汇兑收益超过利息支出等，反"赚"了钱，合计赚了 7.16 亿元，其中青岛啤酒一家就收入 3.7 亿元。

43 家公司财务费用超 1 亿　华电国际 50 亿元居首

山东财经报道根据 Wind 统计发现，2017 年 156 家有财务费用支出的公司中，43 家公司财务费用超过 1 亿元，18 家超过 3 亿元，10 家超过 5 亿元，4 家公司超过 10 亿元。其中，财务费用最多的是华电国际，高达 50.44 亿元，相比 2016 年的 49.13 亿元略有增长，具体来看，华电国际 2017 年利息支出为 55.67 亿元，同期的归母净利润仅为 4.3 亿元。

2017 年鲁股财务费用超过 10 亿元的还有兖州煤业（36.66 亿元）、晨鸣纸业（24.97 亿元）、青岛海尔（13.93 亿元）；而财务费用最多的 10 家公司，总计支出了 165 亿元，占到了财务费用支出总额的 59.71%，接近 6 成。

在 156 家公司中，有 30 家公司财务费用低于 1 000 万元，这其中神思电子财务费用仅 14.93 万元，山东章鼓 16.18 万元、民生控股 27.90 万元、宝莫股份 39.28 万元，是仅有的 4 家财务费用低于 100 万元的公司。这其中，除宝莫股份外，其余 3 家公司 2016 年财务费用都为负值。

37 家公司财务费用为负　青岛啤酒 -3.7 亿元最多

山东财经报道统计发现，193 家山东上市公司中，还有 37 家公司 2017 年财务费用为负值，合计为 -7.16 亿元。其中，青岛啤酒最为抢眼，财务费用为 -3.70 亿元；家家悦 -6 305 万元紧随其后，海联金汇 -4 427 万元排名第三。其他较多的还包括东软载波（-2 854 万元）、山东出版（-2 393 万元）。

值得注意的是，青岛啤酒作为老牌上市企业，已经连续多年财务费用为负值，其 2014~2016 年的财务费用分别为 -3.35 亿元、-3.00 亿元、-2.57 亿元。2017 年，其利息收入高达 4.15 亿元。

也有分析认为，公司财务费用为负的这类上市公司，较为突出的问题是——"资产回报率"低于"银行利率"。而公司又暂时找不到适合的项目，企业只好将大量资金存银行或拆借给他人。背后实际上是资产回报率低、资产结构不合理。

32 家财务费用增幅超 100%　31 家财务费用超过净利润

山东财经报道注意到，在上述 156 家 2017 年财务费用为正值的公司中，有 32 家公司财务费用增长超过 100%，有 4 家公司财务费用增长超过 10 倍。其中，英科医疗 2017 年财务费用 3 047.5 万元，相比 2016 年的 50.93 万元增长 58.8 倍；三角轮胎 2017 年财务费用 1.25 亿元，同比增长 396%，是财务费用过亿元的公司中，增幅较多者。

与净利润情况相比，山东 193 家上市公司中，有 31 家公司的财务费用超过归母净利润数额，其中有 12 家公司是亏损的，显示出财务费用对公司业绩的拖累作用。

除了上文提过的华电国际外，*ST 地矿 2017 年亏损 2.25 亿元，仅财务费用就高达 2.02 亿元；*ST 新能 5.49 亿元的亏损，也对应了 1.68 亿元的财务费用。

而从财务费用占营业总收入的比例看，华东数控最高，其 5 344.72 万元的财务费用占到营业总收入的 48.19%；鲁信创投 7 234.06 万元的财务费用占比也达到 33.53%；其余占比较高的还有凯瑞德（26.07%）、园城黄金（17.67%）、*ST 地矿（14.11%）。

（资料来源：山东财经报道，https://www.sohu.com/a/244879023_558640，2018 年 8 月 2 日。）

主要名词和术语

成本	费用	标准成本
理想标准成本	正常标准成本	数量标准
价格标准	直接材料数量差异	直接材料价格差异
工资率差异	人工效率差异	
变动制造费用耗费差异		变动制造费用效率差异
固定制造费用耗费差异		固定制造费用能量差异
管理费用	销售费用	财务费用

本章小结

成本与费用管理是企业实现效益的重要途径，本章主要介绍了成本与费用的内涵、标准成本制定、标准成本差异分析、期间费用分析等。基本内容包括：

1. 成本是为达到某一特定目的而耗用或放弃的资源。传统财务会计涉及的成本一般是为取得某项资产或提供劳务所垫支的、以货币表现的耗费。

2. 成本按照不同的标准可以分成不同的类型，不同类型的成本可以满足企业管理的不同需求。

3. 费用指企业在日常活动中发生的会导致所有者权益减少的、与向所有者分配利润无关的经济利益的总流出。

4. 标准成本是指在全面调查和分析企业员工素质、设备状况等条件下，经过必要的技术测定，有可能达到的成本，是一种预定的目标成本。在实践中，标准成本一般分为理想标准成本和正常标准成本两种类型。

5. 理想标准成本是指企业以现有生产技术和经营管理处于最高效率、最佳状态条件下所确定的标准成本。

6. 正常标准成本是指企业在正常经营条件下应该达到的成本水平，它是根据预算应发生的生产要素消耗量、预计价格和预计生产经营能力利用程度制定出来的一种标准成本。

7. 产品的标准成本一般按照直接材料、直接人工和制造费用三个项目分别制定，每个标准成本项目都是由数量标准和价格标准构成。

8. 成本差异是反映实际成本脱离预定目标程度的信息。成本差异可以归结为价格脱离标准造成的价格差异与用量脱离标准造成的数量差异两类。

9. 固定制造费用的差异分析与直接材料、直接人工和变动制造费用的差异分析不同，其分析方法有"二因素分析法"和"三因素分析法"。

10. 管理费用是企业行政管理部门为组织和管理生产经营活动而发生的各种费用。

11. 销售费用是企业在销售商品和材料、提供劳务的过程中发生的各种费用。

12. 财务费用是企业为筹集生产经营所需要的资金等而产生的费用。

第 9 章 可持续增长分析

> **学习目的与要求**
>
> 学习本章后，您应该做到：
> 1. 理解可持续增长的内涵；
> 2. 熟悉并掌握可持续增长模型原理；
> 3. 掌握可持续增长能力分析的方法；
> 4. 掌握企业可持续增长能力分析与应用。
>
> **重点与难点**
>
> 可持续增长的内涵与基本模型；可持续增长分析应用与评价。

9.1 可持续增长基本模型

9.1.1 可持续增长的含义

投资者都希望企业设立后能够持续发展，在发展壮大中为投资者带来满意回报。实际上，在现实生活中也不乏"百年老店"之类的长寿企业。但是，在市场环境中，企业的发展不可能完全做到增长匀速，其生产经营会呈现周期性波动。因此，企业的增长及其管理是财务分析与管理中的特殊难题，很大原因在于许多高级管理人员把增长看成是企业必须达到价值最大化的事情。理由很简单，随着增长的提高，企业的市场股票价值与利润也必将增加。然而，从财务角度看，增长并非总是一件好事情。快速的增长可能会使一个企业的资源变得相当紧张，因此，除非管理层意识到这一结果并且采取积极的措施加以控制，否则，快速增长可能导致企业走向破产。然而，令人痛心的事实是，因为增长过快而破产的企业数量与因为增长太慢而破产的企业数量几乎一样多。同样让人痛心的是，我们了解到那些增长过快的企业通过提供给人们所需要的产品业已经过市场的考验，它们之所以失败仅仅是因为缺乏适当管理企业增长的财务智慧和能力。

另外，增长太慢的企业也有不同的，但同样迫切的财务利害关系。正如众所周知的道理，要是这些企业没能意识到缓慢增长的财务意义，它们将要成为被视觉更为敏锐的收购者们收购的猎物。在上述两种情形下，增长的财务管理都是一个值得仔细考虑的课题。

由于企业要以发展求生存，销售增长是任何企业都无法回避的问题。企业增长的财务意义是资金增长。在销售增长时企业往往需要补充大量资金，这主要是因为销售增加通常会引起存货和应收账款等资产的增加。销售增长得越多，需要的资金量也越多。

企业的增长方式有多种，但是人们总希望企业能够可持续增长。可持续增长不是说企业的增长不可以高于或低于可持续增长率，问题在于管理人员必须事先预计并且解决在企业的实际增长率超过可持续增长率时所导致的财务问题。超过部分的资金需求有两个解决办法：一是提高资产获利能力；二是改变企业财务政策。提高企业经营效率和获利能力并非总是可行的，而改变财务政策也是有风险和极限的，因为超常增长只能是短期的。尽管企业的增长时快时慢，但从长期来看总是受到可持续增长率的制约。

延伸阅读：
企业增长方式

当一个企业的目标增长率超过它的可持续增长率时，或者相反地，当增长率低于可持续增长率时，管理层应该如何进行决策？一项重要的结论将是：增长不是一件非要达到最大化而不可的事情。在很多企业，限制增长以便在财务上养精蓄锐可能是必要的。在其他一些企业，用于为无利可图的增长提供资金的钱可能最好的途径是还给股东。限制增长的必要性对于那些习惯上认为越多越好的生产主管来说是一个很难接受的现实；但是，这是一个至关重要的问题，因为生产主管承担了管理增长的主要责任。

想一想：你认为我国自1978年至今的四十多年的增长是可持续增长吗？为什么？叙述其理由。

可持续增长率：在不需要耗尽财务资源的情况下，企业销售所能增长的最大比率。

9.1.2 可持续增长基本模型

大家知道，每个企业都存在一个可预测的生命周期。这个周期始于创业期。在这一阶段，企业因为产品开发和建立市场立足点而进行大量现金投入。之后紧接着一个快速成长期，这一阶段里，企业有利可图，但它增长太快，所以需要经常地注入外部资金。第三阶段是成熟期，其特征是增长的减缓以及从吸收外部资金转变为能够产出多于企业有利可图的再投资所需的现金。最后一个阶段是衰退期，在这个时期，企业可能就只有边际利润可图，产生的现金多于它内部所能做的再投资，且受销售降低的影响。成熟和衰退的企业经常要花相当多的时间和金钱去寻找投资于新产品或仍处成长期企业的机会。

不同的发展阶段企业的增长速度是不同的，人们能否使企业在不同的发展阶段尽量保持一个均衡的增长速度呢？这就是整个讨论的中心——可持续增长问题。直观上说，可持续增长只是"钱能生钱"这句古老格言的一种表达方式。销售的增加要求更多各种类型的资产，这些必须付现购买。留存利润和新增的借款带来的仅仅是数量有限的某些现金。除非企业准备发售普通股股票，否则，在不过度使用企业资源的情况下，这个限量会封住企业所能取得的增长率的上限。这就是可持续增长率。

为了分析可持续增长问题，我们先从列出一个表达增长依存于财务资源的简单方程式开始。为此，假设：

(1) 企业意图以与市场条件所允许下的增长率一样的比率增长。

(2) 管理者不可能或不愿意发售新股。

(3) 企业已经有且打算继续维持一个目标资本结构和目标股利政策。

尽管这些假设条件不一定对所有的企业都适用，但它们描述了绝大多数企业的行为。一家快速成长企业的境况见图9-1。

图9-1中用两个长方形代表企业的资产负债表。一个表示资产，另一个表示负债与股东权益。两个灰底的长方形代表年初的资产负债表。当然，因为资产必须等于负债加股东权益。所以这两个长方形的高度都是一样的。现在，假如企业要在接下来的年度里增加销售，它就必须同样增加诸如库存、应收账款等资产以及生产能力。图中资产方的白底部分代表用于支持新增销售所必需的新资产的价值。因为我们已经假定企业不准备发售股票，所以增加资产所需要的现金支出必须来自留存利润和增加负债。

可持续增长
内涵与模型

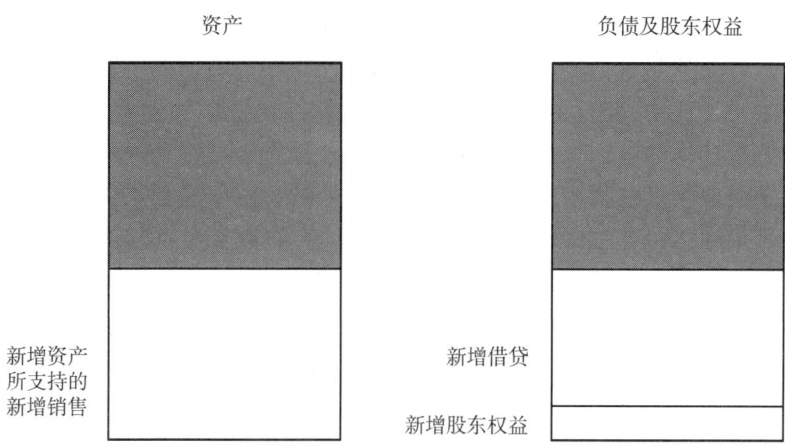

图 9-1 资产与权益变动比较

我们想要知道到底是什么限制了图 9-1 中企业销售所能增长的速度，实际上可以假设企业经营的各个方面就像一个气球以精确的比例进行扩展。那么是什么限制了这种扩展的速度呢？要知道这一点，先从表示股东权益图中的右下角开始。在不改变资本结构的情况下，随着权益的增长，负债也应同比例增长；负债的增长和权益的增长一起决定了资产所能扩展的速度。后者反过来限制了销售的增长率。所以，限制销售增长率的是股东权益的最大增长速度。因此，一个企业的可持续增长率无非就是股东权益的增长率。

以 g 代表可持续增长率，则：

$$g = 股东权益变动值 \div 期初股东权益$$

假设公司不发行新股，我们用 R（留存收益比率）乘以公司盈利，则我们可以把这个表达式改写为：

$$g = R \times 盈利 \div 期初股东权益$$
$$= R \times 净资产收益率$$

净资产收益率 = 销售净利率 × 资产周转率 × 权益乘数

所以，

$$g = 留存盈利比率 \times 销售净利率 \times 资产周转率$$
$$\times 权益乘数（采用期初股东权益）$$
$$或 = 净资产收益率 \times (1 - 股利支付率)$$

这里注意的是：权益乘数等于资产除以期初股东权益而不是期末股东权益。R 是企业留存收益比率，定义为盈利留存于生产经营中的比例。假如一个企业将其盈利的 30% 分派作股利，它的留存收益比率就是 70%。换句话说，留存收益比率等于 1 减去企业股利支付比率。

以上就是可持续增长的基本模型，该模型说明一个企业销售的可持续增长比率等于留存盈利比率×销售净利率×资产周转率×权益乘数四个比率的乘积。这其中的两个比率：销售净利率和资产周转率概括了企业生产过程中的经营业绩；而另外两个留存盈利比率和权益乘数则描述了企业主要的财务政策。例如，留存收益比率只抓住了管理层对待股利分发的态度，而权益乘数（资产与权益比）反映了企业关于财务杠杆的政策。

可持续增长模型的一项重要意义在于 g 只代表与四个比率的稳定价值相一致的销售增长率。要是一个企业的销售按照不同于 g 的任何比率增长，这当中的一个或多个比率就必须改变。这意味着当一个企业以超过它的可持续增长率增长时，它最好能够改善经营（以提高利润率或资产周转率为代表）或准备转变它的财务政策（以提高它的留存收益比率或财务杠杆为代表）。

9.1.3　可持续增长分析目的

企业可持续增长通常是指企业未来生产经营的发展趋势和发展水平，包括企业的资产、销售收入、收益等方面的增长趋势和增长速度处于一个均衡、协调、持续的状态。增长能力的大小同样是一个相对的概念，即分析期的资产、销售收入和收益相对于上一会计期的资产、销售收入和收益而言。分析期的资产、销售收入和收益增加额相对于上一会计期的资产、销售收入和收益之比率越高，说明企业在某一方面的增长能力越强；比率越低，说明在某一方面的增长能力越弱。

传统的财务分析仅仅是从静态的角度来分析企业的财务状况，也就是只注重分析企业的盈利能力、营运能力、偿债能力，这在日益激烈的市场竞争中显然不够全面，不够充分。其理由是：首先，企业价值在很大程度上是取决于企业未来的获利能力，取决于企业销售收入、收益以及股利的未来增长，而不是公司过去或者目前所取得的收益情况；其次，无论是增强企业的盈利能力、偿债能力还是提高企业的资产营运效率，都是为了企业未来的生存和发展的需要，为了提高企业的增长能力，也就是说增长能力是企业盈利能力、营运能力、偿债能力的综合体现。因此要全面衡量一个企业的价值，就不应该仅仅从静态的角度分析其经营能力，更应该着眼于从动态的角度出发分析和预测企业的经营成长性水平，即增长能力。

企业能否持续增长对投资者、经营者及其他相关利益团体至关重

延伸阅读：
希金斯可持续增长模型

要。对于投资者而言,企业能否持续稳定增长,不仅关系到投资者的投资报酬,而且关系到企业是否真正具有投资价值。对企业的经营者来说,要使企业获得成功,就不能仅仅注重目前的、暂时的经营能力,更应该注意企业未来的、长期的和持续的增长能力。对债权人而言,增长能力同样至关重要,因为企业偿还债务尤其是长期债务主要依靠未来的盈利能力,而不是目前的。

正因为增长能力如此重要,所以有必要对企业的增长能力进行深入分析。增长能力分析的目的具体体现在以下两个方面:

1. 分析与评价企业的实际增长能力和影响企业增长能力的因素

企业经营活动的根本目标就是不断增强企业自身持续生存和发展的能力。反映企业增长能力的指标包括资产增长率、销售增长率、收益增长率等。用实际的增长能力指标与计划、同行业平均水平、其他企业的同类指标相比较可以衡量企业增长能力的强弱;将企业不同时期的增长能力指标数值进行比较,可以评价企业在资产、销售收入、收益等方面的增长速度和增长趋势。

2. 制定或调整企业经营与财务策略

研究表明,在企业市场份额和行业分析既定的情况下,如果企业采取一定的经营策略和财务策略,就能够使企业的价值实现最大化。也就是说,企业经营策略和财务策略的不同组合能够影响企业的未来增长能力。因此,在评价企业目前盈利能力、营运能力、偿债能力和股利政策的基础上,通过深入分析影响企业持续增长的相关因素,并根据企业的实际经营情况和发展战略,确定企业未来的增长速度,相应调整其经营策略和财务策略,从而能够实现企业的持续增长。

9.2 可持续增长管理

9.2.1 可持续增长管理内涵

根据可持续增长基本模型可知,对一家企业而言,最佳的增长方式是可持续增长即均衡增长。西方市场成熟化国家一般认为最"便宜"的资金来源未必是最"经济"的资金来源,即增加某种资本成本最低的资金,综合资本成本不一定最低。如果可持续增长率下维持的目前财务结构(资本结构)是最佳的资本结构,追加融资也会导致资本成本率的变化。通过边际成本法分析可以看出,追加筹资时资本成本在一定的筹资额度内不变,随着追加融资额增加,对应的资本成本是上升的。由此可见,即便维持最佳的资本结构,利用较发行股票便宜的长期负债或留存收益等方式筹资,其综合资本成本也会上升。

企业负债经营,不论利润多少,债务利息是不变的。于是当利润增加时,每一元利润所负担的利息就会相应的减少,从而使投资者收益更大幅度的提高。这种债务对投资者的收益影响程度通常用财务杠杆系数来表示。就杠杆利益本身而言,并没有增加整个社会的财富,而是股东、债权人之间的既定财富分配。资本结构决定财务杠杆系数,负债资金占总资金比率的变化会对企业普通股权益产生影响。可持续增长率要求负债比率不变化,但财务杠杆系数在息税前利润与利息费用增长率一致时才不会变化,这可以在利息费用/负债总额、息税前利润/销售收入维持不变的条件下实现,而前者在长期性筹资时是增长的。按可持续增长率思路,要实现销售增长,企业一般要扩大生产经营规模,这势必扩大经营风险,也会加大财务风险。因此,只有在企业经济效益良好时,负债经营才是有利的。显然,为了有效使用可持续增长率,应注意:

(1) 目前的财务结构应是合理的或者是最佳的;

(2) 销售增长率很可能或基本肯定能够实现;

(3) 合理安排负债项目内部结构,结合资本供求状况、利率水平变化,灵活运用短期性融资方式,保持负债资本成本稳定;

(4) 有效降低产品成本和期间费用,保持用息税前利润计算的销售利润率的稳定。

需要指出,可持续增长率并不排除企业在资产营运效率、劳动生产率、管理、技术等方面存在潜力。同时,如果财务结构不合理,销售目标一旦不能实现或融资条件与产品成本费用水平达不到要求,那么,以可持续增长率为依据融资可能是外延型扩大再生产,而不是内涵型扩大再生产,从经济学角度看,是值得思考的。

案 例 链 接

海尔:以创新打造可持续发展的"绿公司"

海尔集团首席执行官张瑞敏曾说:"海尔应像海,为社会、为人类做出应有的贡献。只要我们对社会和人类的爱'真诚到永远',社会也会承认我们到永远,海尔将像海一样得到永恒的存在。"

"没有成功的企业，只有时代的企业"，在不断变化的市场环境中如何实现可持续发展，是海尔一直在思索和实践的。创业 29 年来，海尔始终保持着创业创新精神不断适应时代节奏，实现了公司的可持续发展，积极有效地履行着社会责任。

经济责任：创新促发展

过去几年，虽受国际金融危机、国内经济增速放缓、全球家电需求萎缩等影响，但海尔的业绩却一直保持稳健发展。2012 年，海尔集团实现全球营业额 1 631 亿元人民币，折合 258 亿美元，按人民币口径同比增长 8%，稳居 2012 年度中国家电企业第一名，其中海尔品牌出口和海外生产海外销售额 66 亿美元，占总营业额的 26%。2013 年前三季度，青岛海尔营业收入 606.3 亿元，同比增长 9.78%；净利润 27.6 亿元，同比增长 25.21%。

欧睿国际统计数据显示，2012 年海尔大型家电市场份额达到 8.6%，同比提升 10%，不仅第四次蝉联全球第一，也是全球前十名品牌中唯一实现两位数增幅的品牌。

最省电冰箱、无尾小家电等节能环保产品和技术……海尔带领消费者共建和谐生态。同时，海尔专卖店创新性地推出了"七星服务"，给消费者带来便捷享受；青岛海尔连续推出三期股权激励计划激发员工积极性。上市以来，海尔积极回报股东，已累计现金分红 43 亿元。这些创新举措推动了海尔与消费者、员工、供应商、股东等利益攸关方相互促进、互利共赢。

不仅如此，海尔的创新还赢得了国外权威机构的认可。2013 年 1 月 10 日，在美国波士顿咨询公司公布的《2012 年度全球最具创新力企业 50 强报告》中，海尔排名第八位，这也是中国企业的最高排名。

管理创新，是海尔持续创新的根基。2012 年底，海尔步入第五个发展阶段——网络化战略阶段，通过打造平台型企业，与利益攸关方搭建快速响应用户需求的利益共同体，建立开放性创新生态网络系统及创新共赢机制，提升海尔互联网时代的竞争力。

在互联网时代，海尔通过"人单合一双赢模式"创新打造网络化的企业以应对网络化的市场。"人单合一双赢模式"让每个员工直接面向用户，创造了超额效益，可以分享。比如，青岛社区店经营体，针对保障房的层高低的需求，以个性化的包销定制提供窄而长的热水器，实现目标完成率达到 113%，增幅 46%，员工也得到奖励。

目前，海尔 8 万多名员工，已组成了 2 000 多个自主经营体，"自运转""自创造"，给海尔注入生生不息的创新力量。海尔变成一个开放的平台,自主经营体、利益共同体通过按需设计、按需制造、按需配送,以跟上互联网时代"用户点击鼠标的速度"。

环境责任:建绿色企业

有了扎实的经济基础,海尔将社会责任的理念融入产品的设计、生产、销售等各个环节。海尔一直以"绿色产品、绿色企业、绿色文化"为企业的经营战略,将绿色理念深入企业发展战略和企业文化中,为全球消费者提供最领先的绿色生活解决方案。

为了不断推出更加节能、环保的"绿色产品",海尔投入了许多资源与精力。从"绿色设计"着手,对产品进行全生命周期分析,通过重点开展产品的模块化、可拆解,材料的可循环利用及节能、降噪等绿色设计中关键技术的研究,使海尔产品生命周期的绿色管理达到国际先进水平。

同时进行"绿色创新",如2012年海尔研发的水晶滚筒洗衣机,比欧洲最高A+++级能效标准还节能50%。卡萨帝2013年新发布的朗度法式对开门冰箱,拥有728L超大容积,日耗电仅为1.08度,是同品类产品中最节能的;海尔热水器3D+系列采用16项节能技术,使热水产出率全线提升到90%以上,超出国家一级标准20个百分点。

海尔严格遵守法规,有效控制铅、汞、镉、六价铬、聚溴二苯醚等有毒有害原料的使用,已与全球50余家顶级供应商建立"绿色采购"伙伴关系;同时为了保证供应商的产品符合绿色标准,每个月会对超过700家的供应商进行评估,并在每年的供应商大会上进行嘉奖。

作为全球最大冰箱、洗衣机、冷柜供应商,海尔注重"绿色制造"。2012年,在污染防治方面投资1 355万元,主要用于大气污染防治、水污染防治等;在节能降耗方面投资2 405万元,主要用于改善工艺设备、提高生产效率,减少能耗、物耗。2012年海尔万元产值能耗为0.0118吨标煤/万元,比2011年下降3.44%。

"绿色回收"是另一个重要环节。海尔参与投资建设了中国第一个国家级静脉产业类生态工业园,它是国内目前面积最大、设备最先进的具有自主知识产权的家电回收处理项目,年处理能力为180万台(套),在减少废旧家电对环境污染的同时,可回收大量的材料。目前,海尔集团已回收废旧家电510多万台,累计处理420万台。

海尔还在探索"碳足迹"管理,以一款典型的节能冰箱产品为例,超过90%的环境影响发生在使用阶段。从生命周期看,提升产品的效率是最关键的措施。参照国际碳足迹规范（GHG Protocol）等标准，海尔目前正致力于开发白电产品碳足迹的评估工具，并通过产品的生态设计改进，降低产品在使用中的碳排放，为用户提供更具竞争力的低碳节能产品。

通过商业模式、管理和技术的不断创新，海尔登上全球大家电行业的巅峰。它不仅满足消费者需求，提升服务水平，还尊重和维护员工、股东、供应商、经销商、社会环境等多方的利益，扮演优秀企业公民的角色。未来，海尔将坚持创新，成为持续成长的"绿公司"。

（资料来源：第一财经日报，https://www.yicai.com/news/3212644.html，2013年12月12日。）

9.2.2 实际增长率大于可持续增长率

实际增长率大于可持续增长率意味着企业现金短缺。处于初创期和成熟期的企业最容易发生现金短缺。如果管理者认为企业的增长速度超过可持续增长率只是短期状况，随着企业逐步进入成熟阶段，企业的增长率将会降下来。那么从财务角度看，这种短缺问题最简单的解决办法是增加负债，当企业在不久的将来增长率下降时，用多余现金还掉借款，就会自动平衡。如果管理者认为企业将长期保持高速增长，这时从财务角度看，一般可以将以下几种方法综合运用，以谋求平衡增长。

1. 增加权益资本

当一个企业愿意并且能够在资本市场增发股票，它的可持续增长问题可得以消除。新增加的权益资本和利用财务杠杆增加的借款能力将为企业提供充足的发展资金。不过，对很多企业来讲，采用增加权益资本的办法有时会出现一些问题：

（1）在没有资本市场或资本市场不发达的地方，增加权益资本的方法行不通。即使存在销售股票的可能性，也可能由于复杂的文件准备工作和申请程序使此项工作的确定性和及时性大打折扣。事实就是如此，我国股票申请上市的程序就是非常复杂烦琐的。就一家国有企业改制上市融资而言，其资产重组改制设立公司需要半年，上市前辅导需一年，还要算上这一期间申请程序的过渡时间，所以很有可能两年之内无法使筹措的权益资金到位。

（2）即便存在较发达的资本市场，对一些小型企业来讲，发行股票往往因难以满足较为苛刻的条件而无法实施，或者因为没有很好的产品得到市场认同而无法大量销售股票。

（3）即使有些企业能够通过增加权益资本来解决现金短缺问题，但由于种种原因，它们也可能不愿意使用这种方法。首先，权益资本的成本相当高。自从1996年我国采用无纸化的股票上网定价发行方式后，股票发行费率平均高达5%左右。对小量销售来讲，这个比率可能还会高一些。这种水平的资本成本往往是同样数量债券发行成本的2倍以上。而且由于权益资本是永久性的，其每年的资本成本还要高。其次，对许多管理者来讲，不断提高每股收益是表现自己业绩的重要方式。因此，由于新增加的权益会使发行在外的股票数量增加，而净利润难以立即得以改善（至少最初是这样的），从而使每股收益被稀释。这是很多管理者不愿意看到的现象。

2. 提高财务杠杆

提高财务杠杆就是扩大负债比例，增加负债额。大家知道，每个企业都存在一个最优资本结构，财务杠杆的提高是有一个上限的。每个企业对外来讲都有一个借贷上限，超过了上限以后，借款可能难以获得，也可能因为风险加大、成本太高而变得不经济了。企业以负债融资方式所获得的资本构成企业的债务在一定条件下能够对企业的生产经营和发展起积极的作用。但是，企业的债务越多，偿债的压力就越大，陷入债务危机或破产的可能性就越大。同时，债权人为了避免或弥补可能出现的损失，也会使借贷条件更加苛刻（如提高借贷利率），从而增加债权融资的成本。因此，企业必须根据所处的行业和自身生产经营的特征优化负债结构。对于负债率已经很高的企业而言，获得股权融资也许是更好的融资方式。但若要硬性提高财务杠杆，超过借贷上限，反而是弊大于利了。

3. 降低股利支付率

降低股利支付率与财务杠杆相反，股利支付率的降低有一个下限，即为零。股东对股利的态度与对企业投资机会前景的预期有很大关系。当股东们认为收益留在企业能产生较高的回报时，降低股利支付率则会使股东感到可以接受。当股东们认为企业的投资回报不能够令人满意，股利支付率的降低则会引起他们的不满，最直接的表现是股票价格下跌。但是，以降低股利支付率这种方式来提高可持续增长率对我国大多数上市公司而言并没有很大的利用潜力。因为我国股份公司的股利支付比率一向很低，股利支付率为零的公司很常见。上海证券信息有限公司的统计资料显示，自1992年以来，上市后从未进行过现金分配的上市公司达到220家，而其中有67家公司甚至从未进行过利润分配。为了规范上市公司的配股行为，中国证监会提出把现金分红作为上市公司再筹资的必要条件。面对新的政策规定，为了

> 财务杠杆：由于债务的存在而导致普通股每股利润变动大于息税前利润变动的现象。

跨过这一再筹资的门槛,好多公司改变了过去"铁公鸡"一毛不拔的做法,开始对投资者派现。这也是导致 2000 年年报公布后不分配公司减少的最主要原因。相比之下,西方发达国家的上市公司出于维护公司控制权和保持公司每股收益稳定增长的考虑,主要采用现金股利而很少采用股票股利形式。一家公司支付现金股利的数量和这种支付的稳定程度,成为衡量该公司经营管理水平及成长性的重要标志。资料显示,过去 50 年中,美国所有公司的收益大约有 50% 作为股利发放给股东。我国上市公司似乎还没有把股利支付作为一项与公司稳定相关的财务政策来看待,而是更多地将股利支付比率与筹资"圈钱"相联系。

4. 非核心业务剥离

非核心业务剥离可以从两方面解决可持续增长问题:一是从卖掉的非核心业务中可以直接产生现金以支持保留业务的增长;二是通过剥离非核心业务,将因非核心业务引起的增长压力消除,从而降低企业的增长速度。非核心业务剥离不仅适用于多元化经营的企业,其处理方式对单一行业的企业也同样适用。单一行业经营的企业可以通过处理一些周转缓慢的存货项目和取消与一些经常延期付款客户的交易来实现剥离的目的,这样做至少可以从三个方面解决增长问题:

(1) 产生多余现金支持增长;
(2) 降低一些低质量销售收入以控制增长;
(3) 提高资产周转率。

巨人集团就是一个典型案例。巨人集团从建立到衰败经历了不过短短的六年时间。导致巨人集团失败的关键原因就是多元化经营导致的公司资源匮乏。自 1993 年起,中国整个电脑业走入低谷,巨人集团赖以发家的本行遭受重创。为了寻找新的产业支柱,巨人集团开始迈向多元化经营之路,向房地产业和生物工程业进军。但是集团公司的多元化战略并不成功。在房地产开发方面,修建巨人大厦恰好遇上国家加强宏观调控、银根紧缩,地产降温;开发保健品又碰上全国整顿保健品市场,保健品行情也随之降温。公司向两个陌生领域发展,投入了大量的资金和资源,导致公司用于主营核心业务的资金不足。快速发展使得集团公司的资金大量流出,而与此同时,资金流入却没有相应配合,导致集团公司的财务状况急剧恶化。1996 年底,由于巨人大厦一期工程未能如期完工,按照合同约定必须退还订金并支付违约金共计 4 000 万元,巨人集团因不能如期支付而陷入了破产危机之中。巨人集团公司想通过多元化经营分散风险,却因资源利用效率低下而引发了更大的破产风险。一个企业资源有限，不可能同时在很多领域形成强大的竞争能力，只能充当跟随者的角色，从而使企业的资源没能发挥最佳的效用。当把资源分散在很多不同的领域并无法开展有力的竞争时，充当二流角色的经营风险更大。所以，将资金抽回投入到企业的保留业务上来，进行"非核心业务剥离"可以用于解决增长问题。

5. 寻求外购（外包）

企业可以通过将一些活动交给外单位实施来增加企业的可持续增长。如将一些零部件由自制改为外购，将销售工作交由外部的专业销售公司来进行。当企业采用外购业务时，原来从事这些活动所占用的资产被释放了出来，而且还可以提高资产周转率，这些措施可以帮助解决可持续增长问题。这种情况最典型的是特许经营，授权者通过这种方式将所有的资本密集型活动均交给被授权者，结果自己投入的资本非常少，却能获得较快的增长率。美国耐克运动鞋的生产许可就是这样的范例。企业能否有效地进行外购，主要取决于企业的核心竞争能力是什么。如果一种活动的外购不会损害企业的核心竞争能力，则这部分活动适于外购。

6. 兼并

寻求一些有多余现金流量的企业或可提高经营效率和业务量的企业进行兼并，也是一种较为有效地解决可持续增长问题的办法。这种兼并往往指吸收合并。有两类企业可以为收购方提供现金支持：一类是处于成熟阶段的企业，在管理学中这样的企业被称为"现金牛"企业。这些企业也在为自己多余的现金寻求适当的投资机会。另一类是财务政策非常保守的企业，兼并后可以提高企业的流动性和借贷能力。企业对优秀的零部件配套企业进行合并往往可以提高企业的业务效率和业务量。

9.2.3 实际增长率小于可持续增长率

实际增长率小于可持续增长率意味着企业有多余现金。处于成熟期和衰退期的企业容易产生多余现金。当企业的实际增长率达不到可持续增长率时，企业的现金将出现富余但没有适当的投资机会，这种状况常常令现金短缺的企业极为羡慕，但实际上也同样是个棘手的问题。当多余现金出现时，管理者首先应该判断较低的增长率是否会持久，即是短期现象还是长期现象。如果管理者认为这种现象是暂时的，在不久的将来企业仍将会出现较大的增长，那么当这种现象长期存在时，管理者必须从根本上给予解决。

预期的低增长，一种情况是行业性的影响，即该行业已经进入了成熟期，市场容量难以快速扩大；另一种情况是企业自身的问题，常常表现为增长速度落后于行业整体增长率，市场份额逐渐缩小。这时企业管理者应该检讨自己的经营方针和经营方式，找出内部妨碍企业快速增长的因素，并尽力予以消除。这往往要包括战略的改变、组织结构的改变及业务构架的改变一系列过程。这一过程应该在很短的时间产生效果，否则这种劣势难以改变。当企业无法从内部挖掘增长潜力时，对于多余的现金通常有三种选择：

（1）保持现有财务政策不变。主要有两种方式：一是继续投资于回报率很低的核心业务；二是坐享闲置现金资源。这种忽视问题存在的不负责任的行为方式对管理者来讲并不是长久之计。在讲求效率的今天，这种低效率的资源使用方式很快会引起各方关注。低回报及低增长率会使企业的股票价格下跌，便宜的股票和充裕的现金很容易使企业成为被人收购的对象。一旦被人收购后，收购者将对企业的资源予以重组以发挥更高的效率。不过，这些被兼并企业的管理者很可能是被重组的第一对象。即使企业不被收购，企业的所有者往往也会因企业的业绩不佳而对管理者施压，直至将其解雇。

（2）增加股利支付或者回购。解决多余现金问题最直接的办法是通过提高股利支付率或股票回购还给股东。在公司股本扩张过快使业绩严重下降时，通过股票回购，可达到缩小股本、改善业绩的目的。虽然这种办法最为普通，但是管理者并不经常使用它。因为将资金还给股东将缩小管理者的控制领域。从管理者个人角度看，即使不能给股东创造很高的价值，他们仍然希望"增长"——即企业的规模不断扩大。对他们来讲，股东出于信任将钱交给他们管理，他们就有责任为股东的钱增值。将钱还给股东意味着他们没有能力管理较多的资金，是一种失败的表现。

（3）购买增长。消除增长过慢问题的最积极方法是购买增长。管理者为了证明自己的管理能力、保留住优秀雇员、避免被人收购，他们常常试图采取多元化的经营战略将多余的现金投入其他行业，特别是正处于成长期的行业。计算机行业是家电行业相关程度最密切的行业之一，尤其是电视机制造行业和计算机产业同属电子信息产业，因此，步入行业成熟期的家电企业在寻求新的增长点时最优先选取民用电脑行业。海信集团在这一方面抢先一步。海信集团旗下的海信计算机公司，拥有20多个计算机产品品种，月销量按90%速度递增，1998年就已经具备50万台的生产能力，跻身全国电脑业前8强。与此同时，计算机技术的发展反过来又促进了海信电视机制作技术的提高，推出了一系列面向21世纪的数字化、网络化、高清晰度电视产品。这是购买增长的成功案例。如前所述，多元化经营策略的选择必须谨慎，企业要选择与企业核心生产能力相辅相成的行业，否则因多元化经营导致资源分散、削弱竞争力，就会造成不好的结果了。

可持续增长的思想，不是说企业的增长不可以高于或低于可持续增长率。问题在于管理人员必须事先预计并且加以解决在企业超过或低于可持续增长率时所导致的财务问题。任何企业都应控制销售的增长，使之与企业的财务能力平衡，而不应盲目追随市场。

可持续增长模型在财务管理的实际应用中，应以均衡的思想为指导，通过分析造成可持续增长率与实际增长率之间差异的因素，制定出符合企业增长需求的财务政策，最终达到可持续增长与实际增长相一致的财务目标。

试一试：请你查阅资料或者走访企业，用实例说明实际增长大于或者小于可持续增长都是不理想的。

9.2.4 可持续增长与通货膨胀

上文所讲的可持续增长并没有考虑通货膨胀问题。在通货膨胀发生时，企业的资产会因此而贬值，其增长必须以更高的速度增加才能弥补因通货膨胀所造成的损失。

通货膨胀恶化了快速扩展企业的增长管理问题。恶化的程度主要取决于管理层和债权人对企业财务报表受通货膨胀影响的理解程度。

通货膨胀：
在货币流通条件下，因货币实际需求小于货币供给，也即现实购买力大于产出供给，导致货币贬值，而引起的一段时间内物价持续、普遍上涨的现象。

通货膨胀至少给企业的财务报表带来两方面的影响。第一，它增加了所需要的外部资金。第二，在缺乏新的权益筹资的情况下，在衡量企业财务报表的历史成本时，它提高了企业的负债与权益比率。如果管理层或债权人要求企业以历史成本计量的负债与权益比率在一段时间内保持稳定，通货膨胀将会降低企业实际可持续增长率。假如没有通货膨胀的可持续增长率是15%，在通货膨胀率为10%时，实际可持续增长率将调低为5%左右。直观上看，在通货膨胀下，本来可用于支持实际增长的现金必须用于为由通货膨胀引起的增长提供资金。

9.3 可持续增长能力分析

9.3.1 资产增长分析

1. 资产增长率内涵和计算

在经营效益和资产周转次数不变的情况下,一个企业的新增利润主要来自新增资产,因此一个企业的增长能力首先体现在企业投资规模的增加上。对一个健康的、正在成长的企业来说,其投资规模应该是呈现不断增加的趋势。如果公司处在成长期,通常存在许多良好的投资机会,此时公司经营者会想方设法地筹集资金,以扩大投资规模;如果公司处在成熟期或者衰退期,通常缺乏投资机会,或者虽存在投资机会但投资回报率并不高,此时公司经营者不会考虑增加投资规模。因此,为了反映企业在资产规模方面的增长情况,可以利用资产增长率指标。资产增长率指标的计算公式如下:

$$资产增长率 = 本年资产增加额 \div 上年资产总额$$

资产增长率是用来考核企业资产规模增长幅度的财务指标。资产增长率为正数,则说明企业本年度的资产规模获得增加;资产增长率为负数,则说明企业本年度的资产规模遭到减少;资产增长率为零,则说明企业本年度的资产规模既未增加也未减少。

2. 资产增长率分析

在对资产增长率进行具体分析时,应该注意以下几点:

(1) 企业资产增长率越高并不意味着企业的资产规模增长就一定适当。从投资者角度来看,通常希望企业资产增长率越高越好,因为资产规模扩大通常是成长中的企业所为。但是要评价一个企业的资产规模增长是否适当,必须与销售增长、利润增长等情况结合起来分析。只有在一个企业的销售增长、利润增长超过资产规模增长的情况下,这种资产规模增长才属于效益型增长,才是适当的、正常的;相反,如果一个企业的销售增长、利润增长远远低于资产规模增长,并且持续存在,则投资者对此应该提高警惕,同时分析投资是否过度、投资是否合理等。

(2) 全面、客观地分析企业资产增长的来源。企业的资产来源一般来自负债和所有者权益,因此企业资产规模变动通常受负债规模和所有者权益规模两个因素的影响。在其他条件不变的情形下，无论是增加负债规模还是增加所有者权益规模，都会提高资产增长率。负债规模增加，说明企业对外举债了；所有者权益规模增加可能存在多种原因，如企业吸收了新的投资，或者企业实现了盈利。而企业资产总额是一个时点数，如果一个企业的资产增长完全依赖于负债的增长，而所有者权益项目在年度里没有发生变动或者变动不大，则说明企业不具备良好的发展潜力。从企业自身的角度来看，企业资产的增加应该主要取决于企业所有者权益的增加。一个企业只有通过增加所有者权益，才有能力继续对外举债，才能进一步扩大资产规模，进而顺利地实现增长，企业对债务的偿还也就有了保障。因此，应该正确分析企业资产增长的来源。分析的方法有两种：

①分别计算负债的增加和所有者权益的增加占资产增加额的比重，并进行比较。如果所有者权益增加额所占比重较大，就说明企业资产的增加主要来源于所有者权益的增加，反映企业资产的增长状况良好。反之，负债增加额所占比重较大，则说明企业资产的增加主要来源于负债的增加，反映企业资产的增长状况不佳。

②采用所有者权益增长率即资本积累率分析来源的合理性。资本积累率是用于衡量企业所有者权益增长幅度的指标。资本积累率计算公式如下：

资本积累率 = 本年所有者权益增加额 ÷ 年初所有者权益

资本积累率越高，表明企业本年度所有者权益增加得越多，可以反映企业资产增长状况良好；反之，资本积累率越低，表明企业本年度所有者权益增加得越少，反映企业资产增长状况并不好。

(3) 为全面考察企业资产规模的增长趋势和增长水平，应将企业不同时期的资产增长率加以比较分析。在实际分析中，如果仅仅计算和分析某个时期的资产增长率，是无法全面、正确地判断出一个企业在资产方面的增长能力的。因为一个健康的、处于成长期的企业，其资产规模应该是不断增长的，如果时增时减，则反映出企业的经营业务并不稳定，同时也说明企业并不具备良好的增长能力。所以，只有利用趋势分析法将一个企业不同时期的资产增长率加以比较，才能正确评价企业资产规模的增长能力。

【例 9-1】根据青岛啤酒公司财务报表，整理 2015~2018 年有关资产增长数据见表 9-1。

表9-1　　　　　　　　　青岛啤酒公司资产增长率分析

项目	2015年	2016年	2017年	2018年
资产总额（万元）	2 850 059	3 007 716	3 097 471	3 407 527
本年资产增加额（万元）		157 657	89 755	310 056
资产增长率（%）		5.53	2.98	10
所有者权益（万元）	1 616 601	1 687 914	1 777 450	1 868 995
所有者权益增加额（万元）		71 313	89 536	91 545
占本年资产增加额比重（%）		45.23	99.76	29.53
资本积累率（%）		4.41	5.31	5.15

根据表9-1中的相关指标可以看出，青岛啤酒公司自2015年以来，其资产总额不断增加，从2015年的2 850 059万元增加到2018年的3 407 527万元；该公司2015年至2018年间的年增长率分别为5.53%、2.98%、10%，这说明该公司近几年资产规模总体上是增长的，但增速波动明显。为了更加准确地分析公司资产的增长能力，我们还必须分析该公司资产增长是效益性增长还是规模性增长，以及资产增长的来源。从表9-1中所有者权益增加额占本年资产增加额比重可以看出，2016年至2018年这一比重分别为45.23%、99.76%、29.53%，除2017年资产增长来源基本是权益资金提供的以外，其他年份公司资产增加所需资金来源主要还是负债。整体来看，公司的资产增加状况基本是合理的。

9.3.2　销售增长分析

1. 营业收入增长率内涵

市场是企业生存和发展的空间。一个企业的销售情况越好，说明其在市场所占份额越多，企业生存和发展的市场空间也越大。相应地，一个企业的销售增长越快，说明企业生存和发展的能力提高越快，因此可以用营业收入增长率来反映企业在销售方面的成长能力。营业收入增长率计算公式如下：

营业收入增长率 = 本年营业收入增长额 ÷ 上年营业收入额

营业收入增长率指标反映的是企业某个年度的整体销售增长情况。值得注意的是，公式中的营业收入应采用企业利润率表中的已扣除折扣、折让的"营业收入"数。营业收入增长率越高，说明企业产品销售在本年度增长得越快，销售情况越好；营业收入增长率越低,则说明企业产品销售在本年度增长得越慢,销售情况越差。

2. 营业收入增长率分析

利用营业收入增长率来分析企业在销售方面的增长能力时,应该注意以下几个方面:

(1) 要判断企业在销售方面是否具有良好的成长性,必须分析销售增长是否具有效益性。作为投资者而言,当然希望营业收入增长率越高越好,但是营业收入增长率越高并不一定代表企业在销售方面具有良好的成长性。因为要判断企业在销售方面的未来成长性和可持续成长能力,还必须全面分析销售增长是否具有效益性。如果营业收入的增加主要依赖于资产的相应增加,也就是营业收入增长率低于资产增长率,说明这种销售增长不具有效益性,同时也反映企业在销售方面未来的成长性并不好,可持续成长能力不强。正常的情况下,一个企业的营业收入增长率应高于其资产增长率,只有在这种情况下,才说明企业在销售方面具有较好的成长性。

(2) 要全面、正确地分析和判断一个企业营业收入的增长趋势和增长水平,必须将企业不同时期的营业收入增长率进行趋势比较和分析。因为营业收入增长率仅仅针对某个年度的销售情况,某个年度的营业收入增长率可能会受到一些偶然的和非正常的因素影响,而无法反映出企业实际的销售增长能力。

(3) 利用某种产品营业收入增长率指标来观察企业产品的结构情况,进而分析企业的成长性。因为营业收入增长率是从整体角度反映企业可以提供的所有产品的销售增长情况,因此我们可以将营业收入增长率计算公式进行分解,也就是分解成单种产品的营业收入增长率。其计算公式如下:

延伸阅读:
产品寿命
周期分析

某种产品营业收入增长率 = 某种产品本年营业收入增长额 ÷ 上年营业收入总额

利用某种产品营业收入增长率指标,可以观察企业产品的结构情况,也可以分析企业的成长性。

【例 9-2】根据青岛啤酒公司财务报表,整理 2015~2018 年有关营业收入增长数据见表 9-2。

表 9-2　　　　　　　　青岛啤酒公司销售增长分析

项目	2015 年	2016 年	2017 年	2018 年
营业收入(万元)	2 763 469	2 610 634	2 627 705	2 657 526
本年营业收入增加额(万元)		-152 835	17 071	29 821
营业收入增长率(%)		-5.53	0.65	1.13

首先我们分析青岛啤酒公司营业收入的增长趋势和增长水平。从表9-2可以看出，公司的营业收入增长率在2016年比上一年下降5.53%，2017年至2018年收入虽然停止下降，但是增幅很小（分别为0.65%和1.13%），2018年的销售收入总额甚至低于2015年的水平。公司应该对此情况引起重视，加强市场开拓和营销管理，扩大销售。

其次结合表9-1的资产增长率指标分析各年销售增长是否具有效益性。2015~2018年的营业收入增长率分别为-5.53%、0.65%、1.13%，而同期的资产增长率分别为5.53%、2.98%、10%，均高于公司营业收入增长率，说明这几年的销售增长主要都是依靠资产效率提高而取得的，反映出该公司的销售增长具有一定的效益性，也就是说公司具备良好的成长性。

9.3.3 收益增长分析

1. 收益增长率内涵

由于一个企业的价值主要取决于其盈利及其增长能力，所以企业的收益增长是反映企业增长能力的重要方面。由于收益可表现为主营业务利润、营业利润、息税前利润、利润总额、净利润等多种指标，因此相应的收益增长率也具有不同的表现形式。在企业实务中，一般使用的是营业利润增长率、净利润增长率两项指标。

（1）营业利润增长率。一般来讲，企业的创立和发展总是从单一产品生产开始，而处于成长期的企业多数都是主营业务突出、经营比较单一的企业。当企业从成长期步入成熟期时，其经营格局就会逐步由单一经营向多元化经营发展。因此，利用营业利润增长率这一指标可以较好地考察企业整体经营的成长性和发展潜力。营业利润增长率的计算公式如下：

营业利润增长率＝本年营业利润增长额÷上年营业利润

营业利润增长率越大，说明企业经营业务开展良好；其经营业务利润增长得越快，表明企业经营业务成长性好，业务扩张能力强。营业利润增长率越小，说明企业经营业务利润增长慢，反映出企业经营业务扩张能力弱、后续发展能力不足等问题。

（2）净利润增长率。由于净利润是企业经营业绩的最终结果，因此，净利润的增长是企业对股东回报高低的基本表现。净利润增长率的计算公式如下：

净利润增长率＝本年净利润增长额÷上年净利润

净利润增长率越大,说明企业收益增长得越多,表明企业经营业绩突出、市场竞争能力越强、对股东的回报越高;相反,如果企业的净利润增长率越小,则说明企业收益增长得越少,表明企业经营业绩不佳、市场竞争能力越弱、对股东的回报越低。

2. 收益增长率分析

(1) 营业利润增长率分析。要分析营业利润增长情况,应结合企业的经营业务内容和收入构成及增长情况一起分析。如果企业的营业利润增长率高于企业的销售增长率即营业收入增长率,则说明企业的产品正处于成长期,经营业务不断拓展,企业的盈利能力不断增强;反之,如果企业的营业利润增长率低于营业收入增长率,则反映企业营业成本、营业税金及附加等成本上升超过了营业收入的增长,说明企业的经营业务盈利能力并不强,企业发展潜力值得怀疑。

为了更加正确地反映企业营业利润的成长趋势,应该将企业连续多期的营业利润增长率指标进行对比分析,这样可以排除个别时期偶发的和特殊的因素的影响,可以更加真实全面地揭示企业营业利润的增长情况。

(2) 净利润增长率分析。要全面认识企业净利润的增长能力,还需要结合企业的营业收入增长情况共同分析。如果企业的净利润增长率高于营业收入增长率,则表明企业产品获利能力在不断提高,企业正处于高速成长阶段,具有良好的增长能力;相反,如果企业的净利润增长率低于营业收入增长率特别是营业利润增长率,反映企业成本费用的上升超过了销售的增长,这反映出企业的增长能力并不好。

同样,要全面分析一个企业的净利润增长趋势和增长水平,仅仅计算和分析企业一个时期的净利润增长率是不够的,因为企业某个时期的净利润可能会受一些偶然的和非正常因素的影响,无法反映出企业净利润增长的真实趋势。正确分析企业净利润增长趋势的方法是将企业连续多年的净利润增长率指标进行对比分析。如果企业的净利润增长率连续三年增长,说明企业的净利润增长能力比较稳定,具有良好的增长趋势;反之,如果企业的净利润增长率连续三年大幅度下降,或者两年无增长,则说明企业的盈利能力不稳定,不具备良好的增长势头。

值得注意的是,在实际中有人提出利用三年利润平均增长率这一指标,通过分析企业利润增长趋势来分析企业收益增长能力。三年利润平均增长率是依据本年利润总额与三年前年末利润总额来计算的,其计算公式如下:

$$三年利润平均增长率 = (年末利润总额 \div 三年前年末利润总额)^{1/3}$$

该指标设计的原意是为了均衡计算企业的三年平均利润增长水平，从而客观评价企业的收益增长能力状况。但是从该项指标的计算公式来看，并不能达到这个目的。因为其计算结果的高低只与两个因素有关，即与本年度年末利润总额和三年前年度年末利润总额相关，而中间两年的年末实现利润总额则不影响该指标的高低。这样一来，只要两个企业的本年度年末利润总额和三年前年度年末利润总额相同，就能够得出相同的三年利润平均增长率，但是这两个企业的利润增长趋势可能并不一致。因此，依据三年利润平均增长率来评价企业收益增长能力是有缺陷的。

上述资产增长率、营业收入增长率、净利润增长率等指标从不同的侧面考察了企业的增长能力。在实际运用时，应该把三种指标相互联系起来，才能正确评价企业的增长能力。一般来说，如果一个企业的资产增长率、营业收入增长率、净利润增长率能够持续保持同步增长，且不低于行业平均水平，则基本可以认为这个企业具有良好的增长能力。

【例 9 - 3】根据青岛啤酒公司财务报表，整理 2015～2018 年有关收益增长数据见表 9 - 3。

表 9 - 3　　　　　　　青岛啤酒公司收益增长分析

项目	2015 年	2016 年	2017 年	2018 年
营业利润（万元）	185 516	141 671	211 496	237 977
本年营业利润增加额（万元）		-43 845	69 825	26 481
营业利润增长率（%）		23.63	49.29	12.52
净利润（万元）	161 204	110 570	138 226	156 101
本年净利润增加额（万元）		-50 634	27 656	17 875
净利润增长率（%）		-31.41	25.01	12.93

根据表 9 - 3 相关数据，首先分析青岛啤酒公司的营业利润增长率。该公司 2015～2018 年间的营业利润增长率分别为 23.63%、49.29%、12.52%，由此可知，该公司营业利润的增长速度呈现正增长且增长速度不稳定，说明公司营业活动获利能力有所降低，特别是 2018 年的营业利润较 2017 年虽有增长，但增幅有大幅度下降，如果不存在偶发的或者特殊的因素影响，则意味着公司 2018 年实现营业利润不理想。再结合公司的营业收入增长率来看，该公司 2015～2018 年间营业收入增长率分别为 -5.53%、0.65%、1.13%，营业利润

增长率均大幅度高于同期的营业收入，这反映出该公司 2015～2018 年间营业收入的增长超过了营业成本、营业税金及附加等成本的上升，说明公司的持续营利能力得到进一步提高，为公司未来可持续发展奠定了基础。

其次，我们分析该公司的净利润增长率。从公司三年净利润增长趋势看，可以发现该公司净利润增长率在经过 2016 年负增长之后，在 2017～2018 年连续正增长，且增长率在两位数以上，这意味着公司的盈利水平在不断增强。结合营业利润增长情况分析，2016 年、2017 年的净利润增长均低于营业利润的增长，针对这一现象，公司应该深入分析其具体原因，以便更好地为股东提供回报。

通过营业利润增长率和净利润增长率分析，我们可以看出青岛啤酒公司具备一定的收益增长能力。

综合对青岛啤酒公司资产增长率、营业收入增长率和收益增长率的数据分析，我们最终可以对公司增长能力得出这样一个初步的结论：在 2015 年至 2018 年间，该公司基本具备一定的可持续增长能力，但是个别年份公司成长性较差，公司应该正视这一现象，进一步寻找问题的原因，分析其影响因素，以利于公司稳定、均衡、可持续发展。

做一做：查阅一家上市公司信息资料，对该公司进行可持续增长分析，并与同学讨论分析结果，你会从中发现什么？

主要名词和术语

| 可持续增长 | 财务杠杆 | 通货膨胀 |
| 资产增长 | 销售增长 | 收益增长 |

本 章 小 结

可持续增长是评价一个企业是否具备长期发展和市场竞争能力的重要标准之一。本章阐述了可持续增长的概念，介绍了可持续增长的基本模型与原理，描述了企业可持续增长的方法与应用。主要内容如下：

1. 可持续增长率指在不需要耗尽财务资源的情况下，企业销售所能增长的最大比率。

2. 分析企业增长能力的目的主要体现在两个方面：分析与评价企业的实际增长能力和影响企业增长能力的因素；制定或调整企业经营与财务策略。

3. 可持续增长率＝留存收益比率×销售净利率×总资产周转率×

权益乘数。

4. 当企业实际增长率大于可持续增长率时，可采取以下手段谋求平衡增长：(1) 增加权益资本；(2) 提高财务杠杆；(3) 降低股利支付率；(4) 非核心业务剥离；(5) 寻求外购；(6) 兼并等。

5. 当企业实际增长率小于可持续增长率时，一般可采取以下方式进行调整：(1) 增加股利支付或者回购；(2) 购买增长。

6. 可持续增长分析包括（1）资产增长分析；（2）销售增长分析；（3）收益增长分析。

第 10 章 财务综合分析

学习目的与要求

学习本章后,您应该做到:
1. 熟悉并掌握财务综合分析的主要方法;
2. 掌握杜邦分析方法和系数分析法的原理与应用;
3. 熟悉图示分析法、财务报表结构指标分析法和相对值指标分析法的基本原理。

重点与难点

杜邦分析法原理与应用;系数分析法基本原理;财务报表结构指标评价法的原理。

10.1 杜邦分析法

10.1.1 基本原理

杜邦分析法是由美国杜邦公司创造并最先采用的,故称之为杜邦系统(DuPont System)。企业的各项财务活动、各项财务指标是相互联系、相互影响的,这就要求财务分析人员将企业财务活动看作一个全面的系统,对系统内相互依存、相互作用的各种因素进行综合分析。杜邦分析法以净资产收益率为核心指标,利用各个主要财务指标之间的内在联系,建立财务分析指标体系,来综合分析企业财务状况和经营成果。

在杜邦分析法中，根据主要分析指标的内在联系，净资产收益率可以进行如下分解：

净资产收益率 = 净利润 ÷ 平均所有者权益
       = (净利润 ÷ 平均资产总额)
         × (资产总额 ÷ 平均所有者权益)
       = 资产净利率 × 权益乘数

资产净利率 = (净利润 ÷ 营业收入)
       × (营业收入 ÷ 平均资产总额)
      = 销售净利率 × 总资产周转率

即：净资产收益率 = 销售净利率 × 总资产周转率 × 权益乘数

由此可见，影响净资产收益率的因素有三个：销售净利率、总资产周转率和权益乘数。这样分析以后，就可以把净资产收益率这一综合性指标升降变化的原因加以具体化。

知识拓展

净资产收益率的分解

净资产收益率公式中的销售净利率和总资产周转率可以进行进一步分解：

一是销售利润率的分解：

税后净利润 = 营业收入 − 成本总额

成本总额 = 营业成本 + 期间成本 + 税金 + 其他支出

其中：税金 = 税金及附加 + 所得税

其他支出 = 营业外收支净额 − 投资收益 − 其他业务利润

二是总资产周转率的分解：

总资产 = 流动资产 + 长期资产

其中：流动资产 = 货币资金 + 交易性金融资产 + 应收及预付款 + 存货 + 其他流动资产

长期资产 = 长期股权投资 + 固定资产 + 无形资产 + 其他资产

根据净资产收益率的计算原理，可将杜邦分析法的内容分解（见图10−1），从而可以直观地看出企业财务状况和经营成果的总体面貌。

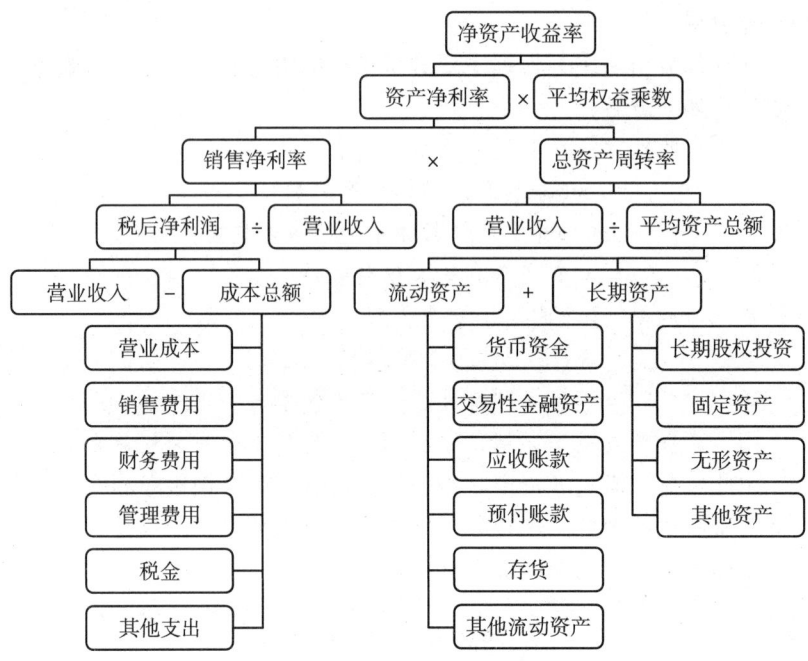

图 10–1 杜邦分析指标分解

杜邦分析原理

从杜邦分析图中,我们可以了解到以下财务信息:

(1) 净资产收益率是一个综合性很强、极有代表性的财务比率。企业财务管理的重要目标之一就是实现股东财富的最大化,净资产收益率正是反映了股东投入资金的获利能力,体现了企业经营的目标。从企业财务活动和经营活动的相互关系上看,这一比率反映了企业投资、筹资和生产运营等各个方面经营活动的效率,提高净资产收益率是所有者财富最大化的基本保证。

(2) 资产净利率是反映企业获利能力的一个重要财务比率,它揭示了企业生产经营活动的效率,综合性很强。企业的营业收入、成本费用、资产、资产周转速度以及资金占用量等各种因素,都直接影响资产净利率的高低。资产净利率是销售净利率和总资产周转率的乘积。因此,可以从企业的销售活动与资产管理两个方面进行分析。

(3) 总资产周转率是反映企业营运能力的一个重要指标。企业的总资产由流动资产和长期资产组成,流动资产反映了企业的偿债能力和变现能力,长期资产则体现了企业的经营规模、发展潜力和盈利能力,资产营运效率的高低是企业资产经营的核心,并最终影响到企业的经营业绩。

(4) 销售净利率反映企业净利润与营业收入之间的关系,是评价企业盈利能力的重要指标,也是反映企业偿债能力的指标。一般来说,营业收入增加,企业的净利润也会随之增加。但是,要想提高销售净利率,必须一方面提高营业收入,另一方面降低各种成本费用,这样才能使净利润的增长高于营业收入的增长,从而使销售净利率得到提高。

(5)权益乘数反映所有者权益和总资产的关系,主要受资产与负债之间比例关系的影响,它和资产负债率的关系为:权益乘数 = 1 ÷ (1 - 资产负债率)。在资产总额既定的前提下,负债总额越大,权益乘数就越大,说明企业有较多的负债,给企业带来了较大的杠杆收益,同时也承担了较高的财务风险。

知识拓展

杜邦分析图功能

从杜邦分析图可以看出,企业的获利能力涉及生产经营活动的方方面面。净资产收益率与企业的筹资结构、销售规模、成本水平、资产管理等因素密切相关,这些因素构成一个完整的系统,系统内部各个因素之间相互作用。只有协调好系统内部各个因素之间的关系,才能使净资产收益率得到提高,从而实现企业价值最大化的理财目标。

前已述及,在我国实务中,净资产收益率计算中的净利润一般为归属于母公司所有者的净利润,净资产一般使用归属于母公司所有者权益,即:

净资产收益率 = 归属于母公司所有者的净利润 ÷ 归属于母公司所有者权益

为了使杜邦分析体系下的等式仍然成立,实务中主要有以下两种处理方法:

一是等式不变,但部分财务指标的计算口径有所变化,具体为:

销售净利率 = 归属于母公司所有者的净利润 ÷ 营业收入

权益乘数 = 平均总资产 ÷ 平均归属母公司所有者权益

二是等式发生变化,具体为:

净资产收益率 = 销售净利率 × 归属于母公司所有者的净利润占比 × 总资产周转率 × 权益乘数

其中:

归属于母公司所有者的净利润占比 = 归属于母公司所有者的净利润 ÷ 净利润

权益乘数 = 平均总资产 ÷ 平均归属于母公司所有者权益

杜邦分析法最显著的特点是将若干个用以评价企业经营效率和财务状况的比率按其内在联系有机地结合起来，形成一个完整的指标体系，并最终通过净资产收益率来综合反映。采用这一方法，可使财务比率分析的层次更清晰、条理更突出，为报表分析者全面仔细地了解企业的经营和盈利状况提供方便。

杜邦分析法有助于企业管理层更加清晰地看到净资产收益率的决定因素，以及销售净利率与总资产周转率、债务比率之间的相互关联关系，给管理层提供了一张明晰的考察企业资产管理效率和是否最大化股东投资回报的路线图。

尽管杜邦分析法在实务中应用比较广泛，但是，从企业绩效评价的角度来看，由于杜邦分析法只包括财务方面的信息，不能全面反映企业的实力，有很大的局限性。主要表现在：

（1）对短期财务结果过分重视，有可能助长企业管理层的短期行为，忽略企业长期的价值创造。

（2）财务指标反映的是企业过去的经营业绩，衡量工业时代的企业能够满足要求。但在目前的信息时代，顾客、供应商、雇员、技术创新等因素对企业经营业绩的影响越来越大，而杜邦分析法在这些方面是无能为力的。

（3）在目前的市场环境中，企业的无形知识资产对提高企业长期竞争力至关重要，杜邦分析法却不能解决无形资产的估值问题。

10.1.2 杜邦分析法的应用

【例10-1】根据青岛啤酒的有关数据资料，2018年的净资产收益率计算如下（采用上述第一种处理方法）：

$$净资产收益率 = \frac{归属于母公司所有者的净利润}{平均归属于母公司所有者权益}$$
$$= 142\ 220 \div [(1\ 714\ 523 + 1\ 797\ 047) \div 2] = 8.10\%$$

或：净资产收益率 = 销售净利率 × $\frac{总资产周转率}{净利润}$ × 权益乘数

$$= 5.3516\% \times 0.8171 \times 1.8524 = 8.10\%$$

其中：

销售净利率 = 归属于母公司所有者的净利润 ÷ 营业收入
$$= 142\ 220 \div 2\ 657\ 526 = 5.3516\%$$

总资产周转率 = 营业收入 ÷ 平均资产总额

$$= 2\,657\,526 \div [(3\,097\,471 + 3\,407\,527) \div 2] = 0.8171$$

权益乘数 = 平均资产总额 ÷ 平均归属于母公司所有者权益

$$= [(3\,097\,471 + 3\,407\,527) \div 2] \div [(1\,714\,523 + 1\,797\,047) \div 2]$$
$$= 1.8524$$

经过分解计算之后，将结果计入杜邦分析分解图中，见图 10-2。

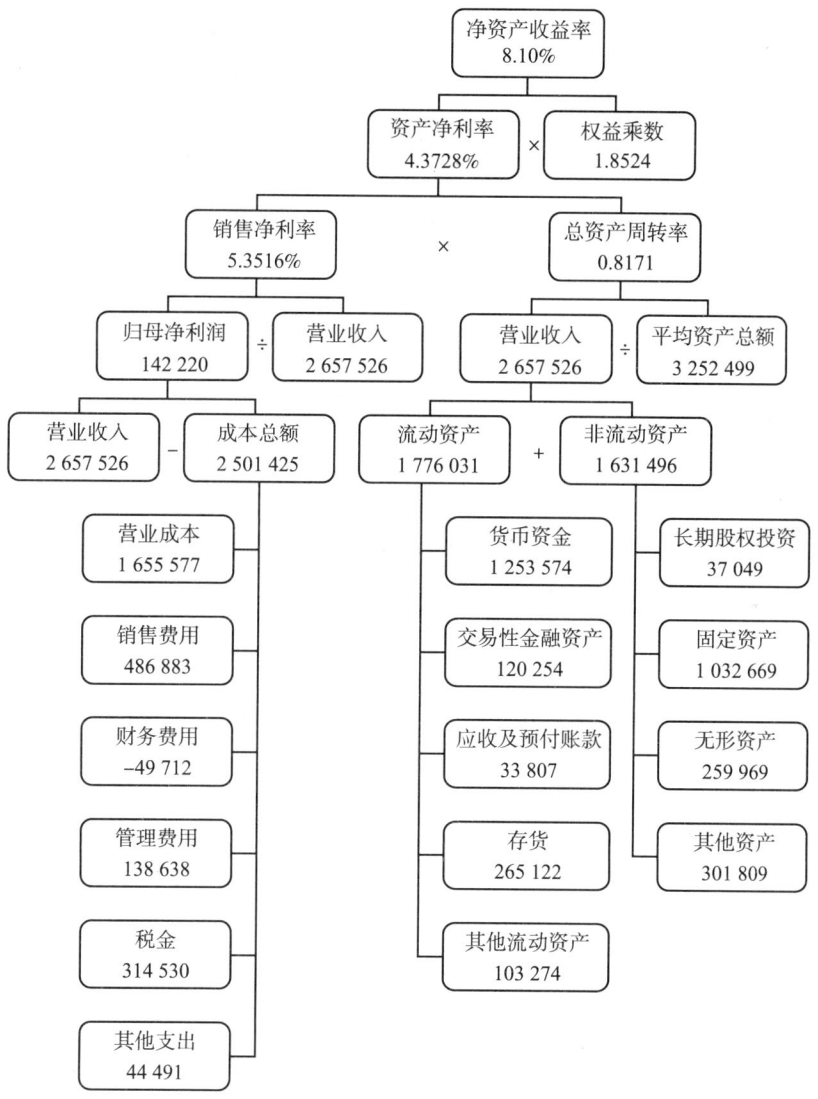

图 10-2　2018 年青岛啤酒杜邦分析分解

同理，可以计算青岛啤酒 2017 年的净资产收益率如下：

净资产收益率 = 126 302 ÷ [(1 631 395 + 1 714 523) ÷ 2] = 7.55%

或：净资产收益率 = 4.8066% × 0.8608 × 1.8247 = 7.55%

其中：

销售净利率 = 126 302 ÷ 2 627 705 = 4.8066%

总资产周转率 = 2 627 705 ÷ [(3 097 471 + 3 007 716) ÷ 2] = 0.8608

权益乘数 = [(3 097 471 + 3 007 716) ÷ 2] ÷ [(1 631 395 + 1 714 523) ÷ 2] = 1.8247

由此可见，相比2017年，青岛啤酒2018年的净资产收益率增长了0.55%。什么原因导致净资产收益率出现这种变化呢？我们可以采用连环替代法分析相关因素对净资产收益率变动的影响程度。具体如下：

（1）销售净利率变动的影响：

按本年销售净利率计算的上年净资产收益率

= 5.3516% × 0.8608 × 1.8247 = 8.41%

销售净利率变动的影响 = 8.41% − 7.55% = 0.86%

（2）总资产周转率变动的影响：

按本年销售净利率和总资产周转率计算的上年净资产收益率

= 5.3516% × 0.8171 × 1.8247 = 7.98%

总资产周转率变动的影响 = 7.98% − 8.41% = −0.43%

（3）权益乘数变动的影响：

权益乘数变动的影响 = 8.10% − 7.98% = 0.12%

通过上面的计算并分析可知，虽然公司的总资产周转率有所下降，但销售净利率和权益乘数的共同增长使得2018年净资产收益率出现了小幅增长。2018年净资产收益率增加的最主要原因是销售净利率的增长，这说明公司对成本费用的控制比较成功，应结合成本费用的构成进行具体分析。其次是权益乘数的变动，说明2018年公司的资产负债率略有上升，应进一步分析其资本结构的变化对公司财务风险的影响。总资产周转率下降，说明资产的利用效率降低，应结合资产构成和销售收入的变化进行深入分析。

10.1.3 管理用财务报表体系

上述杜邦分析体系虽然被广泛采用，但也存在一些局限性。

（1）计算资产净利率的"总资产"与"净利润"不匹配。总资产是全部资产提供者（包括股东和债权人）享有的权利；而净利润是专门属于股东的，两者不匹配。

(2) 没有区分经营活动损益和金融活动损益。金融活动是净筹资，筹资活动不会产生净利润，而是支出净费用，这种费用不属于经营活动费用。

(3) 没有区分金融资产和经营资产。金融资产是投资活动的剩余，是尚未投入实际经营活动的资产，应将其从经营资产中剔除。

(4) 没有区分金融负债和经营负债。负债的成本（利息支出）仅仅是金融负债的成本，经营负债是无息负债。利息与金融负债相除，才是实际的平均利率。金融负债与股东权益相除，可以得到更符合实际的财务杠杆。

为了解决传统杜邦分析体系存在的上述问题，可以尝试将传统财务报表调整为管理用财务报表。管理用财务报表体系的基本思想是将公司活动分为经营活动和金融活动。经营活动是指销售商品、提供劳务等营业活动以及与此有关的生产性资产投资活动；金融活动是指筹资活动以及剩余资本的利用。

1. 管理用资产负债表

在管理用资产负债表中，资产分为经营资产和金融资产，负债分为经营负债和金融负债。经营资产是指销售商品或提供劳务所涉及的资产；金融资产是利用经营活动多余资金进行投资所涉及的资产。经营负债是指销售商品或提供劳务所涉及的负债；金融负债是指筹资活动形成的负债。相应地，会计恒等式变为：

$$净经营资产 = 净金融负债 + 所有者权益$$

其中：

$$净经营资产 = 经营资产 - 经营负债$$
$$净金融负债 = 金融负债 - 金融资产$$

2. 管理用利润表

在管理用利润表中，要区分经营损益和金融活动损益。金融损益是指金融负债利息与金融资产收益的差额，即扣除利息收入、金融资产公允价值变动收益等以后的利息费用。经营损益是指除金融损益以外的当期损益。管理用利润表中的基本等式为：

$$净利润 = 经营损益 + 金融损益$$
$$= 税后经营利润 - 净利息费用$$

其中：

$$税后经营利润 = 税前经营利润 \times (1 - 所得税税率)$$
$$净利息费用 = 利息费用 \times (1 - 所得税税率)$$

因为传统利润表中的所得税是统一扣除的，为了便于分析，在管理用利润表中，需要将其分摊给经营利润和利息费用。

3. 管理用杜邦分析体系

基于管理用资产负债表和利润表，净资产收益率可以进行如下分解：

$$\frac{\text{净资产}}{\text{收益率}} = \frac{\text{净利润}}{\text{所有者权益}}$$

$$= \frac{\text{经营利润}}{\text{所有者权益}} - \frac{\text{净利息}}{\text{所有者权益}}$$

$$= \frac{\text{经营利润}}{\text{净经营资产}} \times \frac{\text{净经营资产}}{\text{所有者权益}} - \frac{\text{净利息}}{\text{净负债}} \times \frac{\text{净负债}}{\text{所有者权益}}$$

$$= \frac{\text{经营利润}}{\text{净经营资产}} \times \left(1 + \frac{\text{净负债}}{\text{所有者权益}}\right) - \frac{\text{净利息}}{\text{净负债}} \times \frac{\text{净负债}}{\text{所有者权益}}$$

$$= \frac{\text{净经营资产}}{\text{利润率}} + \left(\frac{\text{净经营资产}}{\text{利润率}} - \text{净利息率}\right) \times \text{净财务杠杆}$$

$$= \text{净经营资产利润率} + \text{经营差异率} \times \text{净财务杠杆}$$

$$= \text{净经营资产利润率} + \text{杠杆贡献率}$$

由此可见，净资产收益率的高低既受经营活动盈利能力的影响，也受金融活动的影响。如果净经营资产净利率大于负债融资的净利息率，财务杠杆会增加股东投资的报酬率，反之，则会降低股东投资的回报水平。

10.2 系数分析法

10.2.1 系数分析法基本原理

系数分析法是指企业先选定若干重要财务比率，然后根据财务比率的不同重要程度计算相应的分数，从而对企业财务状况进行评价和分析的一种方法。系数分析法是由亚利山大·沃尔最早提出的，因此，又称沃尔评分法。

沃尔首次提出了信用能力指数的概念，把若干个财务比率用线性关系结合起来，以此评价企业的信用水平。沃尔选择了流动比率、产权比率、固定资产比率、存货周转率、应收账款周转率、固定资产周转率、自有资产周转率7项财务比率，并分别给定了其在总评价中占的比重，总和为100分；然后确定标准比率，并与实际比率相比较，

延伸阅读：
沃尔评分法

评出每项指标的得分，最后求出总评分。

系数分析法进行财务状况分析的程序为：

（1）选定评价企业财务状况的指标。一般要选择能够代表企业财务状况的重要指标，不可面面俱到。由于企业的盈利能力、偿债能力和营运能力等指标可以概括企业基本财务状况，所以，可从中分别选择若干具有代表性的重要比率。

（2）根据各项财务指标的重要程度，确定其重要性系数。各项指标的重要程度的判定，一般可根据企业经营状况、管理要求，企业所有者、经营者及债权人的意向综合确定，但其重要性系数之和应等于100。

（3）确定各项财务指标的标准值。财务指标的标准值是指各项指标在企业现有条件下最理想的数值，一般可以本行业的平均数为基础加以修正。

（4）计算企业一定时期内各项财务指标的实际值。

（5）计算确定各指标实际值与标准值的比率，即关系比率，其计算公式如下：

$$关系比率 = 实际值 \div 标准值$$

（6）计算各项财务比率的得分并进行加总。各项指标得分计算公式如下：

$$某指标得分 = 该指标的重要性系数 \times 关系比率$$

各项财务比率综合得分若超过100，说明企业财务状况超过同行业平均水平或历史先进水平，财务状况良好；若综合得分为100或接近于100，说明企业财务状况基本良好；若综合得分与100有较大差距，则说明企业财务状况不佳，有待进一步改善。

采用系数分析法评价企业财务状况，关键在于如何合理确定重要性系数和标准值。这两大因素的确定带有一定的主观性，因此，企业要综合各方面情况慎重考虑。

系数分析法从理论上讲的缺点是未能证明为什么要选择这7个指标，而不是更多或更少，或者为什么不选择其他财务比率，以及未能证明每个指标所占比重的合理性。这个问题至今仍然没有从理论上解决。

从技术上讲，系数分析法存在的问题是：当某一个指标严重异常时，该指标会对总评分产生不合逻辑的重大影响。这个缺陷是由相对比率与比重相"乘"引起的。

现代社会与沃尔的时代相比，已有很大变化。一般认为企业财务评价的内容主要是盈利能力，其次是偿债能力和营运能力，此外还有成长能力。所以进行综合分析时采用的财务指标应当根据经济发展状况和社会环境变化而选择能够准确反映企业整体经营绩效的财务指标体系。

10.2.2 系数分析法的应用

【例10-2】根据青岛啤酒相关财务数据，采用综合评分法对青岛啤酒2018年度的财务状况进行综合评价（见表10-1）。

表10-1　　青岛啤酒2018年度财务比率综合评分

类型	项目	评分值（权重）(1)	上/下限(2)	标准值(3)	实际值(4)	关系比率(5)=(4)÷(3)	实际得分(6)=(1)×(5)
盈利能力指标	净资产收益率	15	30÷7.5	7.5%	8.10%	1.08	16.20
	总资产报酬率	15	30÷7.5	4.9%	7.36%	1.50	22.50
	营业利润率	10	20÷5	8.7%	8.95%	1.03	10.30
	成本费用利润率	10	20÷5	5.1%	10.13%	1.99	19.90
偿债能力指标	速动比率	5	10÷2.5	0.72	1.47	2.04	10.00
	现金流动负债比率	5	10÷2.5	0.13	0.33	2.54	10.00
	资产/负债	5	10÷2.5	1.68	2.21	1.32	6.60
营运能力指标	总资产周转率（次）	5	10÷2.5	0.8	0.82	1.03	5.15
	存货周转率（次）	5	10÷2.5	4.8	6.56	1.37	6.85
	应收账款周转率（次）	5	10÷2.5	15.9	152.67	9.60	10.00
成长性指标	营业收入增长率	5	10÷2.5	1.3%	1.13%	0.87	4.35
	营业利润增长率	5	10÷2.5	2.5%	12.42%	4.97	10.00
	总资产增长率	5	10÷2.5	1.3%	10.01%	7.70	10.00
	资本保值增值率	5	10÷2.5	105.2%	105.15%	1.00	5.00
合计		100					146.85

注：①综合评分表权重设计原则：盈利能力指标权重：偿债能力（包括营运能力）指标权重：成长能力指标权重=5:3:2。

②标准值选自国务院国资委财务监督与考核评价局制定的《企业绩效评价标准值2018》啤酒制造业行业平均值。

根据表10-1青岛啤酒2018年度财务比率综合评分表的数据可以看出，该公司2018年度财务比率综合评分为146.85分，超过100

分,说明该公司的财务状况不错,超过了行业平均水平。

10.3 图示分析法

10.3.1 坐标图分析法

1. 坐标图分析法的含义

坐标图分析法是对企业财务状况通过绘图的方式进行分析评价的方法。在确知企业发展趋势的前提下,评价财务状况的优劣主要是看企业的获利水平与偿付能力。基于此,可利用坐标图形式对企业财务状况进行综合分析,见图10-3。

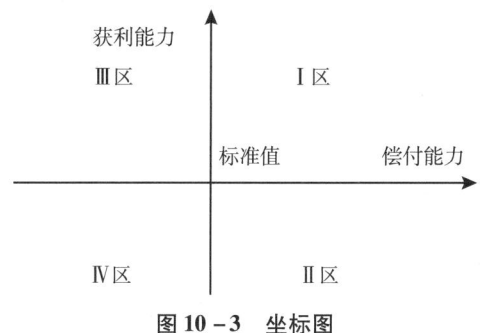

图10-3 坐标图

在一般情况下,标准值可采用行业标准。例如,某行业的一般利润率为10%,其中某企业的利润率为15%,则就获利能力而言,属于Ⅰ区或Ⅲ区。偿付能力则稍有不同。按照前面的分析,像"流动比率""速动比率"等指标,过高或过低都不是很理想,因此,分区时应注意评价。偿付能力较强的企业划入Ⅰ区或Ⅱ区,较弱的则划入Ⅲ区或Ⅳ区。

2. 不同区域财务状况的评价

Ⅰ区企业,属于健壮型企业。无论是获利能力还是偿付能力,这种企业都居同行业的上游。其对策应是:继续扩大生产经营规模,以保持长期增长的势头。

Ⅱ区企业,属于经营脆弱型企业。这种企业或是由于管理不善或是由于营销策略问题,其获利能力不及同行业标准值,但资金配置合理，偿付能力较强，发展平稳。其对策应是：加强企业的生产经营管理，搞好市场调查，促进产品的更新换代，尽快提高获利水平。如果企业长期停留在低水平的获利能力上，较强的偿付能力也很难维持长久。

Ⅲ区企业，属于财务脆弱型企业。可能由于历史或者行业性质等原因，这类企业的获利水平较高。但由于不注重加强财务管理，在资金运筹方面陷入了困境。在许多企业的全部资金中，借入资金往往占有相当大的比重，甚至完全依靠银行借款来维持日常资金周转的需要。对债权人尤其是短期贷款的债权人而言，他们通常并不很注意企业的获利能力及长远发展，但对企业能否如期偿还债务却表示出极大的关切。在这种情况下，财务管理人员应从长远发展的角度出发，特别注意保持较强的偿付能力，以维护企业的财务信誉。这类企业的对策应是加强财务管理，尤其要集中力量提高企业的偿付能力。否则，一旦跌入"负债陷阱"，就会给企业造成严重的威胁。

Ⅳ区企业，属于危险型企业。这类企业具有Ⅰ区和Ⅲ区企业的缺陷，但却不具备前者的优势，必须进行彻底的整顿或重组，以摆脱生产经营及财务管理等方面的困境。

10.3.2 雷达图分析法

1. 雷达图分析法基本原理

雷达图分析法，亦称综合财务比率分析图法，是日本企业界为能对企业的综合财力进行评估而采用的一种财务状况综合分析方法。按这种方法所绘制的财务比率综合图状似雷达，故得此名。雷达图是对客户财务能力分析的重要工具，从动态和静态两个方面分析客户的财务状况。静态分析是将客户的各种财务比率与其他相似客户或整个行业的财务比率进行横向比较；动态分析是把客户现时的财务比率与先前的财务比率进行纵向比较，就可以发现客户财务及经营情况的发展变化方向。雷达图把纵向和横向的分析比较方法结合起来，计算综合客户的收益性、成长性、安全性、流动性及生产性这五类指标。具体见图10-4。

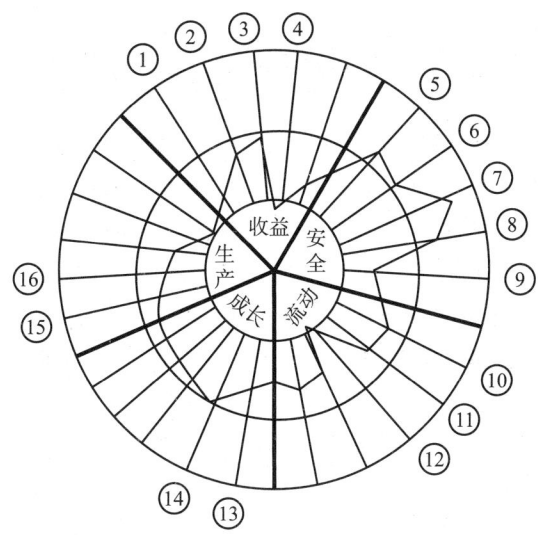

图 10-4 雷达图

图 10-4 中，收益性指标包括（1）资产报酬率；（2）净资产收益率；（3）销售利润率；（4）成本费用率。安全性指标包括：（5）流动比率；（6）速动比率；（7）资产负债率；（8）所有者权益比率；（9）已获利息倍数。流动性指标包括：（10）总资产周转率；（11）应收账款周转率；（12）存货周转率。成长性指标包括：（13）营业收入增长率；（14）产值增长率。生产性指标包括：（15）人均工资；（16）人均营业收入。

雷达图的绘制方法是：首先，画出三个同心圆，同心圆的最小圆圈代表同行业平均水平的 1/2 值或最低水平，中间圆圈代表同行业平均水平，又称标准线，最大圆圈代表同行业先进水平或平均水平的 1.5 倍；其次，把这三个圆圈的 360 度分成五个扇形区，分别代表收益性、安全性、流动性、成长性和生产性指标区域；再次，从 5 个扇形区的圆心开始以放射线的形式分别画出相应的财务指标线，并标明指标名称及标度，财务指标线的比例尺及同心圆的大小由该经营比率的量纲与同行业的水平来决定；最后，把客户同期的相应指标值用点标在图上，以线段依次连接相邻点，形成的多边形折线闭环，就代表了客户的现实财务状况。从图 10-4 我们可以看出，当指标值处于标准线以内时，说明该指标低于同行业水平，需要加以改进；若指标值接近最小圆圈或处于其内，说明该指标处于极差状态，是客户经营的危险标志；若指标值处于标准线外侧，说明该指标处于较理想状态，是客户的优势所在。当然，并不是所有指标都处于标准线外侧就是最好，还要具体指标具体分析。

运用雷达图分析法判断和评价企业财务状况时，将企业各实际比率值所处的点连接起来，这样就可形成一个多边形。如果该多边形皆处在大圆之内，表明企业的财务状况较为理想，超过同行业平均水平；如果该多边形皆处在中圆之内，表明财务状况欠佳，应当努力予以完善，以接近并超过平均水平；如果该多边形完全处在小圆之内，表明该企业已濒临倒闭，财务状况极度恶化。

2. 雷达图分析法的应用

具体而言，运用雷达图进行综合分析，可将企业财务状况划分为以下八种类型：

（1）稳定理想型。即在雷达图中五性均为（+）号。如果企业处于这种状态，可以大规模地进行设备投资、研究开发新产品、扩大企业规模，以充分利用这一发展良机，使企业在各个方面都上一个新的台阶。

（2）保守型。即雷达图中收益、安全、流动三性为（+）号，生产和成长两性为（−）号。一般情况下，老企业易出现这种状态。在这种状态下，企业应采取注意市场动向、探讨销售策略、开发新产品、开拓新市场等策略。保守型企业如果能够发挥优势，可以争取向稳定理想型发展；如果有向消极安全型发展的趋势，说明发展趋势很不理想，应引起企业的高度重视。

（3）成长型。即雷达图上除安全性表现为（−）号外，其余均为（+）号。这是新建企业或处于恢复期的企业在企业财务不能适应企业高速发展的情况下常出现的状态。在这种状态下，企业应注意调度资金，争取筹措更多资金。如能向稳定理想型发展最为理想。

（4）特殊型。即雷达图中收益、流动和生产三性表现为（+）号，而安全和成长二性表现为（−）号。这是具有特种技术的企业常常呈现的特殊经营状态。处于这种状态的企业应致力于增加销售额，积累资金，争取向成长型发展。

（5）积极扩大型。即雷达图中安全、生产和成长三性表现为（+），而收益和流动二性表现为（−）。这是企业开始扩大经营范围或开发新产品时常出现的状态。处于这种状态的企业应根据准确的利润计划扩大经营范围，根据市场需要投产高利润产品，并注意压缩和节约各项费用开支，防止向活动型发展。

（6）消极安全型。雷达图中除安全性为（+）号外，其余均为（−）号。一个企业如果财务雄厚，但消极经营，就容易陷入这种经营状态。处于这种状态的企业应设法充分利用资源，努力开发新产品，提高发展速度，使经营尽快适应市场变化。

（7）活动型。即雷达图中生产性和成长性表现为（+）号，其余为（-）号。这是企业处于恢复期，销售额急剧增长时常常出现的状态。处于这种状态的企业应设法充实资金，制订长期的利润计划，从根本上提高企业的素质，提高流动性和收益性。

（8）均衡缩小型。即雷达图中的五性均表现为（-）号，即企业的所有经营比率都低于标准区（线），企业处于危险的境地。这时，企业面临全面整顿和改善的任务。处于这种状态的企业应探讨有无改善的余地，要研究企业外部因素，确定企业未来前途，设法使企业向成长型发展。否则，应考虑关停并转。

做一做：寻找一家企业，尝试运用雷达图法对企业进行财务分析，并绘制雷达图。

10.4 功效系数分析法

10.4.1 功效系数分析法原理

功效系数分析法是通过计算企业的综合功效系数，并根据功效系数的大小进行企业绩效分析的方法。该方法最大的特点就是对评价指标进行分类。根据各指标数量特点的不同，评价指标可分为如下四种类型：

（1）极大型指标。这类指标的指标值越大越好，如总资产报酬率、销售净利率、净资产收益率等。

（2）极小型指标。这类指标的指标值越小越好，如不良资产率。

（3）稳定型指标。这类指标的指标值在某一点时最好，如流动比率。

（4）区间型指标。这类指标的最佳值为一个区间，如资产负债率。

10.4.2 功效系数分析法基本步骤

1. 选择评价指标，确定满意值和不允许值

根据评价目的要求，选择用于评价分析的财务指标，并对每个指标确定一个满意标准值和不允许值的范畴，以保证评价结果的合理性。

2. 计算各指标的单项功效系数

计算方法见表10–2。

表10–2　　　　　　　单项功效系数计算

指标类型	计算公式（S =）	条件
极大型	［（实际值－不允许值）÷（满意值－不允许值）］×40+60	实际值＜满意值
极大型	100	实际值≥满意值
极小型	［（实际值－不允许值）÷（满意值－不允许值）］×40+60	实际值＞满意值
极小型	100	实际值≤满意值
稳定型	（1－｜实际值－满意值｜÷｜不允许值－满意值｜）×40+60	—
区间型	［1－（下限值－实际值）÷（下限值－下限的不允许值）］×40+60	实际值＜下限值
区间型	100	下限值＜实际值＜上限值
区间型	［1－（实际值－上限值）÷（上限的不允许值－上限值）］×40+60	实际值＞上限值

3. 根据重要性原则，确定各指标权重

根据评价目的要求和评价指标的重要程度，采用德尔菲法等方法来确定各评价指标的权重系数，以保证评价结果的客观性。

4. 计算综合功效系数

根据该功效系数数值的大小进行财务分析，功效系数与企业业绩等级间的对应关系见表10–3。

表10–3　　　　　　　功效系数与业绩的关系

绩效等级	综合功效系数
很差	≤60
较差	60~70
一般	70~80
较好	80~90
满意	≥90

功效系数分析法克服了综合评价指数分析法的缺陷，使得不同类

型的财务指标能被同时用于分析企业的财务状况,因此评价结果的准确性比较高,但指标权重的确定以及理想值与不允许值的确定仍受主观因素的影响,这或多或少都会降低其评价能力。

传统的企业财务分析方法较多地利用了企业的财务数据以及其他财务资料,使得因人为主观因素所造成的测定差错得以减少,但由于其在选择财务指标以及确定临界值等方面仍主要依靠企业经营管理者的主观判断或专家的意见,还受到国家宏观经济政策或企业所处发展阶段的影响,使其分析结果的准确程度受到一定限制。

主要名词和术语

杜邦分析法　　　　系数分析法　　　　坐标图分析法
雷达图分析法　　　功效系数分析法

本 章 小 结

财务状况综合分析是对一个企业一定时期整体经济绩效的全方位考察,是评价一个企业可持续发展能力的重要标志。本章介绍了财务综合分析的各种方法,并就分析原理与应用进行讨论。主要内容包括:

1. 财务状况综合分析是将相互联系、相互补充的分析方法和分析程序所得出的个别结果,运用一个简洁的综合系统予以判断、融合、平衡、分析并做出概括性的结论,借以衡量企业财务管理各个方面活动的综合效果,判断其财务状况。

2. 杜邦分析法就是利用各个主要财务指标之间的内在联系,建立财务分析指标体系,来综合分析企业财务状况的方法。其基本公式为:净资产收益率＝销售利润率×总资产周转率×权益乘数。

3. 系数分析法是指企业先选定若干重要财务比率,然后根据财务比率的不同重要程度计算相应的分数,从而对企业财务状况进行评价和分析的一种方法。

4. 图示分析法主要包括(1)坐标图分析法;(2)雷达图分析法。

5. 功效系数分析法是通过计算企业的综合功效系数,并根据功效系数的大小进行企业绩效分析的方法。

参 考 文 献

[1]［美］克里舍·G. 佩普、保罗·M. 希利、维克多·L·伯纳德著，孔宁宁等译：《运用财务报表进行企业分析与估价》，中信出版社 2004 年版。

[2]［美］克莱德·P. 斯蒂克尼、保罗·R·布郎著，张志强等译：《财务报告与报表分析：战略的观点》（第四版），中信出版社 2004 年版。

[3]［美］斯蒂芬·佩因曼著，刘力等译：《财务报表分析与证券定价》，中国财政经济出版社 2002 年版。

[4]［美］Charles H. Gibson 著，胡玉明主译：《财务报告与分析》，东北财经大学出版社 2005 年版。

[5]［美］Leopold A. Bemstein、John J. Wild 著，许秉岩等译：《财务报表分析》，北京大学出版社 2004 年版。

[6]［美］Robert C. Higgins 著，沈艺峰等译：《财务管理分析》，北京大学出版社 2004 年版。

[7]［美］Robert S. Kaplan、David P. Norton 著，刘俊勇等译：《平衡计分卡：化战略为行动》，广东经济出版社 2004 年版。

[8]［美］Robert S. Kaplan、David P. Norton 著，周大勇等译：《战略中心型组织：如何利用平衡计分卡使企业在新的商业环境中保持繁荣》，人民邮电出版社 2004 年版。

[9]［美］Robert S. Kaplan、David P. Norton 著，刘俊勇等译：《战略地图：化无形资产为有形成果》，广东经济出版社 2005 年版。

[10] 张蕊：《企业战略经营业绩评价指标体系研究》，中国财政经济出版社 2002 年版。

[11] 戴欣苗、谢少敏：《报表分析与会计评估》，上海财经大学出版社 2003 年版。

[12] 张先治、陈友邦：《财务分析（第 8 版）》，东北财经大学出版社 2017 年版。

[13] 张俊民：《财务分析》，复旦大学出版社 2006 年版。

[14] 陆正飞：《财务报表分析》，中信出版社 2006 年版。

［15］黄世忠：《财务报表分析——理论·框架·方法与案例》，中国财政经济出版社2007年版。

［16］张新民、王秀丽：《企业财务报表分析案例精选》，东北财经大学出版社2006年版。

［17］姜国华：《财务报表分析与证券投资》，北京大学出版社2008年版。

［18］胡玉明：《财务报表分析》（第三版），东北财经大学出版社2016年版。

［19］袁天荣：《财务分析》，中国财政经济出版社2009年版。

［20］中国注册会计师协会：《财务成本管理》，中国财政经济出版社2020年版。

［21］王化成等：《财务报表分析》，中国人民大学出版社2014年版。

［22］张涛、宋涛：《财务分析学》，经济科学出版社2014年版。

［23］宋常：《财务分析学》，中国人民大学出版社2020年版。